Ruas Paulistanas

Ana Lucia Duarte Lanna
(Organizadora)

Ruas Paulistanas

Alameda FAPESP

Grafia atualizada segundo o Acordo Ortográfico da Língua Portuguesa de 1990, que entrou em vigor no Brasil em 2009.

Edição: Haroldo Ceravolo Sereza e Joana Monteleone
Projeto gráfico, diagramação e capa: Maria Beatriz de Paula Machado
Assistente acadêmica: Tamara Santos
Revisão: Alexandra Colontini
Imagem da capa: Mapa encarte do *Guia de S. Paulo* - 1962, Organizado e Desenhado por José Nonoya Filho. Editora Agência Modesto, ano 1962. Reprodução.

CIP-BRASIL. CATALOGAÇÃO NA PUBLICAÇÃO
SINDICATO NACIONAL DOS EDITORES DE LIVROS, RJ

R822

Ruas paulistanas / organização Ana Lucia Duarte Lanna. - 1. ed. - São Paulo : Alameda, 2022.
340 p. ; 21 cm.

Inclui bibliografia e índice
ISBN 978-65-5966-086-5

1. Ruas - São Paulo (SP). 2. São Paulo (Estado) - História. 3. São Paulo (Estado) - Civilização. 4. Urbanização - São Paulo (Estado) - História. I. Lanna, Ana Lucia Duarte.

22-75630 CDD: 981.61
CDU: 94(815.6)

ALAMEDA CASA EDITORIAL
Rua 13 de Maio, 353 – Bela Vista
CEP 01327-000 – São Paulo, SP
Tel. (11) 3012-2403
www.alamedaeditorial.com.br

Sumário

para
PERUS
NOSSA SENHORA DO O
CASA VERDE
para
avenida do
anastácio
9
ÁGUA BRANCA
BARRA FUNDA
av. francisco matarazzo
rua barra funda
r. vitorino carmilo
al. barão de limeira
PERDIZES
rua monte alegre
rua cardoso de almeida
2
avenida
higienópolis
CONSOLAÇÃO
VILA MADALENA
avenida angélica
cemitério
do araçá
praça 14 bis
6
rua teodoro sampaio
5
4
rua augusta
BELA VISTA
CERQUEIRA CÉSAR
JARDIM AMÉRICA
BUTANTÃ
RIO PINHEIROS
JARDIM EUROPA
JARDIM PAULISTA
INDIANÓPOLIS

PLANTA DA CIDADE DE S. PAULO
ORGANIZADA ESPECIALMENTE PARA O
GUIA DE S. PAULO
PERFEITAMENTE ATUALIZADA
A METRÓPOLE EM SUAS MÃOS
Desenho de JOSÉ NONOYA FILHO
SANTANA
VILA MARIA
RIO TIETÊ
3
estação da luz
av. estado
1
BRÁS
CENTRO
r. libero badaró
r. boa vista
av. celso garcia
TATUAPÉ
BELENZINHO
7
r. visc. parnaíba
r. estudantes
MOOCA
LIBERDADE
s. joaquim
ALTO DA MOOCA
ACLIMAÇÃO
E. F. S.
15
av. anastácio
8
16
a
IPIRANGA
b
BELA ALIANÇA
PARQUE SÃO DOMINGOS

Apresentação

São Paulo: 1900 a 1960. Esse é o espaço-tempo das análises formuladas neste livro, que possuem o intuito de compreender os múltiplos sentidos e experiências da modernidade, relacionando-os aos processos espaciais e sociais a partir da presença e atuação de seus habitantes. Pois são eles que constituem, em suas práticas e redes de sociabilidade, a própria cidade. Dito de outro modo, se as situações urbanas são feitas de pedras e homens, que lhes dão sentido, a cidade, objeto construído, é também produto e meio de produção de encontros e desencontros, de disputas constantes, e de representações individuais e coletivas.

É essa heterogeneidade de inserções e experiências, as marcas que os diversos grupos sociais deixaram impressas na cidade de São Paulo e as imagens e reflexões que foram produzidas sobre ela, que os artigos reunidos neste livro buscam analisar. Privilegiando a escala da rua e acompanhando tal perspectiva, reiteramos agentes e lugares da cidade em suas múltiplas singularidades e processos sociais. Ou, como adverte Norbert Elias, o esforço é pensar o mundo social sem que as categorias indivíduo e sociedade sejam tratadas como fixas, imutáveis ou mônadas impenetráveis (ELIAS, 1994).

O livro reúne nove textos inéditos, produzidos a partir de um processo coletivo de discussão e elaboração. Pesquisadores em etapas distintas de suas carreiras estabeleceram neste projeto – Ruas Paulistanas – um diálogo transformador, que alterou, afetou e conectou os resultados prévios das suas pesquisas individuais. Originalmente, as pesquisas se vinculam a auxílios docentes e a bolsas de doutorado, mestrado, iniciação científica e treinamento técnico da Fapesp, do CNPq e da Capes. Embora artigos autônomos, há entre eles conexões que conferem unidade ao volume. Tal unidade revela-se não apenas na escolha da cidade de São Paulo como foco espacial, ou nos grupos sociais priorizados – a ampla gama de moradores da cidade incluídos no indefinível segmento dos setores médios –, mas sobretudo na escala de análise, tomando a rua como ponto de partida para pensar a cidade. Deve-se notar ainda que, diante da convicção de que a apreensão da cidade nos seus fazeres plurais e cotidianos só é possível a partir do entrecruzamento de fontes e olhares, os artigos deste livro mobilizam uma ampla documentação que inclui cartografias; projetos; pedidos de reforma e construção de edificações; atas camarárias; notícias e anúncios de jornais e periódicos; iconografias diversas; literatura de ficção.

Em seu texto seminal "Arquitetura, Geografia, História: usos da escala", Bernard Lepetit associou a escolha de escala na historiografia com a delimitação de seu escopo. Em diferentes escalas, um mesmo objeto mostra-se de forma diferente, suscitando diferentes problemáticas e permitindo diferentes enquadramentos analíticos. Perguntar a extensão da costa de uma nação, por exemplo, é uma questão que permite várias respostas. Com uma lente ampla, pode-se observar uma única costa, totalizante. Contudo, com maior proximidade, pode-se ver baías e penínsulas, e em escalas muito pequenas, o próprio conceito de costa pode deixar de ser pertinente e operativo. Assim, a escolha da escala é fundamental para a pesquisa histórica, pois determina "a escolha de um ponto de vista de conhecimento" (LEPETIT, 2016, p. 249).

Ora, na rua, os movimentos cotidianos se sobressaem, revelando sob um ângulo determinado os eventos espetaculares da cidade e dando vida a agentes até então pouco referenciados na historiografia, os setores médios. Ou seja, pequenos proprietários; pequenos empreiteiros e empresários; comerciantes; donos de pequenas fábricas, oficinas e serviços; mas também artesãos; artífices e os muitos trabalhadores daqueles numerosos comércios e serviços. Na rua abre-se espaço para interpretações outras nas relações entre diferentes grupos e poderes que construíram a cidade. Emergem conflitos e disputas interseccionais entre classes, raças, gêneros e etnias, bem como inusitadas parcerias, apropriações, tensões e subversões. Na rua, binômios se dissolvem em tramas mais complexas. É a partir do reconhecimento dessa complexidade que emerge uma cidade construída passo a passo, lote a lote, rua a rua, sem um projeto totalizante e consensual pré-estabelecido. Uma cidade na qual o processo de modernização acontece por justaposições e não por substituições, o que se evidencia nos artigos aqui apresentados, que, vistos em conjunto, caminham para essa conclusão.

Nesse sentido, a escolha da rua como escala analítica também permite o diálogo com a historiografia, que variou as escalas de análise, em função dos temas e problemas enfrentados, percorrendo da escala territorial até a do bairro, produzindo análises que acabaram por fixar certas explicações. Na escala territorial, leituras em torno das relações entre o desenvolvimento econômico da capital e sua posição geográfica na trama produtiva regional acabaram acentuando a perspectiva de um desenvolvimento urbano radioconcêntrico, desde os caminhos coloniais (PRADO Jr., 1953; MONBEIG, 1953; AB'SÁBER, 1957; AZEVEDO, 1958). Na escala totalizante do espaço urbano, surgiu da bibliografia uma cidade na qual o processo de modernização teria acontecido por substituições, como indica a imagem canônica condensada na expressão "três cidades em um século", cunhada por Benedito Lima de Toledo (TOLEDO, 1981). Uma cidade organizada em esquemas binários e contrastantes: centro X periferia, público X privado, elites X operários, trabalho X casa. Nessa escala, foram priorizados como agentes o poder público, as elites, os grandes proprietários, as grandes empresas e a atuação dos saberes especializados. Quando a escala se reduziu aos bairros, privilegiou-se identidades homogêneas, peculiaridades culturais das diferentes classes, grupos e origens, que permitiram, como em um mosaico, apreciar a multiplicidade de peças que compuseram a vida da cidade: a vida dos operários, das elites, dos imigrantes, etc.[1]

Ainda que dialogando com tais marcos bibliográficos,[2] os artigos aqui reunidos apresentam resultados de pesquisas que em certa medida se distanciam dessas leituras, ao compreenderem que as dinâmicas inauguradas nos anos finais do século XIX e que perpassam o século XX são portadoras de complexidades irredutíveis a pares de oposição. Dualismos como bairros operários contrapostos aos locais burgueses, ou ainda um centro contraposto a uma periferia são produtos de análises que possuem enfoques totalizantes e que foram desenvolvidas em momentos da historiografia nos quais se trabalhava com a hipótese da existência de uma única grande lógica que abrangesse todos os aspectos da moder-

1 Os trabalhos de Cerasoli, 2004; Daecto, 2002; Gennari, 2005; Oliveira, 2005; Marins, 2011 e 2016; Lanna *et al.*, 2011; Ferreira, 2017; Reis, 2017; Andrade, 2018; Borin, 2014; Feldman e Castro, 2018 e Almeida, 2020 são alguns, entre outros, dos que vêm avançando nas discussões acerca da produção do espaço urbano e das relações sociais entre seus diferentes agentes, no sentido de extrapolar as noções dualistas e mecânicas mais fortemente arraigadas nas narrativas da história da cidade de São Paulo.

2 Sobre esse processo de escrita que toma a cidade como objeto de análise por intelectuais de diversos campos ver Carpintéro e Cerasoli, 2009.

nização de São Paulo. Dessa forma, elas acabam não privilegiando a dimensão plural e multifacetada da cidade, e é justamente esta pluralidade que os artigos deste livro tomam como marco analítico revelador de seu processo de modernização.

Do nosso ponto de vista, o crescimento demográfico de São Paulo, observado desde o último quartel do século XIX por conta do crescimento econômico da Província e dos desdobramentos da transição da mão-de-obra escrava para a livre migrante e imigrante, foi constituindo uma cidade em que os bairros abrigavam populações misturadas, de antigos e novos moradores, num intenso processo que, rapidamente, provocou o surgimento de novos loteamentos e transformou antigos caminhos e estradas em ruas urbanas. Uma ocupação que não se deu de maneira homogênea e linear, mas com distintos agentes e permeada por tensões, conflitos, acordos e interesses.

Assim se constituiu a metrópole, que diante de um impulso industrial acentuado nos anos da Segunda Guerra, vivenciou um novo período de desenvolvimento e otimismo que propiciou a continuidade da extensão da mancha urbana, incorporando novas áreas, mas não necessariamente as urbanizando. Tais áreas foram habitadas, sobretudo, por uma população imigrante que chegava à cidade atraída pelas oportunidades de emprego que se abriam com a promessa de inserção no novo mundo urbano, mas também por setores sociais que migraram internamente. Ao mesmo tempo, essa nova população ocuparia também os interstícios da cidade consolidada na primeira metade do século XX, como havia acontecido desde o século XIX, preenchendo "vazios" e reafirmando sua presença nos diversos bairros da cidade.

A cidade, nesse sentido, não é vista aqui como um palimpsesto, no qual vestígios do passado estariam ocultos na configuração de um presente único, mas um artefato composto necessariamente de múltiplas temporalidades e resultado da ação de diversos agentes. Como aponta Lepetit:

> [...] a cidade nunca é absolutamente sincrônica: o tecido urbano, o comportamento dos citadinos, as políticas de planificação urbanística, econômica ou social desenvolvem-se segundo cronologias diferentes. Mas ao mesmo tempo, a cidade está inteira no presente. Ou melhor, ela é inteiramente presentificada por atores nos quais se apoia toda a carga temporal (LEPETIT, 2016, p. 181).

Esses espaços da cidade que congregam diferentes personagens e práticas foram os lugares privilegiados das pesquisas cujos resultados estão aqui reunidos. E revelaram personagens, práticas e lugares que não pertenciam exclusivamente às elites ou às camadas mais pobres, tampouco se situavam claramente no centro ou na periferia, mas que por sua condição intersticial permitiram reconhecer dinâmicas, intercâmbios, tratos cotidianos e a proliferação de atividades que constituíam a própria cidade, tendo nela o seu suporte material, social e mental.

Como se sabe, com o advento da modernidade, as ruas ganham centralidade a partir de múltiplas dimensões e experiências da vida urbana: espaços destinados aos fluxos, às experiências e aos usos de moradores, usuários e transeuntes que as percorriam com ritmos, olhares e intenções diversas. Por meio delas se desvenda a cidade, como anuncia Agier, a partir dos "processos que a fazem existir" (AGIER, 2018, p. 17). Nos textos deste livro, as ruas se revelam como espaços onde, apesar das diferenças seguidamente demarcadas, ocorriam trocas e encontros imprevistos e improváveis. Simultaneamente lugar físico, estático, definido por traçados, regras e normas de ocupação, as ruas também são espaços praticados, em movimento permanente, revelando experiências de diversidade. As noções de bordas e fronteiras porosas permitem pensar estes espaços urbanos não como delimitação rígida das diferenças entre grupos, atores e práticas, mas como transitoriedade que redefine a todo o tempo as diferenças que delimitam.[3]

Neste livro, tomamos algumas ruas de São Paulo – Avenida Angélica, Rua José Paulino, Rua Augusta, Rua Teodoro Sampaio, Avenida Celso Garcia e Avenida do Anastácio, dentre outras não nomeadas, mas também presentes nos textos e na vida urbana – em busca de reconstituir as tramas sociais e culturais que deram forma à cidade. Por meio dessas ruas, as categorias homogeneizantes de bairro operário, bairro de elite, vazios urbanos, zona industrial, zona comercial, zona habitacional, centro e periferia, perdem a potência explicativa. No lugar de blocos homogêneos, os espaços da cidade passam a ser ocupados por uma miríade de dinâmicas e trajetórias multifacetadas e diversas. Trajetórias profissionais, individuais, familiares e coletivas deixam de habitar uma cidade pré-existente, pano de fundo de suas ações, e são encaradas como produtoras dessa cidade, figuras que fazem seu próprio fundo com seus movimentos.

O livro abre com o texto de Camila Souto Maior, "Transformações cotidianas na cidade de São Paulo no início do século XX: uma leitura a partir da trajetória do emprei-

3 Sobre o conceito de porosidade, remetemos às análises propostas por Bruno de Carvalho (2018) ao tomar a cidade do Rio de Janeiro como espaço de análise (e a Cidade Nova em especial) e usar a expressão como forma de ampliação das compreensões da cidade, em contraponto a outros termos utilizados ao longo do tempo, como híbrida, sincrética, miscigenada, dentre outros, que em alguma medida obscurecem as desigualdades sociais.

teiro José Vitrone", que percorrendo a trajetória profissional de um dos inúmeros empreiteiros anônimos que atuaram na cidade de São Paulo nas primeiras décadas do século XX, reconstrói o campo de atuação deste profissional em diversos espaços da capital paulista, de obras públicas a obras particulares, do Jardim da Luz à rua Vinte e Cinco de Março, de Higienópolis às ruas centrais – apresentando a modernização da cidade de São Paulo em seu construir cotidiano.

Em seguida, em "As fronteiras da cidade", de Pedro Beresin Schleder Ferreira, acompanhamos o funcionamento e os conflitos em torno das novas fronteiras materiais e simbólicas que emergiram no processo de modernização da cidade. Através da Avenida Angélica, adentramos nas tramas do "fazer-se" constante da cidade, no qual diferentes grupos e classes disputavam diariamente os sentidos de sua modernização nas ruas, nos lotes, na Câmara, nos jornais, dentre outros espaços da vida pública.

Em "Imigrações, roupas e edifícios: a rua José Paulino na metropolização de São Paulo", a história da rua é entremeada por Stephanie Guerra às trajetórias de imigrantes que nela se estabeleceram por meio da abertura de confecções. O texto mostra como a José Paulino teve sua paisagem alterada, com demolições de antigos imóveis e construções de novos edifícios, a partir de recursos advindos da principal atividade econômica presente neste território, a produção e venda de roupas.

No texto seguinte: "Os armazéns de secos e molhados na rua Augusta", Gabriela Cesarino reconstrói as mudanças da rua, de seus edifícios e de seus usos, por meio das transformações por que passaram os armazéns durante as primeiras décadas do século XX. Durante o período analisado, a rua Augusta se deixou fazer por suas vizinhanças, ao mesmo tempo em que conectava e catalisava os movimentos que a constituíram e que a tornaram palco e protagonista na cidade de São Paulo.

No capítulo "Teodoro Sampaio, conectando a cidade", Ana Lucia Duarte Lanna, através da análise das conformações urbanas dessa via, discorre sobre a construção de uma rua que conectava diferentes universos, múltiplos usos e distintos modos de morar. Por meio da história da Teodoro, podemos ver uma cidade que crescia de forma não-linear, em processos de justaposição e de inusitados entrecruzamentos entre o rural e o urbano; o centro e a periferia; e entre diversas etnias, classes e gêneros.

Um desses diversos modos de morar presentes na Teodoro Sampaio é analisado por Elisa Carneiro no texto "Vilas particulares de casas em série: um estudo da Vila Cândida", no qual a autora recupera a história de um conjunto de casas geminadas voltadas para uma via particular. Apresentando os produtores do espaço – construtores, proprietários e moradores da vila –, é possível compreender como essa forma de moradia caracterizava os setores médios que habitavam o bairro de Pinheiros nas primeiras décadas do século XX.

Em "Deambular pela cidade: histórias da construção e dos usos da Avenida Celso Garcia (1893-1915)", Philippe Arthur dos Reis percorre as estratégias urbanas envolvidas no processo de ocupação da via que atravessa os bairros do Brás, Belenzinho, Tatuapé e alcança a Penha. O autor ressalta as táticas dos pequenos e médios proprietários, como a construção de imóveis para uso próprio e aluguel, bem como as articulações que estiveram envolvidas nas expectativas de melhoria de vida por meio do trabalho.

Deborah Sandes de Almeida, em seu artigo "Avenida do Anastácio: de caminho na colônia à rua da metrópole", evidencia um território que se desenvolveu em paralelo, mas ao mesmo tempo articulado ao núcleo central da cidade. Analisando o processo de ocupação e a relação daquela avenida com o cinturão de chácaras que circundava a cidade, a autora mostra como a Anastácio deixou de ser um caminho de passagem para o interior paulista para se tornar um espaço de produção e distribuição de mercadorias importante para a cidade, ligando seus dois principais rios, Pinheiros e Tietê.

Por fim, fechando esse conjunto de reflexões e o recorte temporal analisado, o capítulo "Os sentidos da rua em João Antonio: três malandros na noite de São Paulo", de Ana Claudia Veiga de Castro, toma o conto "Malagueta, Perus e Bacanaço", publicado em 1963, para refazer o trajeto desses "viradores" pelas ruas, redesenhando a cidade da Lapa ao centro, de lá até Pinheiros e dali, de volta à Lapa. O texto explora dinâmicas sociais e urbanas de São Paulo presentes naquela década, que se revelam nos usos e vivências desse espaço particular da cidade: a rua, que liga, ao mesmo tempo que separa, bairros, casas e gentes. Observada ao rés-do-chão, a cidade torna-se uma vez mais a plataforma privilegiada para discutir e evidenciar as ambivalências do processo de modernização tematizado pelos artigos aqui reunidos.

Nota-se no conjunto desses textos a multiplicidade temporal e espacial de que falava Lepetit (2016) e que constitui a cidade. Ganham visibilidade os chamados setores médios – sujeitos que transitam na escala social com maior ou menor mobilidade, ocupando os espaços da rua de dia e de noite dando vida à São Paulo. São investidores que mobilizam seus ganhos em residências destinadas para o aluguel, são sujeitos que criam uma rede de pequenos e médios comércios como mercearias, quitandas, farmácias, escolas particulares, fabriquetas e lojas de roupas espalhadas por diferentes ruas e avenidas. São também profissionais que se especializam em um ou outro serviço, mas que podem exercer uma série de funções conforme os tempos mudam. Alguns ascendem socialmente, outros, por algum revés, perdem tudo e decaem na escala social – mas há também os que tentam e não conseguem adentrar os espaços formais do trabalho e constituem a modernização pelas bordas. Sujeitos que povoam as ruas da cidade e que, nos fatos cotidianos que protagonizam, registrados intensamente pela imprensa – que alimentam também a escrita literária –, permitem que se recupere os variados usos e experiências de São Paulo. A busca por esses agentes que procuravam se alinhar à ordem moderna e sobreviver às transformações que ocorriam na capital paulista deu-se nesses textos pela análise combinada de diferentes fontes, o que permitiu resgatar nomes de proprietários, inquilinos, construtores, comerciantes, transeuntes e outros mais, revelando, em lampejos, a dimensão desses setores médios na história da urbanização da cidade.

Reconhecer estes movimentos, que não foram intencionalmente documentados – configurando um campo analítico –, implica em necessariamente mobilizar a pluralidade de fontes mencionada acima e colocá-las em diálogo, para reconstruir o espaço na sua materialidade e nas práticas sociais que o instituíram. Para tanto, o paradigma indiciário proposto por Carlo Ginzburg (1989) mostra-se de grande valia: é na análise minuciosa das múltiplas fontes que os pesquisadores coletam os diversos indícios e fragmentos que, justapostos e entrecruzados, permitem penetrar nos interstícios das tramas cotidianas da cidade. E, a partir destes, como defendemos aqui, flagrar a vivacidade de suas ruas e repensar as dinâmicas da modernização de São Paulo.

Os autores

Referências bibliográficas

AB'SABER, Aziz N. *Geomorfologia do sítio urbano de São Paulo.* São Paulo: USP, FFLCH, 1957.

AGIER, Michel. "O 'Acampamento', a cidade e o começo da política". In: CORDEIRO, Graça I. e VIDAL, Frédéric. (Orgs.). *A Rua: espaço, tempo, sociabilidade.* Lisboa: Livros Horizonte, 2008, p. 17-25.

ALMEIDA, Deborah S. de. *Companhia City além-rios: os bairros-jardins na Zona Norte de São Paulo e a trajetória empresarial (1950-2000).* Dissertação (Mestrado). FAUUSP, 2020.

ANDRADE, Stephanie S. G. de. *Indústria e comércio de moda no centro de São Paulo: Rua José Paulino (1928-1980).* Dissertação (Mestrado). FAUUSP, 2018.

AZEVEDO, Aroldo de. *A cidade de São Paulo: estudos de geografia urbana.* Rio de Janeiro: Companhia Editora Nacional, 1958.

BORIN, Monique F. *A Barra Funda e o fazer da cidade: experiências da urbanização em São Paulo.* Dissertação (Mestrado). FFLCH USP, São Paulo, 2014.

CARPINTÉRO, Marisa V. T. e CERASOLI, Josianne F. "A cidade como história". *História: Questões & Debates*, n. 50, Curitiba, jan./jun. 2009, p. 61-101.

CARVALHO, Bruno. *Cidade porosa: dois séculos de história cultural do Rio de Janeiro.* Rio de Janeiro: Objetiva, 2019.

CERASOLI, Josianne F. *Modernização no plural: obras públicas, tensões sociais e cidadania em São Paulo na passagem do século XIX para o XX.* Tese (Doutorado). IFCH Unicamp, Campinas, 2004.

DAECTO, Marisa M. *Comércio e vida urbana na cidade de São Paulo (1889- 1930).* São Paulo: Ed. SENAC, 2002

ELIAS, Norbert. "A sociedade dos indivíduos". In: *A sociedade dos indivíduos*. Rio de Janeiro: Zahar, 1994.

FELDMAN, Sarah e CASTRO, Ana C. V. de, *Vila Itororó: uma história em três atos*. São Paulo: Instituto Pedra/ PMSP, 2017.

FERREIRA, Pedro B. S. *A avenida de mil vias: conflito, contradição e ambivalência na modernização de São Paulo*. Dissertação (Mestrado). FAUUSP, 2017.

GENNARI, Luciana A. *As casas em série do Brás e da Mooca: um aspecto da constituição da cidade de São Paulo*. Dissertação (Mestrado). FAUUSP, 2005.

GINZBURG, Carlo. *Mitos, emblemas e sinais: morfologia e história*. São Paulo: Companhia das Letras, 1989.

LANNA, Ana L. D. *et al.* (Orgs.). *São Paulo, os estrangeiros e a construção das cidades*. São Paulo: Alameda, 2011.

LEPETIT, Bernard. *Por uma nova história urbana*. (Org. e apresentação Heliana Salgueiro). São Paulo: Edusp, 2016.

MARINS, Paulo C. G. "Um lugar para as elites: os Campos Elíseos de Glette e Nothmann no imaginário urbano de São Paulo". In: LANNA, Ana L. D. *et al.* (Orgs.). *São Paulo, os estrangeiros e a construção das cidades*. São Paulo: Alameda, 2011, p. 209-244.

MONBEIG, Pierre. *La croissance de la ville de São Paulo*. Grenoble: Institut de Géographie Alpine, 1953.

MARINS, Paulo C. G. "La avenida Paulista de la Belle Époque: élites en disputa". In: GORELIK, Adrián e PEIXOTO, Fernanda A. (Orgs.). *Ciudades sudamericanas como arenas culturales*. Buenos Aires: Siglo Veintiuno, 2016, p. 56-76.

OLIVEIRA, Maria Luiza F. de. *Entre a casa e o armazém: relações sociais e experiência da urbanização. São Paulo, 1850-1900*. São Paulo: Alameda, 2005.

PRADO Jr., Caio, "A cidade de São Paulo: geografia e história" [1953]. In: *Evolução política do Brasil e outros estudos*. São Paulo: Companhia das Letras, 2012.

REIS, Philippe A. dos. *Construir, morar e viver para além do centro de São Paulo: os setores médios entre a urbanização e as relações sociais do Brás (1870-1915)*. Dissertação (Mestrado). FAUUSP, São Paulo, 2017.

TOLEDO, Benedito L. de. *São Paulo: três cidades em um século*. São Paulo: Duas Cidades, 1981.

Continua no 22

Continua no 36

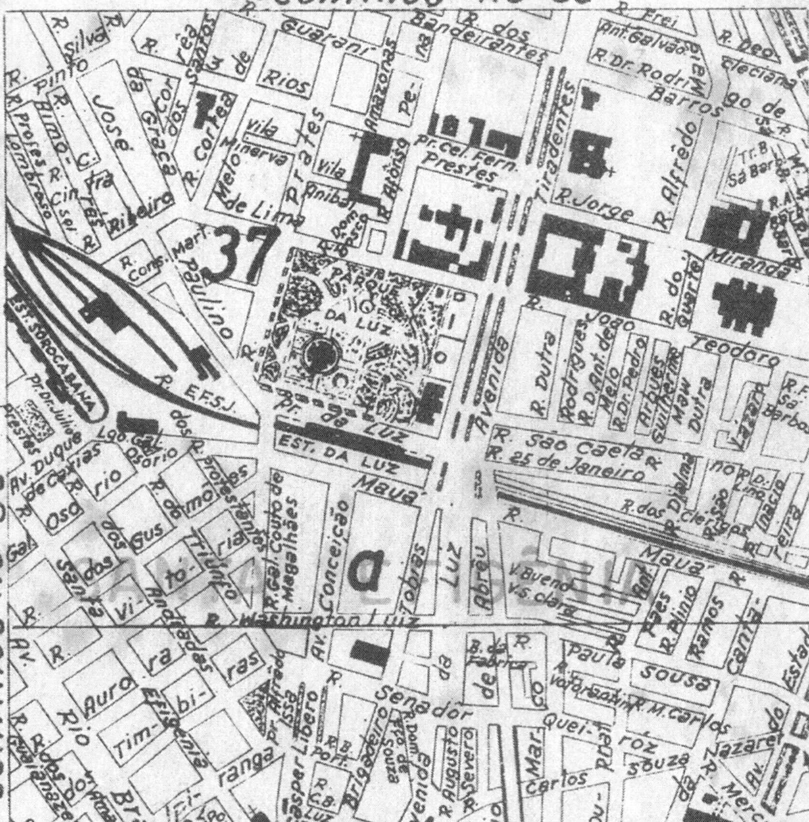

Continua no 51

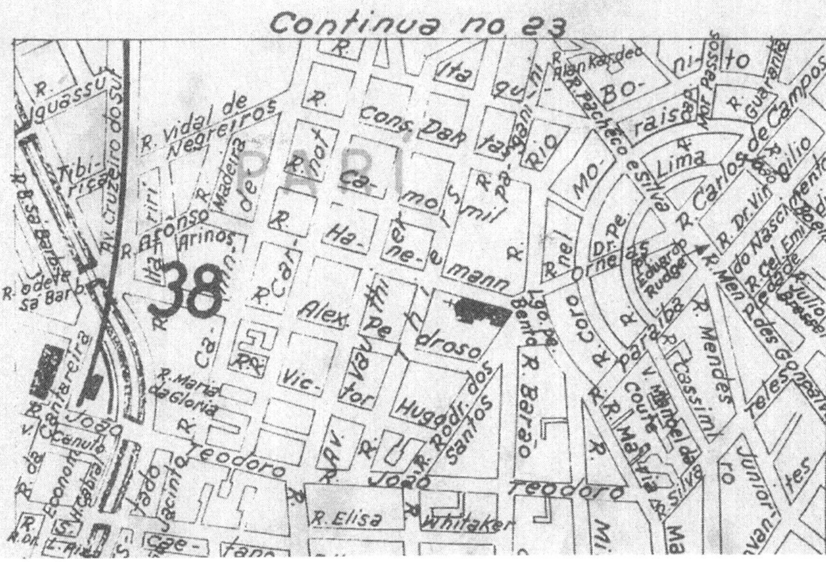
Continua no 23
PARI
38
R. Vidal de Negreiros
Cons. Dantas
Ca-nindé
Hane-mann
Alex. Pedroso
Vic-tor
Hugo
R. Rodr. dos Santos
R. Barão
João Teodoro
R. Elisa Whitaker
R. Carlos de Campos
Dr. Pe. Ornelas
R. Mendes
Lima
Bonito
R. Allan Kardec
Rio
R. Maria da Gloria
R. Afonso Arinos
Av. Cruzeiro do Sul
R. Dr. Virgilio
Telles

Capítulo 1

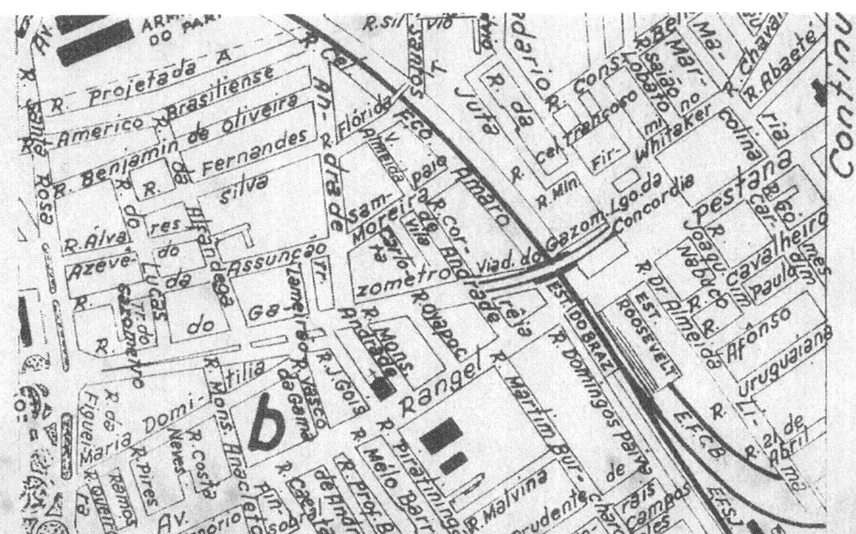
R. Projetada A
R. Americo Brasiliense
R. Benjamin de Oliveira
R. Fernandes Silva
R. Alvares de Azevedo
Assunção
R. Cel. Fco. Amaro
R. Florida
Moreira
Viad. do Gazom.
Lgo. da Concordia
Pestana
Joaquim Nabuco
Cavalheiro
Paulo Afonso
Uruguaiana
R. 21 de Abril
R. Domingos Paiva
R. Martim Burchard
Rangel Pestana
R. Prudente de Morais
Campos Sales
R. Malvina
R. Piratininga
R. Melo Barreto
Maria Domitilia
R. Ana Tenorio
EST. DO BRAZ
EST. ROOSEVELT
E.F.C.B.
E.F.S.J.
R. Abaeté
R. Min. Firmino Whitaker
Continua no 52

Transformações cotidianas na cidade de São Paulo no início do século XX: uma leitura a partir da trajetória do empreiteiro José Vitrone

Camila Magalhães Souto Maior[1]

O crescimento da cidade de São Paulo no início do século XX foi viabilizado pela atuação de inúmeros profissionais ligados à construção civil, como engenheiros, arquitetos, empreiteiros, construtores e operários. A cidade passou a abrigar escritórios de grande porte, como o de Ramos de Azevedo, paralelamente à atuação de pequenos empreendedores com as mais diversas qualificações. Se os grandes escritórios foram alvo de investigações acadêmicas, também as trajetórias de pequenos e médios empreiteiros têm sido objeto de pesquisa mais recentemente.[2] Alguns desses engenheiros e profissionais autodidatas

---

1 Camila Magalhães Souto Maior é graduanda na Faculdade de Arquitetura e Urbanismo da Universidade de São Paulo (FAUUSP). Este texto é resultado da pesquisa "São Paulo: ruas, bairros, casas. Cidade e culturas urbanas no século XX" (Bolsista Treinamento Técnico Fapesp 2019-2020).

2 O escritório de Ramos de Azevedo foi responsável por inúmeras obras, destacando-se a obra do Teatro Municipal realizada entre 1903 e 1911. Alguns trabalhos, como *Os Arquitetos da Poli: Ensino e Profissão em São*

que contratavam mão de obra, firmavam contratos de obras públicas com a Prefeitura e executavam muitos dos melhoramentos urbanos.[3]

Neste texto, recuperamos a trajetória do empreiteiro José Vitrone, lançando luz a uma das parcelas mais invisibilizadas deste grupo diverso e plural que construía a cidade. Os empreiteiros responsáveis pela realização das alterações urbanas cotidianas, tanto por impulso da administração pública, quanto pela iniciativa de particulares, têm, muitas vezes, suas ações minimizadas devido à escala de suas atuações, consideradas de pouca repercussão no espaço urbano, quando comparadas a grandes obras de "melhoramentos e embelezamentos" da época.[4] Porém, essas transformações especialmente de infraestrutura viária, como calçamentos e nivelamentos – que completavam os chamados melhoramentos e embelezamentos – permitem verificar o tipo de espaço urbano que estava sendo construído para entender como aspectos da transformação urbana se estendiam pela cidade (BORIN, 2019).[5]

Paulo (FISCHER, 2005) e *O arquiteto e a produção da cidade: a experiência de Jacques Pilon em perspectiva (1930-1960)* (SILVA, 2010) discutem a trajetória de personagens engenheiros e arquitetos nesse contexto de transformação da cidade. Outros, como a *O cotidiano em construção: os práticos licenciados em São Paulo (1890-1933)* (PARETO Jr., 2011) e "Os passeios da Rua Barão de Iguape: disputas na implementação dos equipamentos viários em São Paulo no fim do século XIX" (BORIN, 2019), discutem as transformações cotidianas da cidade, a primeira tomando como base as obras particulares e a trajetória de empreiteiros.

3 A palavra "melhoramentos" era usada amplamente para destacar intervenções do poder público de diversas naturezas, como obras pontuais de iluminação, nivelamento de ruas, consertos e de infraestrutura. Ver Bresciani, 2001.

4 Ver a respeito, entre outros, Campos Neto, 2002.

5 Pode-se pensar que tais obras foram vistas pela bibliografia a partir dos gestores públicos que as demandavam, Antonio Prado ou Vitor Freire,

Vitrone atuou em diversas áreas de São Paulo e pela verificação de sua trajetória podemos reconhecer a atuação de outros profissionais que disputavam o mesmo campo de contratos e atuações, configurando uma rede de empreiteiros. A análise do conjunto da atuação desses profissionais permite pensar o papel deste setor na construção da cidade e compreender as presenças e ações dos setores médios na formação da cidade.

Para acompanhar esta trajetória e compreendê-la inserida em uma teia de profissionais que atuavam de forma similar utilizamos as informações da Secretaria de Obras Municipal, responsável pelos melhoramentos urbanos (construções e reformas de ruas, calçadas e bueiros) e pela aprovação de obras particulares. Nosso personagem aparece pela primeira vez na rua Teodoro Sampaio. Na série de Obras Particulares disponível no Arquivo Histórico Municipal de São Paulo, o nome José Vitrone aparece em vários pedidos nos anos 1919, 1920 e 1921,[6] solicitando autorização para a realização de reformas em sua propriedade na rua Teodoro Sampaio, n. 94. Nessa situação, Vitrone aparece na dupla condição de proprietário e construtor.[7] A identificação de Vitrone ocorreu diante do processo de investigação de constituição urbana pelas transformações da rua. A busca por pluralidades, considerando os diferentes usos e práticas da cidade, foi essencial nessa pesquisa, o que tornou imprescindível o trabalho

---

como prefeito e diretor de obras, por exemplo, mas pouco pelos agentes que as executavam.

6 Arquivo Histórico Municipal de São Paulo (AHMSP); Fundo: *Prefeitura do Município de São Paulo*; Grupo *Diretoria de Obras e Viação*; Série *Obras Particulares* (OP): 226463, 232183, 39270, respectivamente.

7 Uma condição que não foi uma exceção no período. A esse respeito, ver a recente pesquisa sobre a Vila Itororó, na qual seu construtor e proprietário, Francisco de Castro, ocupa lugar similar, mas com uma trajetória posterior que vai diferir (FELDMAN e CASTRO, 2017).

com uma variedade de fontes primárias, como os Lançamentos de Indústrias e Profissões, Licença, etc. (entre 1915 e 1933) e, como mencionado acima, a série de Obras Particulares (entre 1891 e 1921). Os dados coletados nas fontes primárias possibilitaram a seleção de agentes específicos. A pesquisa nos acervos digitais, em especial na Hemeroteca Digital Brasileira - Biblioteca Nacional Digital (HDB-BND), foi usada como ferramenta para aprofundamento do conhecimento das atuações desses personagens, sendo consultados os jornais *Correio Paulistano* e *O Commercio de São Paulo* entre os anos de 1893 a 1949.

Perfil dos pequenos empreiteiros

A partir daquela primeira identificação, as notícias dos jornais relativas a concorrências públicas, permitiram localizar o nome de José Vitrone[8] em diversas obras públicas solicitadas pela prefeitura entre 1904 e 1909. Entre os anos de 1911 e 1921 suas ações se direcionaram a obras particulares, encontradas nas notícias de plantas aprovadas pela Diretoria de Obras e Viação.

Nos dados dos jornais, seu nome aparece em concorrências de calçamento, conserto de estradas, reformas de mercados, cemitérios, pontes e fontes, instalação de bueiros e boca de lobo, pinturas de gradil, emplacamento de prédios e construções de equipamentos públicos. Foi possível identificar mais de 30 obras públicas entre 1904 e 1909 realizadas por Vitrone, e mais de 10

8 Cumpre esclarecer que em muitos desses documentos, Vitrone é também identificado com a grafia de Vitroni e esse dado requereu a realização da pesquisa na Hemeroteca Digital pelo recurso às duas formas de grafia. Mas como se constatou a maior recorrência do nome como Vitrone optou-se por essa denominação ao longo do texto.

pedidos para aprovação de plantas à Diretoria de Obras entre 1911 e 1921 por ele encaminhados.

A primeira aparição do nome de Vitrone nos jornais foi verificada em 1904, no *Correio Paulistano*, onde consta como um dos participantes na concorrência pública para o aumento do cemitério Lajeado, em Guaianases.[9] A partir daquele ano, as aparições desse personagem se tornam recorrentes, até o início de 1920. A última menção de seu nome em jornal é encontrada no ano de 1929, não mais como construtor. Segundo esta notícia, José Vitrone havia entrado com um processo contra um locatário, Edgard Horta Rodovalho, exigindo pagamento da multa de aluguel.[10]

Em alguns outros casos se encontram propriedades em seu nome, tanto na listagem de impostos, quanto nas obras particulares. Na documentação sobre impostos prediais, Vitrone aparece como proprietário de três prédios na Rua São Vicente, em 1927,[11] e um na rua Jaceguai no mesmo ano, o que faz supor que também executava reformas em suas próprias propriedades, destinando-as ao aluguel, como faziam (e fazem) muitos integrantes dos setores médios paulistanos. Outros pedidos enviados por Vitrone para a Diretoria de Obras e Viação não identificam se ele era apenas construtor ou também proprietário dos terrenos.

Vitrone realizou obras nas ruas e em alguns edifícios públicos. Em 1905, executou algumas obras que exemplificam sua atuação pela cidade. Realizou pintura do gradil do Jardim da Luz, conserto da ponte velha do mercado da rua Vinte e Cinco de Março,

9 *Correio Paulistano*, 01/03/1904, p. 2.

10 *Correio Paulistano*, 29/05/1929, p. 11.

11 *Correio Paulistano*, 07/06/1927, p. 22.

emplacamento dos prédios números ímpares da rua Higienópolis, construção do Hospital Veterinário Municipal, construção de abrigo no Cemitério do Araçá, reconstrução do passeio do Largo da Memória, melhoramento da rua Major Quedinho entre as ruas Consolação e Álvaro de Carvalho, construção de duas bocas de lobo na rua Teodoro Sampaio, construção de uma estiva sobre o córrego que atravessa a rua José Rebouças na Vila Clementina.

As informações sobre as obras realizadas por Vitrone e outros empreiteiros para a Prefeitura Municipal são encontradas nas concorrências públicas, divulgadas pela prefeitura nos jornais *Correio Paulistano* e *O Commercio de São Paulo.* A obra que Vitrone realizou de construção do Hospital Veterinário Municipal pode ser tomada como exemplo para ilustrar esse processo das concorrências públicas. Primeiramente, a Prefeitura Municipal divulga a concorrência. Os prazos dessas concorrências foram identificados nos jornais, todos com 8 dias.

> Faço público que pelo prazo de 8 dias, contados desta data se acha aberta nova concorrência pública para a construção de um estábulo para vaccas leiteiras e de um pavilhão para o Hospital Veterinário Municipal [...] O orçamento na importância de 25:900$293 e demais papeis acham-se na Directoria de Obras, onde serão prestados aos interessados os esclarecimentos de que necessitar. As propostas deverão ser feitas por preços unitários, estar selladas convenientemente, trazer os recibos dos pagamentos do imposto de empreiteiro e da caução de 1:000$000, para garantir a execução do contracto [...].[12]

12 *Correio Paulistano*, 12/05/1907, p. 5.

Em resposta a essas chamadas, os empreiteiros submetem seus projetos para a avaliação da prefeitura. Para o envio da proposta à prefeitura era exigida uma caução do projeto e a comprovação de pagamento do imposto pelo empreiteiro, o que mostra que esses empreiteiros precisavam possuir uma renda para conseguir executar obras públicas. Após a divulgação, a prefeitura analisa os projetos recebidos: "Serão abertas depois de amanhã ao meio dia, as propostas apresentadas pelo sr. José Vitrone para a construção do Hospital Veterinário Municipal [...]".[13]

Nessa etapa de análise dos projetos é possível identificar todos os concorrentes para a concorrência pública, possibilitando identificar outros profissionais. No caso da concorrência para o Hospital Veterinário apenas Vitrone enviou projeto. Após aproximadamente sete dias, podendo variar em algumas concorrências, a prefeitura divulgava a aprovação do projeto e contrato: "Foi aceita a proposta do sr. José Vitrone para a construcção do Hospital Veterinário Municipal [...]" (*Correio Paulistano*, 05/06/1907, p. 5). Por fim a prefeitura divulgava os pagamentos realizados pelos serviços do empreiteiro.[14]

> Determinaram-se os seguintes pagamentos: De 16:068$027, a José Vitrone, pelo serviço de construcção de um estabulo para vaccas e de um pavilhão médico annexo, no ano passado, descontando-se o 5% de caução, para garantir a conservação das obras.[15]

13 *Correio Paulistano*, 30/05/1907, p. 4.

14 Os profissionais que não tinham seus projetos aprovados pela Diretoria de Obras tinham a restituição da caução.

15 *Correio Paulistano*, 08/02/1908, p. 4.

As determinações de pagamentos divulgadas pela prefeitura permitiram identificar que as obras realizadas por Vitrone possuíam diferentes caráteres, recebendo valores bem distintos por cada obra. Esses valores divergiam dependendo da natureza do serviço realizado, reformas tinham pagamentos menores que construção de edificações, por exemplo. Pelos serviços da pintura do gradil da frente principal do Jardim da Luz, que realizou em 1905, recebeu 22$800. Já pela desobstrução da boca de lobo do cruzamento das ruas dos Estudantes e da Glória, Vitrone recebe quase que cinco vezes mais, 93$096. Pelos reparos do pontilhão da rua Visconde de Parnahyba em 1906 recebe uma quantidade parecida, de 98$719. Os valores recebidos pelas construções das edificações do Hospital Veterinário Municipal são bem mais elevados, no caso das construções de um estábulo para vitelos, de uma baia e de um palheiro recebe 4:234$229.[16]

Essas ações de Vitrone se distribuíam especialmente nos bairros da área central, ainda que algumas das vias em que atuou chegassem às bordas da cidade (Figura 1).

Apesar de sua intensa atuação na construção da cidade e seus melhoramentos, Vitrone ainda não havia sido identificado pela bibliografia como um dos empreiteiros atuantes na cidade de São Paulo. Assim como ele, a maioria dos empreiteiros que disputavam as concorrências públicas também não foram referidos nas pesquisas, certamente porque em sua maioria elas tinham objeto distinto, qual seja, a arquitetura das construções. Com isso, afas-

16 Esse último valor se aproxima do preço de um terreno na rua Teodoro Sampaio, que foi comprado por 6:000$000, e ultrapassa o valor de um terreno na Cristiano Vianna comprado por 1:000$000 (*Correio Paulistano*, 31/10/1923, p. 3). Esses valores demonstram que Vitrone possuía um capital que o permitia realizar a compra de terrenos para construção.

taram-se dos pequenos empreiteiros construtores de transformações cotidianas das ruas, como construção de calçadas e bueiros.[17]

Figura 1 – Recorte da Planta da Cidade de São Paulo, 1930, destacadas as ruas de algumas das atuações de Vitrone pela cidade. Elaborado pela autora. Fonte: Portal Geosampa.

A partir das atuações de Vitrone buscou-se identificar uma rede de empreiteiros com o mesmo perfil. Os concorrentes e parceiros de obras de José Vitrone encontrados nas mesmas concorrências públicas permitiram traçar essa relação. Esses empreiteiros trabalhavam no mesmo tipo de obras de Vitrone, em áreas semelhantes e foram identificados nas mesmas fontes. Foram selecionados alguns empreiteiros, que dão conta aqui de evidenciar essa rede em plena atuação.

17 Na tese "O cotidiano em construção: os práticos licenciados em São Paulo (1890-1933)", de Lindener Paretto Jr., por exemplo, foram encontrados apenas os empreiteiros José Longo, Raphael Ferrara e Attilio Lignini, citados nas listagens de construtores registrados, dos muitos empreiteiros aqui identificados (PARETTO Jr., 2011).

Caetano Farina, por exemplo, foi encontrado a partir da mesma metodologia utilizada para Vitrone, na pesquisa da rua Teodoro Sampaio. Esse personagem também foi identificado nas obras particulares, por ter encaminhado um pedido de obra para a Diretoria de Obras, em 1919, para a construção de casa, como proprietário e construtor no lote número 13 da Teodoro Sampaio.[18] Seu nome foi encontrado em uma notícia para retirada de alvará de construtor em 1928.[19] Foi possível também identificar que Farina não morava no lote para o qual encaminhou o pedido de reforma. A partir de uma notícia de acidente de trânsito no jornal *Correio Paulistano* em 1912 identificou-se que ele morava na rua Victorino Carmillo n. 45, na Barra Funda.[20] O fato de não morar nesse endereço, do qual aparece como proprietário, coloca-o na mesma condição de Vitrone: outro (provável) construtor de casas para aluguel.

José Longo foi um dos empreiteiros encontrados junto às concorrências públicas de Vitrone. Seu nome aparece em outras notícias de melhoramentos urbanos pela cidade que se assemelham ao tipo de obra realizada por Vitrone, bem como dos locais da cidade de suas execuções. Em 1903, recebe 548$965 da prefeitura pelo fornecimento e assentamento de guias e construção de sarjetas no Jardim da Luz. Em 1906, constrói duas bocas de lobo na rua Theodoro Sampaio. Em 1907, é determinado pagamento pela prefeitura devido a melhoramentos que Longo realizou na rua da Liberdade. O mesmo processo realizado com o personagem de Vitrone foi realizado para José Longo.

18 AHMSP-OP 210534.

19 *Correio Paulistano*, 07/01/1928, p. 8.

20 *Correio Paulistano*, 14/06/1912, p. 4.

O empreiteiro Raphael Ferrara[21] aparece como o principal concorrente de Vitrone nas concorrências públicas. Eles concorreram para realizar os melhoramentos da praça Dr. João Mendes e na rua Corrêa, e nesses dois casos os projetos de Raphael Ferrara foram aprovados. Concorreram também para os consertos das estradas de Pinheiro e Caguassú no ano de 1906 e para o calçamento da rua Thabor em 1907, e nesses casos a prefeitura aprovaria o contrato com José Vitrone. Raphael Ferrara morava na rua Major Sertório e adquiria propriedades pela cidade, como um terreno na Vila Pompeia pelo valor de 18:700$000.[22]

Outros nomes também foram identificados atuando na construção e reformas de obras para a prefeitura, sem a execução de grandes obras públicas ou particulares - o que impõe avaliar se esses empreiteiros realmente podem ser enquadrados em um perfil similar. Entre eles, Joaquim Ferreira, Justino Carvalho, Attilio Lignini, Monteiro e Pacheco, José Puci, Ignácio Pretti e Luiz Hipollyo, são nomes encontrados nos registros da Hemeroteca Digital como empreiteiros junto às concorrências das quais Vitrone também participou. Algumas concorrências públicas em que o nome de Vitrone foi encontrado junto a outros empreiteiros são explicitadas na tabela a seguir.

21 Raphael Ferrara era sócio de José Longo na firma Ferrara e Longo, proprietários de pedreiras em Ribeirão Pires. Uma notícia de 1919 cita-os como industriais em um comunicado dos operários da firma que pediam pagamento de seus salários, referindo-se a seus trabalhos nas pedreiras e nos serviços de calçamento da cidade de São Paulo. (*O Combate*, 22/05/1919, p. 3).

22 *Correio Paulistano*, 21/10/1922, p. 5.

Obra	Concorrentes	Quem executou
consertos das estradas de Pinheiro e Caguassú	José Vitrone	José Vitrone
	Raphael Ferrara	
melhoramentos da praça Dr. João Mendes	José Vitrone	Raphael Ferrara
	Monteiro e Pacheco	
	Raphael Ferrara	
calçamento da rua Tamandaré entre a Galvão Bueno e a Paulista	José Vitrone	concorrência cancelada
	Joaquim Ferreira	
	Luiz Hypollio	
calçamento da rua Thabor	José Vitrone	José Vitrone
	Raphael Ferrara	
construção de passeios na rua Corrêa	José Vitrone	Raphael Ferrara
	Angelo Conte	
	Raphael Ferrara	
construção de passeios no aterrado da rua Pedroso	José Vitrone	Atillio Lignini
	Attilio Lignini	
aumento do cemitério do Lageado	José Vitrone	José Vitrone
	Raphael Ferrara	
	Attilio Lignini	
	José Puci	
construção de dois bueiros na rua Teodoro Sampaio	Ignácio Pretti	José Longo
	José Vitrone	
	José Longo	
calçamento a macadam da rua Teodoro Sampaio	Oscar Americano	Oscar Americano
	Raphael Ferrara	
melhoramentos da rua Major Quedinho	Raphael Ferrara	José Vitrone
	M. Monteiro Bertholo	
	José Vitrone	

Tabela 1 – Algumas concorrências públicas entre os anos de 1904 e 1915. Fonte: *Correio Paulistano* e *O Commercio de São Paulo*. Elaborado pela autora.

As características em comum na forma de atuação na cidade entre esses pequenos empreiteiros indicam que eles faziam parte de um grupo que atuava em uma mesma especialidade: as obras de transformações cotidianas da cidade. Seus nomes apareciam quase que exclusivamente nos pedidos de obras particulares e em notícias de concorrências públicas de pequenas obras. Com essas informações, constata-se que esses pequenos empreiteiros não eram responsáveis pelas obras públicas monumentais e palacetes particulares, produzidas por grandes empreiteiros e por engenheiros arquitetos. Embora alguns desses, no início de suas trajetórias, dividissem o mercado com os pequenos empreiteiros destacados. Esse é o caso de Oscar Americano, que é encontrado participando em algumas concorrências públicas com Vitrone, José Longo e Raphael Ferrara. Oscar Americano[23] seria o exemplo de um construtor e empreendedor com uma trajetória de enriquecimento, passando a produzir obras de maior porte como a casa de Mario de Andrade na Barra Funda, diferentemente dos pequenos empreiteiros aqui destacados.

As obras executadas em São Paulo

A espacialização das atividades de Vitrone permite vislumbrar um panorama dos principais lugares da cidade onde esses pequenos empreiteiros estavam atuando e onde a prefeitura estava investindo. Seus trabalhos se estendem pontualmente pelos bairros

23 Oscar Americano é pai de Oscar Americano Filho, engenheiro e empresário, com atuação nas terras do Morumbi, onde construiu sua residência, em 1953, com projeto do arquiteto Oswaldo Bratke. Ver a respeito Segawa (1997).

Bela Vista, Sé, Luz, Consolação, Higienópolis, Santa Cecília, Barra Funda, Campos Elísios, Bom Retiro, Perdizes e Cerqueira Cézar.

Ao analisar suas ações especificamente na rua Teodoro Sampaio percebe-se que as obras de Vitrone na rua em questão se assemelham às principais construções que estavam acontecendo na cidade de São Paulo no início do século XX.[24]

Em 1905, Vitrone enviou projeto para a concorrência pública para a construção de duas bocas de lobo na rua. Também em 1905 construiu abrigo no Cemitério do Araçá localizado no cruzamento da Teodoro com a avenida Dr. Arnaldo. Em 1919, realizou o calçamento do trecho da rua em frente a sua propriedade. E encaminhou para a Diretoria de Obras o pedido de três licenças para reformas nesse mesmo lote.

Na mesma rua, em 1903, foi divulgado no *Correio Paulistano* a concorrência pública para a iluminação elétrica das ruas e arrabaldes da avenida Municipal, antiga Dr. Arnaldo, e a rua Teodoro Sampaio, até o ponto dos bondes.[25] Em 1907, um parecer para o prolongamento da linha de bonde de Pinheiros, obra apresentada como uma necessidade para o bairro, pede melhoramentos de que carece a rua Teodoro Sampaio entre a rua Capote Valente e o Largo de Pinheiros. Destaca ainda na notícia que o nivelamento da rua nesse trecho, um dos melhoramentos que carecia a rua, dependia do estabelecimento da linha de bondes de Pinheiros.[26] As muitas obras de melhoramentos encontradas nos jornais relacionadas à Teodoro diziam respeito a trechos da rua, o que marca uma hete-

24 Para um maior detalhamento das transformações da rua Teodoro Sampaio no início do século XX, ver o texto "Teodoro Sampaio, conectando a cidade", de Ana Lanna, aqui publicado.

25 *Correio Paulistano*, 24/05/1903, p. 2.

26 *Correio Paulistano*, 24/051907, p. 2.

rogeneidade de infraestrutura em seu percurso. Na Teodoro, essa transição de áreas urbanizadas e rurais foi recorrente e marcante.

Em 1913, foi realizado o serviço de calçamento de três quarteirões da rua por paralelepípedo de pedra, mediante parecer que destacava a urgência para a realização do serviço. E, no mesmo ano, a Diretoria de Geral divulga a necessidade de colocação de combustores de gás até a rua Capote Valente.[27]

Mesmo que boa parte das notícias sobre melhoramentos marque as setorizações do espaço, é possível observar uma grande quantidade de melhoramentos urbanos, indicando uma, até rápida, redução das diferenças das diversas regiões. A concorrência pública, para a união do calçamento, "a macadam" da rua Teodoro com o da rua do Comércio, em 1915; e, em 1907, a solicitação dos moradores para o nivelamento da rua até o ponto dos bondes do Araçá e também a colocação de combustores, tanto na Teodoro, quanto na avenida Municipal, revelam a ligação entre os melhoramentos da Teodoro com os das ruas próximas.

Esses melhoramentos urbanos na Teodoro servem como exemplo para entender as ações de Vitrone pela cidade. O bonde, como marco das ruas, é visto para além da rua Teodoro Sampaio. As transformações urbanas da época têm o bonde como um dos marcos da modernidade. Talvez por esse motivo muitos dos trabalhos de melhoramentos realizados por Vitrone pela cidade tinham essa proximidade com as linhas de bondes.

As linhas de bondes serviram como auxílio para conectar essas ações semelhantes de Vitrone em locais tão dispersos pela cidade. As muitas obras identificadas de Vitrone pontuais dentro de um mesmo bairro demonstram essa simultaneidade

27 *Correio Paulistano*, 20/12/1913, p. 7.

de melhoramentos em muitas áreas da cidade e a distinção de infraestrutura dentro dessas áreas.

Em 1907, Vitrone foi responsável pelo calçamento da rua Thabor, situada entre a rua Turiaçu e a rua Paraguaçu. A rua Thabor (atual rua Cardoso de Almeida), foi um importante eixo de Perdizes, que se ligava à rua das Palmeiras pela linha de bondes e ao restante da cidade. Foi grande a quantidade de obras de calçamento que separavam o pedestre dos automóveis nessas regiões onde o bonde e outros automóveis aumentavam sua circulação. Evidenciava-se a necessidade de segregação mais clara entre eles, para evitar os muitos acidentes de trânsito que vinham acontecendo pela cidade. No mesmo ano em que o pedido para o calçamento dessa rua foi realizado pela prefeitura, também pediu-se a mudança da linha de bonde que ali passava, ligando-a até o Cemitério do Araçá.

No mesmo bairro, Vitrone realizou apenas mais uma obra, a construção de um bueiro na rua Monte Alegre, em 1906, paralela à rua Thabor. A linha de bondes que passava na rua das Palmeiras era uma continuidade da Avenida Água Branca, onde Vitrone foi responsável, em 1909, pela construção de uma galeria.

A linha de bondes que saia da rua Thabor para a rua das Palmeiras passava pela rua da Barra Funda onde, em 1909, Vitrone foi contratado para realizar aumento de duas bocas de lobo. A mesma linha que passava por essa rua cruzava a rua Victorino Carmillo, a um quarteirão de distância onde construiu o hospital veterinário municipal e o trecho do calçamento no quarteirão dessa obra.

Em 1904, Vitrone realizou concertos no passeio da rua Vergueiro. No mesmo ano em que a rua passava por um processo de mudanças, como novo alinhamento das guias e reformas nas proximidades à linha de bonde.

Essas linhas de ação convergiam para o centro da cidade, onde Vitrone trabalhou em muitos melhoramentos urbanos. Em 1909, realizou a construção de passeios na rua São João entre as ruas Líbero Badaró e Formosa. Também executou serviços na rua Líbero Badaró, em maio e junho do mesmo ano. Na Líbero Badaró passava a mesma linha de bondes que na rua Teodoro Sampaio. Em 1905, recebeu pagamentos pelo conserto da ponte velha do mercado da rua Vinte e Cinco de Março. Em 1908, realizou serviços de construção de uma divisória de ladeira no quarto número 24 do mercado da rua São João. Em 1908 reforma na rua do Rosário, esquina com a rua Boa Vista. Em 1905 e em 1908, realizou trabalhos no Jardim da Luz, em 1905 realizou pintura do gradil e em 1908, construiu um cômodo na administração.

Ao notar como as obras de Vitrone se estendem pela cidade, pode-se perceber também a relação entre as obras cotidianas que ele executava e as demais obras que aconteciam pela cidade. Essas atuações em pequenas escalas de intervenção urbana, especialmente de infraestrutura viária, como calçamentos, bueiros, nivelamentos, produziam o espaço urbano associado muitas vezes a obras de maior porte, como as relacionadas aos serviços públicos (transporte, saúde). Destaca-se, ainda, que em muitos casos as obras de Vitrone eram realizadas em ruas nas quais, no mesmo período, se produzia uma grande quantidade de obras com as mesmas características, como no caso da Teodoro, levadas adiante por outros empreiteiros e construtores. Essa quantidade de pequenos melhoramentos foi moldando, de forma articulada, as transformações cotidianas da cidade, promovidas tanto por atuação direta da administração pública, quanto por iniciativa dos moradores da região, mas sempre mediante aprovação dos entes públicos.

Por tudo isso, o exame das obras de Vitrone permite compreender um pouco mais o processo das transformações urbanas em áreas distintas da cidade, qualificando e dando nome aos sujeitos que faziam os melhoramentos e os embelezamentos.

Referências bibliográficas

BORIN, Monique F. "Acervos históricos e estudos da urbanização: o cruzamento de fontes urbanísticas e judiciárias como recurso metodológico". In: CABRAL, Claudia C. e COMAS, Carlos E. (Orgs.). *Anais do IV Encontro Nacional da Associação Nacional de Pesquisa e Pós-Graduação em Arquitetura e Urbanismo.* UFRGS, Porto Alegre, jul. 2016. Disponível em: https://enanparq2016.files.wordpress.com/2016/09/s42-01-borin-m.pdf. Acesso em: 01/10/2021.

BORIN, Monique F. "Os passeios da Rua Barão de Iguape: disputas na implementação dos equipamentos viários em São Paulo no fim do século XIX". *Anais do Museu Paulista,* São Paulo, v.27, 2019, p. 1-23. Disponível em: https://doi.org/10.1590/1982-02672019v27e04. Acesso em: 23/07/2020.

CAMPOS NETO, Candido M. *Os rumos da cidade:* urbanismo e modernização em São Paulo. São Paulo: Ed. Senac, 2002.

CERASOLI, Josianne F. *Modernização no plural:* obras públicas, tensões sociais e cidadania em São Paulo na passagem do século XIX para o XX. Tese (Doutorado), IFCH Unicamp, Campinas, 2004.

FELDMAN, Sarah e CASTRO, Ana C. V. de. *Vila Itororó. Uma história em três atos*. São Paulo: Instituto Pedra/ PMSP, 2017.

FICHER, Sylvia. *Os Arquitetos da Poli: Ensino e Profissão em São Paulo*. São Paulo: Edusp, 2005.

SILVA, Joana M. de C. e. *O arquiteto e a produção da cidade:* a experiência de Jacques Pilon em perspectiva (1930-1960). Tese (Doutorado), FAU USP, São Paulo, 2010.

PARETO Jr., Lindener. *O cotidiano em construção:* os "práticos licenciados" em São Paulo (1893-1933). Dissertação (Mestrado), FAU USP, São Paulo, 2011.

SÃO PAULO (Município). *Livros de Emplacamento.* Arquivo Histórico de São Paulo (AHSP).

SÃO PAULO (Município). *Série Obras Particulares, 1918 a 1921.* Arquivo Histórico de São Paulo (AHSP).

FUNDAÇÃO BIBLIOTECA NACIONAL (Brasil). *BNDigital.* Acervo da Hemeroteca Digital. Disponível em: https://bndigital.bn.gov.br/. Acesso em: 15/05/2020

PORTAL GEOSAMPA (São Paulo). *Mapa topográfico do município de São Paulo.* São Paulo: Sara Brasil, 1930. Disponível em: http://geosampa.prefeitura.sp.gov.br/PaginasPublicas/_SBC.aspx. Acesso em: 05/09/2020.

Continua no 20

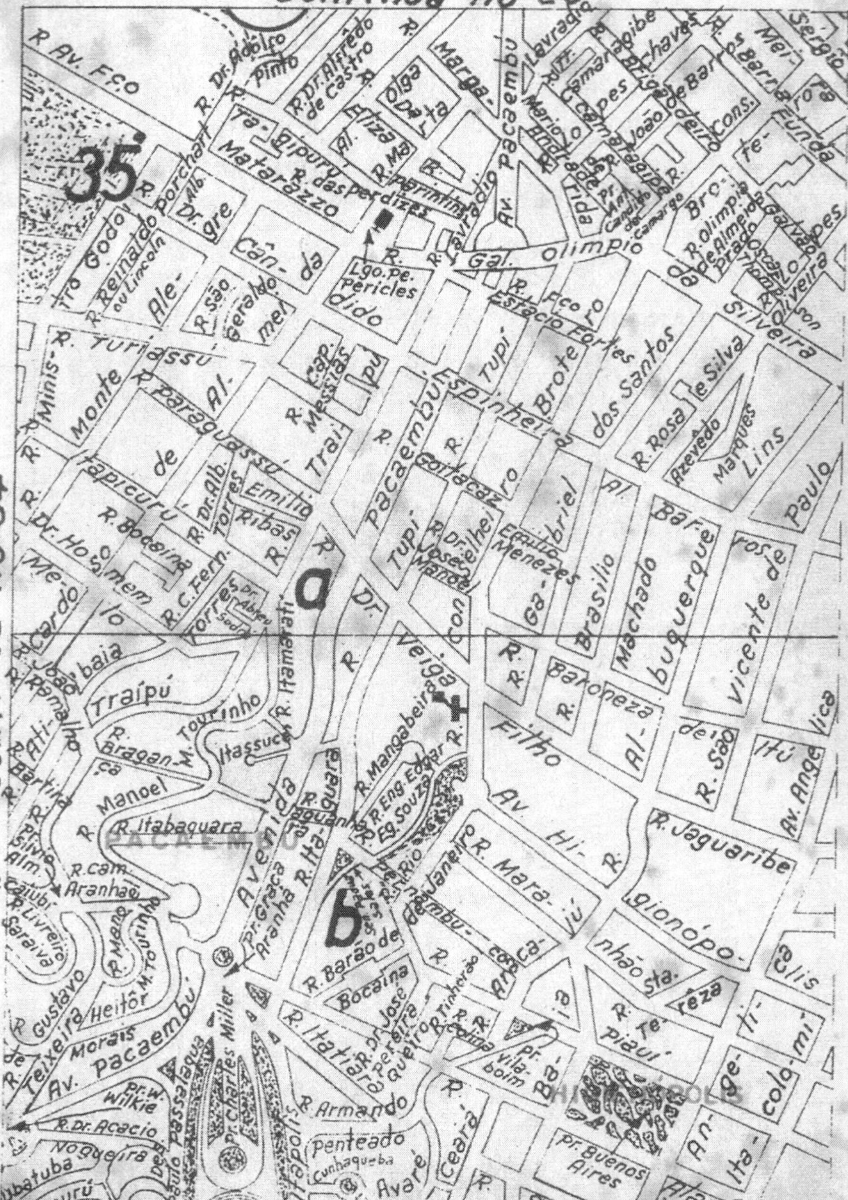

Continua no 34

Continua no 49

Continua no 21
36
Capistrano de Abreu
Alameda
R. Dr. Elias
Al. Cleveland
R. Anhaia
R. dos Italianos
R. Souza Lopes
R. S. Martinho
R. Chácara
Carvalho
Vitorino
Campos Elíseos
Barão
Bueno
Dino
Lgo. Cor. de Jesus
Pr. Marechal Deodoro
R. Carv.
Dr. Mend.
João Ribeiro
Carmilo
Olavo Bilac
Pr. Princesa Isabel
Caxias
Avenida
Rio
Santa Cecília
37

Capítulo 2

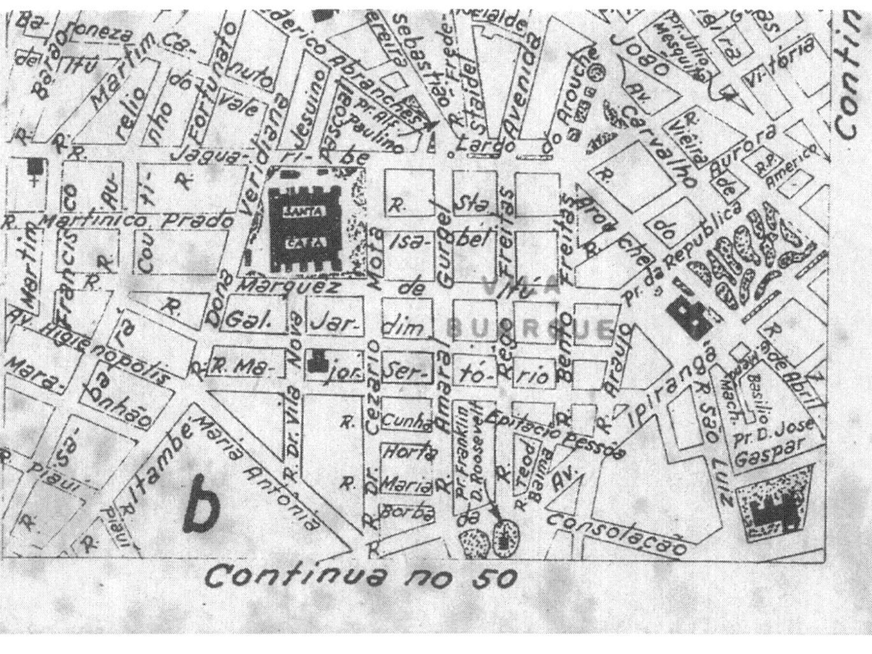
Contin
Baroneza
Barão de Itu
Martim
R. Martinico Prado
Fortunato
Veridiana
Jesuino
Sebastião
Abranches
Pr. Alf. Paulino
Largo do Arouche
Avenida
Vitória
Av.
Carvalho
Aurora
Santa Casa
Sta. Isabel
Marquez de
Jardim
Gal.
Gurgel
Freitas
Vila Buarque
Pr. da República
Av. Higienopolis
Mara-nhão
R. Ma-jor Ser-tório
Ipiranga
Araujo
R. São Luiz
Pr. D. José Gaspar
Basílio
R. Cunha Horta
Maria Borba
Epitácio Pessoa
Pr. Franklin D. Roosevelt
R. Teod. Baima
R. Itambé
Maria Antonia
R. Dr. Vila Nova
Dr. Cezario Mota
Amaral
R. Piauí
Consolação
b
Continua no 50

As fronteiras da cidade

Pedro Beresin Schleder Ferreira[1]

Quais são as fronteiras de uma cidade? A princípio, a pergunta parece singela. Basta abrir um mapa e percorrer suas linhas administrativas. Se quiser mais detalhes, basta apurar os olhos, há também linhas para os distritos, para os bairros, para as ruas, para os lotes. Estão ali, sólidas e estabelecidas, definidas à tinta. Porém, se perguntarmos para o morador de São Paulo – "onde fica sua casa?" – podemos nos surpreender. Pois para os paulistanos depende: o contexto faz o endereço. Mesmo que receba sua conta de luz no conforto do Jardim Paulistano, há momentos em que lhe cai melhor o distrito de Pinheiros, mais despojado e descolado. Mas se for necessário se ambientar entre as classes altas, nada como o Jardim Europa, seu vizinho distinto.

---

1 Pedro Beresin Schleder Ferreira é professor de História da Arquitetura na Escola da Cidade – Faculdade de Arquitetura e Urbanismo e doutorando em História da Arquitetura e da Cidade na FAUUSP. Esse artigo desenvolve ideias esboçadas no texto "Uma cidade de tramas, fronteiras e arenas: tensão, conflito e ambivalência em um bairro exclusivo de São Paulo (1890-1920)", apresentado no Colóquio "Histórias de São Paulo: construções e desconstruções" (Unifesp, Guarulhos, 2018), e parte da dissertação de mestrado "A avenida de mil vias: conflito, contradição e ambivalência na modernização de São Paulo (1890-1920)", financiada pela Capes e defendida em 2017 na FAUUSP.

Se andarmos pela rua, a coisa fica ainda mais interessante. Tomemos a região de Higienópolis, Santa Cecília e Vila Buarque. Como saber quando passamos de um bairro para outro? Depende. Na historiografia oficial, as divisas coincidem normalmente com os loteamentos. Mas e no chão do dia-a-dia? Há os que elegem a morfologia, a renda, a paisagem social, todas dependentes do contexto em que são apresentadas, por quem são apresentadas e de como são divididas e classificadas. Para a população universitária de Santa Cecília, suas fronteiras são sacras, identitárias. Para o mercado imobiliário, Santa Cecília não existe, é o "Baixo Higienópolis".[2]

As fronteiras flutuam, mas isso não significa que são leves, tampouco etéreas. Assim como seus limites podem ser reduzidos, esticados ou apagados, sua consistência pode ser rígida, branda ou porosa. No tempo, há as que são mais estáveis, as duradouras, as fugazes e as inconstantes. Podem variar dentro de um mesmo discurso ou perdurar por décadas em consenso. Ao final, apesar de seu estatuto sólido nos temas administrativos, na vida social as fronteiras são uma ferramenta discursiva através da qual os grupos, os agentes e as instituições falam, interpretam e apresentam a si mesmos na cidade, assim como falam, interpretam e apresentam para si e para os outros a cidade. No jogo das fronteiras disputam e negociam discursos, identidades e capitais.[3]

---

2 *Folha de São Paulo*, 04/10/2015.

3 Para pensar as fronteiras das cidades nesse texto, nos valemos das elaborações anteriores de Frederik Barth (2011) e Richard Sennet (2011). Partindo do campo da antropologia, Barth conceitua as fronteiras estabelecidas entre diferentes etnias como fenômenos dinâmicos, que se alteram ao longo do tempo conforme os interesses de indivíduos e grupos em demonstrar distinção ou proximidade entre si. Para nossa pesquisa, o pensamento de Barth contribui com a percepção de que uma fronteira não é uma entidade fixa e intransigente, mas um constructo social, com seu traçado e consistência constantemente modificados pelos diferentes

Aqui, analisaremos as formas desse jogo ao longo do processo de modernização de São Paulo, com enfoque nas primeiras décadas do século XX, quando algumas dinâmicas da metrópole começavam a se estabelecer. Nesse período, no mesmo ritmo em que a cidade crescia, aumentava o interesse público por seu processo de modernização. A cidade, suas mudanças, suas dinâmicas, e seu destino passam a ser objeto candente de interpretação, inquietude, debate e disputa. Não apenas nos círculos privilegiados da Escola Politécnica, das revistas de engenharia, das elites políticas e intelectualizadas, mas também no chão do dia a dia das classes médias e populares: nos balcões da municipalidade, nos jornais, nas ruas, nos armazéns, nos escritórios, nas fábricas e nas praças (CERASOLI, 2004; FERREIRA, 2017; BORIN, 2019).

*

Em 1912, um grupo de moradores da Avenida Angélica procurou o *Estado de São Paulo* para cobrar da prefeitura serviços básicos para a rua. O protesto foi publicado na coluna *Queixas e Reclamações* que, em tom justiceiro, amplificava diariamente a voz indignada dos descontentes:

grupos que habitam suas redondezas e a constituem. Sennet, por sua vez, partindo da sociologia urbana, elabora duas categorias para pensar as fronteiras das cidades contemporâneas: *boudaries* e *borders*. A primeira remete aos espaços em que dois ou mais grupos estabelecem uma segregação total entre si, enquanto a outra designa os espaços em que, apesar da diferença seguir demarcada, ocorrem trocas e interpenetrações. As categorias propostas precisam modos de inter-relação interessantes, contudo, diferentemente de Sennet (2011) e mais próximos de Barth (2011), não pensamos em classificações estáticas para os diferentes estados de uma fronteira. Pensamos a fronteira como um jogo social em que os limites e possibilidades estão sempre oscilando e em disputa nos planos materiais, discursivos e simbólicos.

> Moradores da Avenida Angelica, entre rua Maceió e Avenida Paulista, *trecho completamente habitado,* estão cançados de reclamar providencias de quem de direito para o lastimável estado em que se encontra o referido trecho, não somente em dias de chuva, mas todo o anno.
> Do sr. Prefeito municipal e do vereador do districto esperam os referidos moradores as necessárias providencias, para que sejam ali realizados melhoramentos, entres os quaes por mais urgentes, a colocação dos paralelepípedos necessários as calçadas.[4]

Nada de novo para os que liam os jornais, tampouco para os que não liam. Obras atrasadas, infraestrutura precária e falta de zeladoria eram reclamações recorrentes na cidade, sempre entonadas na inflamada retórica dos injustiçados. Os emissários da modernidade cumpriam debilmente suas promessas de celeridade, eficiência e prosperidade. O *progresso* não era homogêneo na cidade, nem unívoco e muito menos constante. Os moradores da parte alta da Avenida Angélica o viam todos os dias com seus próprios olhos. Em pleno século XX, em um bairro nobre da segunda maior cidade do país, moravam em um lamaçal. Sem calçamento, sequer de macadame, a rua era repleta de atoleiros "próprios de estradas em pleno sertão".[5]

Lá de cima, viam que pouco abaixo da Maceió a vida era outra. Para as bandas da Praça Buenos Aires e da Avenida Higienópolis, o *progresso* dava suas caras. A via era lisa, pois era calçada, era cla-

4 *O Estado de São Paulo*, 14/01/1912, p. 6 (grifo do autor).

5 Abaixo-assinado anexo ao processo da Lei 1436/1911, contido no Fundo da Prefeitura Municipal de São Paulo do Arquivo Histórico Municipal de São Paulo (AHMSP); Centro de Memória da Câmara Municipal de São Paulo (CMCMSP), *Atas da Câmara Municipal de São Paulo*, Indicação 432, 1911, p. 376.

ra, pois iluminada, e, como haviam guias, os passeios protegiam os pedestres e as águas corriam ordenadas. Pareciam duas cidades diferentes e, em certa medida, eram. No alto, a continuidade das casas geminadas, o entra e sai das vendas, a conversa ao pé do armazém, o rugido das cocheiras, as portas abertas e barulhentas da ferraria e do funileiro. Abaixo, o quadro estanque de casarões e palacetes, no ritmo espaçado dos jardins, das sombrinhas e da moda burguesa. No topo, as bordas da cidade, marcadas pelo Hospital de Isolamento e os cemitérios da Consolação e do Araçá (Figuras 1 e 2). No pé, o portentoso palacete de Maria Angélica de Sousa Queirós, destacada representante da oligarquia cafeeira, que ainda em vida conquistou o nome inteiro da via (Figuras 3 e 4).

A batalha pelos melhoramentos da parte alta começou quase dez anos antes - o primeiro pedido feito à Câmara foi em 1903 - mas a história dessa fronteira data ainda do século XIX. Quando os negociantes alsacianos Victor Nothmann e Martin Burchard empreenderam o *Boulevard Burchard* em 1891, no mesmo ano de lançamento da Avenida Paulista, não previam uma ligação direta com o empreendimento de Joaquim Eugênio de Lima.[6] Projetado como um apêndice da cidade, o *Boulevard* seria um recanto idílico para a morada das classes altas. Para permanecer homogêneo, distante e distinto do agito produtivo e comercial das áreas centrais e dos bairros populares, o *Boulevard* foi pensado como um bolsão, cercado por um *cordon sanitaire* - simbólico, material e econômico[7] - meticulosamente desenhado para preservar

6 Poucos anos depois de seu lançamento, o *Boulevard* passará a ser chamado de Higienópolis, marcação de "bairro" que englobava também outras áreas ao redor do loteamento, como o alto da Avenida Angélica.

7 O *cordon sanitaire* foi constituído por diversas camadas e procedimentos: estabelecimento de elevado preço da terra, distância do Centro, com conexão restrita com seus arredores, a intimidadora simbologia dos palacetes, etc.

seus "bons ares". Em nome da ordem, da moral, da beleza e da higiene, a fronteira era ostentada publicamente como um trunfo. Não apenas do sucesso, da distinção e do prestígio de seus moradores, mas também como signo do progresso e da prosperidade de toda sociedade paulistana.[8] Assim como os Campos Elíseos e a Paulista, apoiado no discurso sanitarista da "especialização urbana", o loteamento era apresentado como precursor de "uma nova ordem urbana, eficiente e disciplinada" (MARINS, 2011, p. 212).

Envolto no verde das chácaras, o *Boulevard* se conectaria à cidade apenas por sua extremidade leste: à Santa Cecília pela Rua D. Veridiana, e à Vila Buarque pela Avenida Higienópolis. O vetor de crescimento em direção ao alto do Caaguaçu e a Avenida Paulista ainda eram incipientes, por isso o loteamento não previa conexões no sentido sudoeste. Assim, a modesta Rua Itatiaia, que depois se tornaria parte da Angélica, foi aberta sem pretensões de avenida, servindo apenas de conexão periférica entre as perpendiculares do loteamento (Figuras 5 e 6).

Contudo, a região acima da Rua Itatiaia[9] não fazia parte das chácaras compradas pelos alsacianos para formar o *Boulevard* (HOMEM, 1980) (Figura 7). Embora não saibamos quem loteou essa pequena, porém importante parcela, sabemos que o fez com padrão completamente diferente. Aberta entre 1895 e 1896, a

---

8 Como podemos entrever por sua vasta difusão imagética em livros, jornais e cartões postais que objetivavam propagandear os avanços da cidade (MARINS, 2011; FERREIRA, 2017), como em "Il Brasile e gli italiani" (1906), organizado por Vitaliano Rotellini e "Impressões do Brazil no seculo vinte: sua historia, seo povo, commercio, industrias e recursos" (1913), organizado por Reginald Lloyd.

9 Até 1907, a atual Avenida Angélica era dividida em duas partes interligadas. No trecho superior à Avenida Higienópolis, que ia até a Avenida Municipal, era chamada "Rua Itatiaia" ou "Avenida Itatiaia". Abaixo da Avenida Higienópolis, até a Rua das Palmeiras, era chamada "Avenida Angélica" (Figura 7). A toponímia foi unificada pela Câmara Municipal em 1907.

continuação superior da Itatiaia não ambicionava competir pela atenção das elites e dos endinheirados. Voltava-se para setores remediados que buscavam uma moradia barata ou, no aluguel, uma forma complementar de renda. Loteada em parcelas mais modestas que de seus vizinhos exclusivistas, entre 1896 e 1897, ali foram erguidas trinta "casas operárias", enquanto a parte baixa da via, pertencente ao *Boulevard,* ainda estava vazia.[10]

Eram casas de porta de janela, às vezes geminadas, em maioria pertencentes a italianos recém-chegados à cidade, que encontravam no mercado imobiliário uma boa oportunidade para estabelecer-se na capital, além de um trampolim para dar início à tão almejada ascensão social.[11] Esse foi o caso, por exemplo, de Cosmo Tortola e Angelo Barrigelo, tendo ambos pedido licença para a construção de três casas, sendo apenas duas geminadas, o primeiro em 1896 e o outro em 1897. Poucos anos depois, em 1903, Domenico Monica pede licença para erguer duas casas "operárias", alinhadas à via e às laterais do lote, com tanque conjunto e duas cocheiras ao fundo. A ascensão do italiano pode ser acompanhada pela multiplicação e transformação de seus imóveis. Já em 1905, requisita licença para construir outras duas residências de baixo padrão geminadas às pri-

10 Através de levantamento realizado na Série de Obras Particulares do Arquivo Histórico Municipal de São Paulo (OP-AHMSP), constatamos que entre 1896 e 1907, foram realizados 90 pedidos para construção de edificações de baixo padrão na parte alta da Avenida. No mesmo período, foram requisitadas, em toda Avenida, a construção de apenas nove casas de médio padrão, e, fora o palacete de Maria Angélica, apenas três casas de alto padrão. A partir de 1908, a parte baixa da Avenida começa a ser mais intensamente ocupada: entre 1908 e 1918, contamos 97 pedidos de novas edificações de médio padrão e 44 de alto padrão. Nesse período, a ocupação da Avenida pelos segmentos remediados seguia crescendo, com 61 pedidos de novas edificações de baixo padrão.

11 Casos semelhantes podem ser encontrados no minucioso estudo de Maria Luiza Ferreira de Oliveira (2005) sobre os setores remediados de São Paulo entre 1850-1900.

meiras. Provavelmente interessado em inserir-se em mercado locatício mais elevado, em 1913 reforma uma das casas, que se torna uma residência mais ampla e confortável, de médio padrão. No ano seguinte, ele fez o mesmo com outro imóvel.[12] Assim como Tortola, Barrigelo e Monica, foram tantos outros a tentar a sorte na Itatiaia, como Alfredo Pacheco, Antonio Pignon, Erneche Tuglia, Giovanni Federico, Tomaso Rusa, Felix Parula, Angiolo Monaco, Daniel Kruss, Martino Raucci, Alessio Pretti, Augusto Pried, Hermano Kuner, Francisco Oliva, Salvador Porma, José Crchiaro, Samuel Baldenetti, Luis Ambrósio e José de Niso Luigi Vetuglia.[13]

Se alguns, com crédito na praça ou por frutos próprios, faziam negócio com moderado rendimento, as casas de porta e janela também foram utilizadas como um meio de estabilização econômica pelos que encontravam na residência própria uma possibilidade de livrar-se do peso do aluguel. Posteriormente, a economia permitia o acúmulo de certa renda que poderia ser convertida para o conforto cotidiano ou para pequenos negócios. Além do mais, ser proprietário constituía status social, tanto no trato do dia-a-dia, como na relação com bancos, credores, e com a própria máquina estatal.[14] A propriedade poderia ser hipotecada, servindo o crédito como primeiro passo para uma tentativa de ascensão que, no contexto de grande demanda por moradias, era muitas vezes realizada através da construção de uma segunda casa, dessa vez para aluguel.[15]

---

12 OP-AHMSP, vol. 118, p. 139-140.

13 OP-AHMSP, vol. 118, p. 114-140; vol. 162, p. 133-138 e 140-176; vol. 239, p. 81-83; vol. 357, p. 97-143.

14 Ser proprietário era um status social tão respeitado quanto ter uma ocupação, como observa Borin (2014) ao analisar os processos de crimes da Barra Funda em período semelhante ao nosso.

15 Esse era o caso dos pequenos investidores do mercado imobiliário da época, largamente descritos por Luciana Gennari (2005) e Maria Luiza

Esse foi o caso de Joaquim Francisco de Lima, que construiu uma casa na Avenida em 1896. No ano anterior havia sido transferido do Serviço Sanitário para trabalhar como porteiro do Hospital de Isolamento, sendo a casa provavelmente para uso próprio. Em 1903, pediu licença para construir, ao lado da sua, outra casa junto com um armazém, provavelmente buscando um complemento para seu pequeno vencimento de porteiro. Em 1907, foi demitido do hospital, servindo-lhe os imóveis, provavelmente, como um arrimo enquanto buscava por um novo emprego.

As casas modestas, junto com seus proprietários e moradores, desagradaram os alsacianos: como moscas inoportunas, pousavam a cidade dos remediados onde não haviam sido convidados. Era necessário garantir a lisura do projeto inicial. Tentando sufocar a expansão dos remediados, Martin Burchard mobilizou a máquina estatal para controlar a ocupação da região, requisitando à Câmara a redação de uma lei que restringisse a construção de imóveis na Itatiaia e na Higienópolis – que também fazia fronteira com terras alheias. Na letra da lei – aprovada com apoio de Gomes Cardim, Intendente de Obras Municipais – a restrição tinha como objetivo garantir a beleza da via. Para tanto, criava uma singela restrição à implantação de novas construções, obrigando que fossem realizadas com amplos recuos frontais e laterais.[16] Na prática, o interesse era social e o efeito da norma proibitivo: com esses parâmetros, a construção de casas operárias e geminadas era praticamente inviabilizada.

de Oliveira (2005). Apesar de ter sido regulamentada apenas em 1900, há fortes indícios de que a hipoteca de imóveis urbanos foi praticada desde ao menos a década anterior. Cf. Brito (2006), p. 102; Gennari (2005).

16 Recuos frontais de seis metros e laterais de dois metros, como estabelecido na Lei 355/1898.

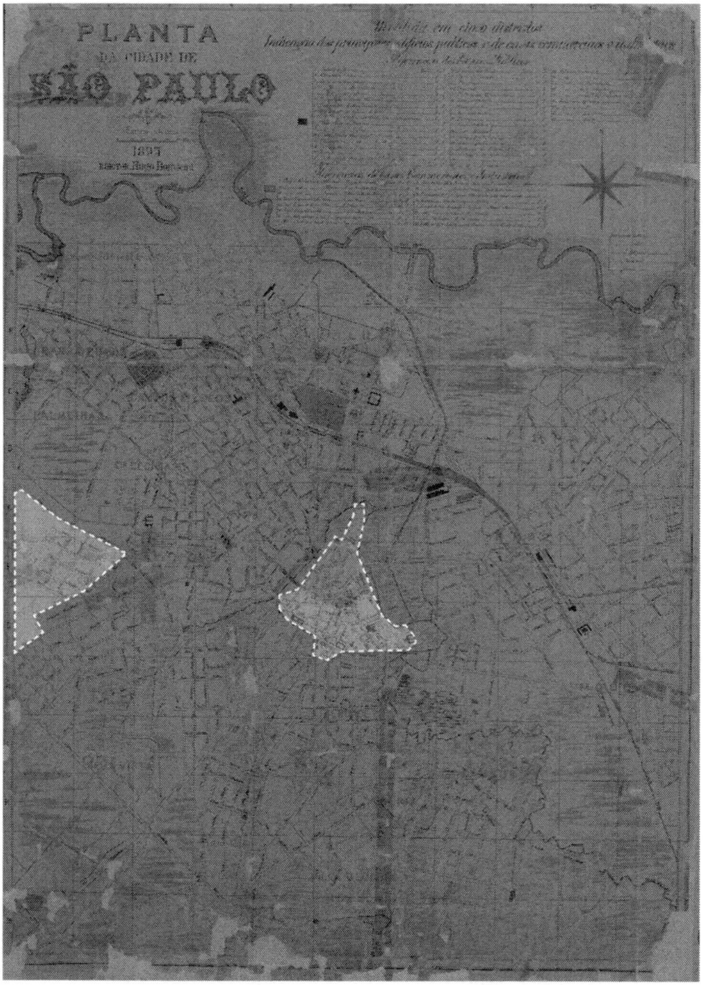

Figura 1 – Mapa da Cidade de São Paulo de Hugo Bonvicini, 1895, no qual pode-se observar a distância do Boulevard (à esquerda) em relação ao Centro e sua posição lindeira em relação à expansão urbana da cidade. Fonte: Arquivo Público do Estado de São Paulo.

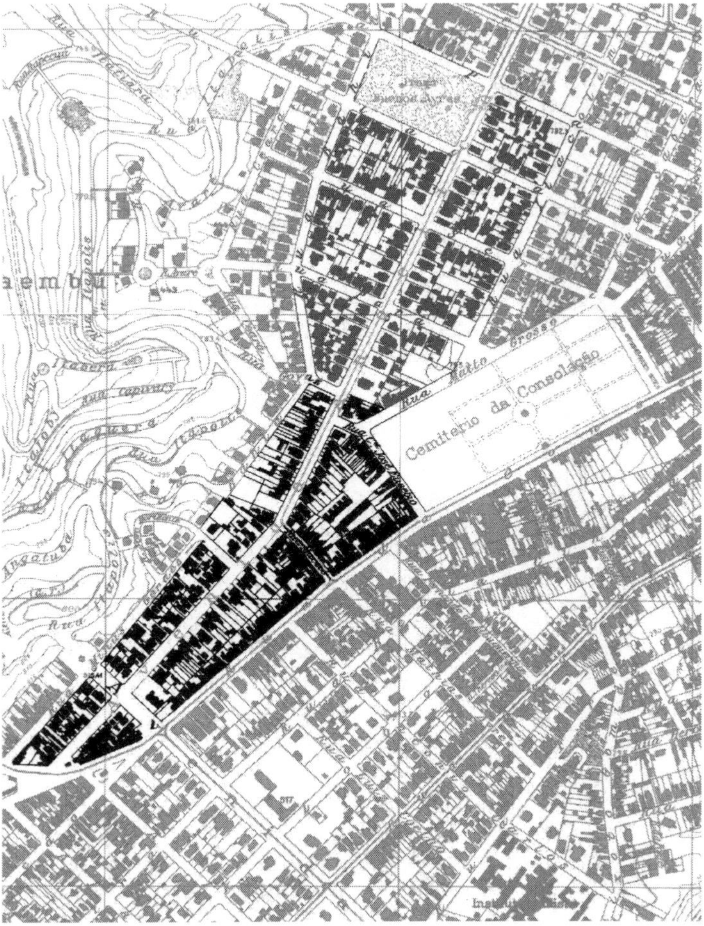

Figura 2 – Fronteira da Avenida Angélica. Do Cemitério da Consolação para a parte baixa da imagem: região alta, com casas de baixo padrão e geminadas. Do Cemitério para a parte de cima da imagem: região baixa, com casas de alta renda, lotes amplos e ajardinados. Marcações realizadas com base no levantamento SARA-Brasil, 1930. Fonte: AHMSP.

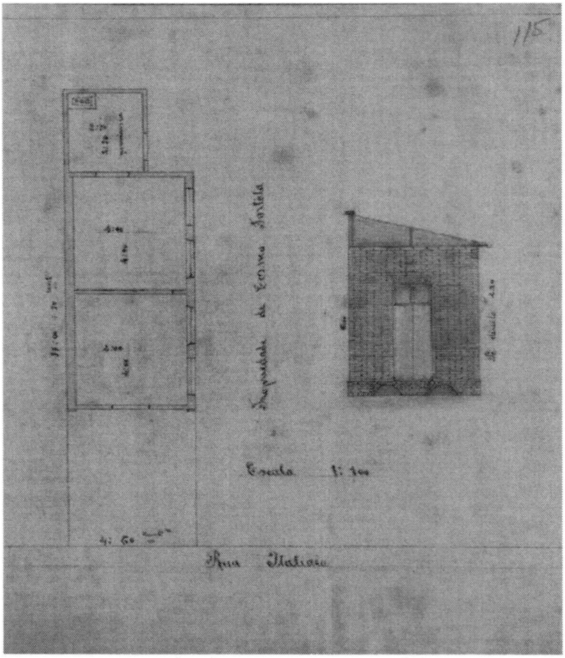

Figura 3 – "Casa operária" construída por Cosmo Tortola em 1896. Fonte: Série Obras Particulares, AHMSP.

Figura 4 – Residência de Maria Angélica de Sousa Queirós. Fonte: HOMEM, 2010.

Figura 5 – Cartaz "Cia de Bonds Hygienopolis", provavelmente veiculado antes de 1896. À esquerda, a Rua D. Veridiana e a Avenida Higienópolis são apresentadas como as principais conexões do loteamento com outras áreas da cidade. À direita, a Rua Itatiaia, marcando a fronteira do loteamento, apresentada apenas como umas das vias internas do *Boulevard*. Fonte: BRITO, 2000, p. 129.

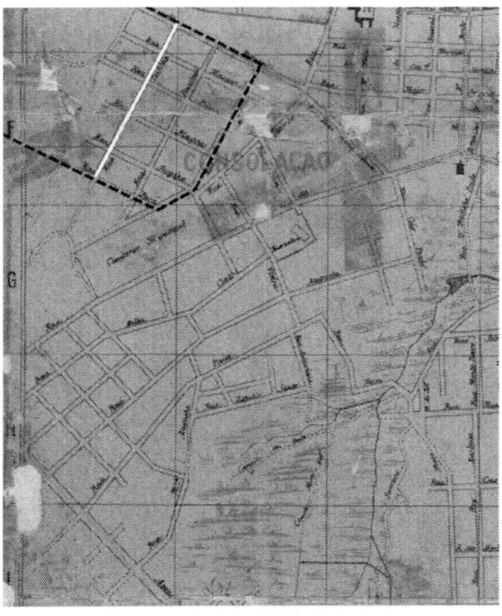

Figura 6 – Excerto do mapa de São Paulo realizado por Hugo Bonvicini em 1895. Dentro do tracejado preto: terras de Victor Nothmann e Martin Burchard, onde empreenderam o *Boulevard Burchard*. Em branco: Rua Itatiaia, que começava na Avenida Higienópolis e terminava na Rua Pará. Sua continuidade aparece, em projeção, até uma hipotética rua tracejada, que nunca foi realizada. Fonte: AHMSP.

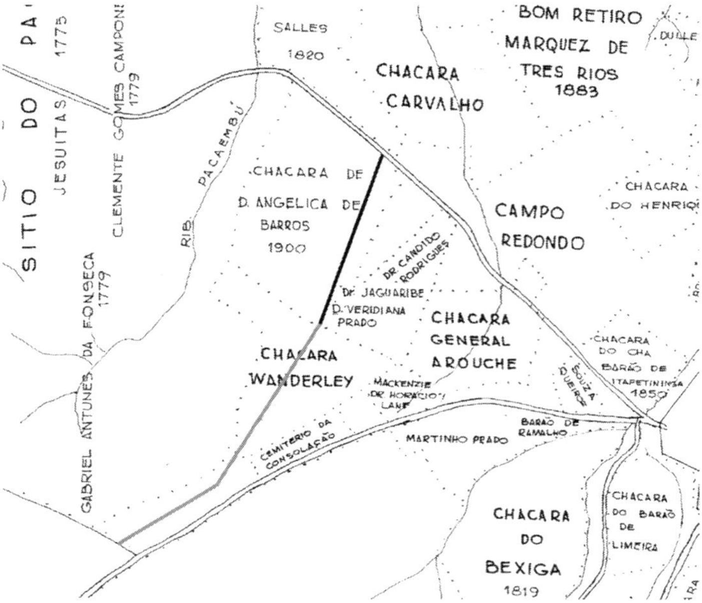

Figura 7 – Trecho do Mapa "São Paulo – Chácaras, sítios e fazendas, ao redor do Centro (desaparecidos com o crescer da cidade)". No recorte, as três chácaras nas quais foram abertas a Rua Itatiaia (em cinza) e a Avenida Angélica (em preto). Fonte: Arquivo Público do Estado de São Paulo.

Contudo, por provável pressão dos pequenos proprietários, e de outros interessados que não comungavam com o projeto exclusivista, a lei de recuos foi derrubada em 1901 apenas para a Itatiaia. Para a Higienópolis, onde não havia conflito em torno de seu padrão elitista, a norma seguiu vigente. Na Itatiaia, por sua vez, a fronteira entre a porção dos remediados e dos abastados se acirrava e as disputas em torno dela se acaloravam.

Em 1903, o estado calamitoso da parte alta já era notório e recorrentemente vereadores requisitavam obras na via. Nas palavras de um deles aquele trecho era "quasi intransitável" e os atoleiros prejudicavam não apenas o trânsito, mas também eram causa de "moléstias, principalmente das febres, que têm apparecido pelos arredores".[17] Após anos de insistência, em 1906 a Comissão de Obras da Câmara emitiu seu primeiro parecer sobre o assunto: considerava inoportuno o calçamento, pois era uma rua "sem edificações" e se seguissem com obras assim ficariam sem recursos para obras urgentes já decretadas.[18] Imediatamente acatada pela maioria, a invisibilidade dos moradores da parte alta, que à altura já contava com mais de oitenta edificações, foi decretada e o assunto foi dado por encerrado.

Certamente havia lugares mais necessitados na cidade. Por exemplo, a parte da rua que se estendia para baixo da Avenida Higienópolis até a Rua Jaguaribe, adentro das terras de Maria Angélica de Sousa Queirós. Ali, as casas se contavam nos dedos, mas para a Câmara justificavam as despesas de calçamento – com paralelepípedos de pedra! Dois pesos e duas medidas. Requisitado em paralelo às obras de cima, o trâmite foi direto e reto: aprovado de imediato, remetido à Direção de Obras e, para os padrões municipais, rapidamente finalizado. Não é difícil imaginar o desgosto dos moradores e proprietários da parte alta, novamente varridos para além da fronteira do invisível e do insignificante.

Os mesmos que erguiam a fronteira para os calçamentos, suspendiam seus efeitos ao tratar da lei de recuos. Desassociando a situação calamitosa do topo do projeto de torná-la "uma das melhores ruas da cidade",[19] em 1907 o projeto de unificação elitista da via volta à Câmara. Para além do retorno da lei de recuos,

17 CMCMSP, *Anais da Câmara Municipal de São Paulo,* Indicação 169, 1904, p. 124.

18 CMCMSP, *Anais da Câmara Municipal de São Paulo*, Parecer 94 da Comissão de Obras, 1906, p. 219.

19 CMCMSP, *Anais da Câmara Municipal de São Paulo*, Parecer n. 37 da Comissão de Justiça, 1907, p. 64.

os vereadores Horta Júnior, Sampaio Vianna e Goulart Penteado propõem também sua retificação simbólica. Isso, pois até aquele momento a via carregava as marcas de seu processo tortuoso: da Avenida Higienópolis para cima, até a Avenida Municipal, chamava Rua Itatiaia e, para baixo, até a Rua das Palmeiras, chamava Avenida Angélica. A tímida rua deveria abrir alas para a pomposa Avenida. Bem como o nome vulgar deveria ceder lugar à aristocracia.

Mas ao defender um projeto total para a via os vereadores olhavam apenas para uma de suas partes. A fronteira fechava outra vez e, a seus olhos, a Itatiaia terminava na Praça Buenos Aires. Assim, argumentavam que os recuos já haviam sido adotados na maioria das construções da via, portanto, a lei não prejudicaria seus proprietários. A miopia seletiva prevalece e a lei é aprovada, mas seu disparate não passou despercebido. No ano seguinte, voltou à Câmara a discussão de sua revogação, sob o pretexto de que os recuos eram desiguais na via e que, àquela altura, não era mais possível atingir uma homogeneização.

Um dos mais enérgicos defensores da revogação foi José Oswald Nogueira de Andrade. Para o vereador, o território da Avenida era fraturado, composto por "duas categorias de edificações: [...] de mais ou menos luxo, entre as ruas Piauí e Palmeiras, e edificações modestas, no alto e extremo da mesma, para o lado da Avenida Municipal".[20] A seu ver, o limiar entre as duas áreas era intransponível, uma vez que, por serem divididas pelos terrenos baldios que circundavam o Cemitério da Consolação, as edificações de luxo se afastavam dali pelo perigo das moléstias e pela aversão ao "espetáculo que diariamente se vê, do lado dos

20 CMCMSP, *Anais da Câmara Municipal de São Paulo*, Parecer n. 84 da Comissão de Obras, 1908, p. 301-302.

fundos do cemitério".[21] Assim, explicitando as fronteiras sanitárias, sociais e simbólicas da via, alegava a inviabilidade da homogeneização pretendida pelos recuos.

A contraposição ao discurso de José Oswald foi vocalizada em seguida por Silva Telles. A seu ver, "se hoje [a Angélica] não tem grande importância está, entretanto, destinada a ser uma das mais belas vias da nossa cidade". Reduzindo o argumento de Oswald a uma posição tacanha, Telles exortou a Câmara a não legislar para o dia de hoje, mas para o futuro, no que foi apoiado pela maioria, que decidiu pela manutenção definitiva da lei de recuo. Desdenhando da fronteira desenhada por Oswald, apostavam na possibilidade de, através de leis e ações municipais, suplantar a ocupação da parte alta da via em favor de sua plena elitização.

A Avenida apresentada por Oswald era semelhante à sustentada pelos moradores de cima. Após a rejeição do calçamento pela Comissão de Obras em 1906, sob justificativa de despovoamento da região, eles se empenharam em se fazerem visíveis. O apelo midiático que vimos no começo desse texto foi a ponta de um longo processo de idas e vindas na Câmara, que teve como ponto de inflexão o envio de uma ruidosa manifestação, encaminhada no final de 1911, com sessenta e cinco assinaturas de moradores e proprietários da área. A pedra fundamental do texto era explicitar a iniquidade de investimentos ao longo da Avenida Angélica e a apresentação da fronteira era, para os "infelizes moradores", um importante instrumento para se mostrarem injustiçados:

> Não há travessa neste bairro, por mais despovoada que seja, que não tenha merecido da Camara

21 O eufemismo provavelmente remete à prostituição e aos encontros noturnos de namorados.

> transacta, as melhores atenções. O principio da Avenida Angelica, não tem mais casas que a parte, onde moram os baixo assignados, no entanto, apesar de ser a mesmíssima rua, desde longos anos que foi contemplada com todos os melhoramentos.[22]

A evocação das fronteiras urbanas como evidência de uma modernidade desigual era uma estratégia partilhada por muitos outros que eram preteridos pelo poder municipal, mas que insistiam em disputar por seus recursos. Em 1918, o jornal *O Combate* publicou uma reportagem denunciando a desigualdade dos investimentos públicos na cidade.[23] Para ilustrar o argumento, se valem das mesmas fronteiras e símbolos exaltados pelas elites, porém interpretados com sinal invertido:

> Quem percorra as ruas do Braz, do Pary, da Móoca, do Belemzinho, do Cambuci, do Bom Retiro e de outros bairros pobres, não póde deixar de achar necessario o calçamento de areas inteiras que lá estão cheias de bons prédios cujos moradores sofrem horrivelmente com o lamaçal. Mas, em compensação, fica-se a perguntar: porque não têm calçamento essas ruas, assim povoadas, se nas proximidade (sic) da avenida Paulista e no aristocrático Hygienopolis ha quadras inteiras muito bem calçadinhas, á espera do primeiro

22 Abaixo-assinado anexo ao processo da Lei 1436/1911, contido no Fundo da Prefeitura Municipal do AHMSP.

23 Jornal fundado por Acilino e Nereu Rangel Pestana, filhos do eminente jornalista Francisco Rangel Pestana, com posicionamento reformista e crítico à "plutocracia" do poder público/elites que negavam direitos aos pobres (BALSALOBRE, 2011).

> palacete que por lá construa um membro no (sic) nosso impagável *high-life* de plutocratas?[24]

No artigo, o luxo e a beleza, espacializados nos bairros e nos palacetes do *high-life*, não aparecem como signos de sucesso e de progresso, mas de corrupção e improbidade. Através da sua posição na cidade, as elites descem do cavalo, e são apresentadas como mesquinhas e plutocratas, montadas em um "monstro multiforme que suga o povo para alimentar o governo". Assim como no abaixo-assinado, o *cordon sanitaire* de Higienópolis é apresentado não como elemento ordenador da cidade, mas segregador, delineador de privilégios e sintomático de uma modernização parcial, desigual e seletiva, que priorizava as elites.

Assim como para os ditos "bairros pobres", as consequências desse descompasso eram tenebrosas na parte alta da Angélica. De acordo com os manifestantes, durante as chuvas a água invadia as casas, carregando "quanta imundice encontram, ameaçando constantemente a saúde dos moradores".[25] Para eles, o prejuízo dos aguaceiros também afetava o intenso fluxo de veículos da Avenida – uma importante via de conexão entre bairros e outras avenidas – que era constantemente interrompido pelos lamaçais, onde atracavam carroças e automóveis que "pensando atravessarem uma rua perto do centro [...] caem desastradamente nos enormes e perigosos atoleiros, próprios de estradas em pleno sertão".[26]

---

24 *O Combate*, 10 /04/1918, p. 1.

25 Abaixo-assinado anexo ao processo da Lei 1436/1911, contido no Fundo da Prefeitura Municipal do AHMSP.

26 Abaixo-assinado anexo ao processo da Lei 1436/1911, contido no Fundo da Prefeitura Municipal do AHMSP.

No engano dos motoristas desavisados, que desconheciam as fronteiras e clivagens internas da cidade, os manifestantes insinuavam o engodo da promessa de modernização homogênea e totalizante dos poderes municipais. A evocação de uma paisagem sertaneja no seio da capital não era casual: justapondo tempos, técnicas e espaços do *atraso* e da modernidade, do urbano e do rural, os moradores compunham seu discurso a partir da própria gramática do *progresso*, apresentando uma realidade ignorada nos próprios termos do discurso dominante.[27]

A ênfase no contraste das paisagens também servia para questionar a visão segregadora dos camaristas, que desconsideravam as intrínsecas conexões daquele trecho da Avenida com o resto da cidade. Para além do trânsito e das questões sanitárias levantadas no abaixo-assinado, as duas partes da Avenida também estavam interconectadas na própria estruturação de seu cotidiano. No chão do dia a dia a fronteira era porosa e os territórios separados por ela eram interdependentes.

A feira-livre é um caso simbólico dessa relação. Apesar de fundamental para a manutenção dos lares das classes altas, o mercado a céu aberto era incompatível com os padrões burgueses da Avenida Paulista e de Higienópolis. A solução foi posicioná-la estrategicamente no alto da Angélica, um interstício entre os dois, que estava além de suas fronteiras. Da mesma forma, empregados e empregadas atravessavam a fronteira cotidianamente para abastecer as casas dos patrões nos comércios e armazéns da região. E não raramente, eram marceneiros, costureiras, lavadeiras, jardineiros, funileiros e reparadores de carroças que desciam a Avenida para prestar serviços nos casarões e palacetes.

27 Sobre a apropriação da linguagem dominante por grupos subalternos, conferir Cerasoli (2004).

Isso sem falar dos profissionais liberais – médicos, dentistas, advogados – que possuíam escritórios no alto e, mesmo ocupando imóveis modestos, mantinham clientes na região e gozavam do prestígio de terem um endereço "aristocrático" (FERREIRA, 2017, p. 158-159).[28] Para as irmãs dentistas Augusta e Francisca Piedade, por exemplo, que em 1912 abriram um gabinete dentário em um modesto sobrado no alto da Avenida, a locação na fronteira era especialmente estratégica. Primeiramente, pois a proximidade com os palacetes permitia uma vantagem simbólica, afinal, ostentar o cultuado endereço das elites permitia que a imagem do negócio fosse contaminada pela aura de luxo e exclusividade que essas projetavam na região. No âmbito prático, como o empreendimento destinava-se ao atendimento exclusivo de mulheres, a proximidade das senhoras de elite lhes permitia a conquista de uma clientela avantajada (FERREIRA, 2017a). Não à toa, ao realizarem a inauguração de seu gabinete, apesar de suas condições módicas, as irmãs investiram em um evento elegante, com música e comida, no qual apresentaram o "bom gosto estético e artístico das instalações e materiais" do gabinete e ofereceram divertimento às "senhoritas, senhoras e cavalheiros" da região.[29]

Para as mulheres das classes abastadas, bem como para seus maridos, o empreendimento tinha motivos para ser atrativo. Afinal, em tempos nos quais muitos homens ainda procuravam manter grande controle sobre a rotina de suas mulheres, e essas prezavam por manter, ao menos nas aparências, uma casta compostura, não é difícil imaginar que se interessassem pela ex-

28 Para uma interessante reflexão sobre a potência simbólica do endereço no meio urbano, porém com enfoque na atualidade, conferir Mello e Simões, 2013.

29 *Correio Paulistano*, 04/01/ 1913, p. 3.

clusividade feminina do consultório. Assim, evitavam o contato demasiado próximo com outros homens, objetivo que também era cumprido pelo endereço nos arrabaldes, que evitava a exposição das senhoras de elite às multidões do Centro e diminuía seu distanciamento das tarefas do lar.

Trabalhar na fronteira também era estratégico para os setores remediados. Biaggio Priesco, um dos primeiros moradores da região, chega à Avenida em 1897. Em uma casa alugada, constrói sua casa/ferraria. Ao que consta no seu pagamento de impostos, sua especialidade era o reparo de carroças, uma grande demanda daqueles arrabaldes na época, como podemos ver pela grande quantidade de cocheiras que acompanhavam as construções de casas médias e palacetes até 1910. Apesar do advento do automóvel, ainda na década de 1920, Biaggio permanece no mesmo imóvel realizando a mesma atividade, provavelmente encarregando-se das carroças que ainda serviam ao transporte de cargas e à locomoção de remediados menos enriquecidos.[30]

Como Priesco, outros também gozaram de sorte semelhante no mercado da região, bem como nas pequenas ascensões. Após quase vinte anos trabalhando como encanador na Avenida, Nichola Paschoa reuniu recursos suficientes para que sua filha arranjasse bom casamento com Homero Simões, filho de um tenente da Força Pública do Estado, Joaquim Ferreira Simões. O taberneiro Natale Croce, com seus rendimentos comprou terreno na Vila Emma, um pequeno loteamento à leste do Ipiranga, e construiu uma casa de aluguel na Rua Regente Feijó.[31] Se juntavam a esses os tantos outros que não nos restaram mais do que o nome,

30 *Correio Paulistano*, 9/05/1928, p. 17.

31 *Correio Paulistano*, 24/04/1919, p. 1; *Correio Paulistano*, 09/05/1928, p. 17.

o endereço e a profissão, mas que também foram protagonistas, com maior ou menor sorte, no intenso mercado de serviços da Avenida. Eram construtores como Marão de Oliveira Cunha e Penino de Almeida; costureiras como Alcine de Lucca e Maria do Carvalho; taberneiros como José Laterza, Antonio Freitas de Andrade e Manuel Joaquim de Carvalho; comerciantes de plantas, carvão e frutas, como Carlos Frangi, Ferdinando Behmorini e Francisco Penna; funileiros, como Paschoal del Nero; mecânicos como Pedro Sapofino e os irmãos Boharer; e proprietários de bombas de gasolina, como Antonio Fidelix.[32]

Apesar das ligações cotidianas e da pressão dos moradores, a fronteira persistiu por alguns anos na Câmara. Para amplificar o abaixo-assinado, em 1912, os moradores levaram sua reclamação ao *Estado de São Paulo*, se valendo do poder midiático para pressionar a municipalidade.[33] Contudo, a modernidade não era eficiente para todos. Após mais três anos de embates na Câmara, o calçamento da parte alta foi finalmente concluído em 1915. Mas a contenda tem um desfecho mal-aventurado: já no ano seguinte (1916), o calçamento entre a Paulista e a Pará apresenta falhas, dando início a uma nova jornada dos moradores da parte alta na disputa por sua parte na tão prometida modernidade da cidade.

32 *Correio Paulistano*, 09/05/1928, p. 17.

33 Em alguma medida, a estratégia era efetiva, pois encontramos a notícia apresentada no começo do texto anexada a um projeto de lei para liberação de recursos para as obras no trecho alto da Angélica. Processo de Lei 1463/1911 contido no Fundo da Prefeitura Municipal do AHMSP.

Considerações finais

Como pudemos entrever pelas dinâmicas e processos do limiar de Higienópolis na Avenida Angélica, as fronteiras de São Paulo não eram monolíticas e consolidadas, mas porosas, tensionadas e cambiantes. A cidade para seus moradores não era um pano de fundo, nem mesmo um artefato consolidado. Era um processo, um "fazer-se" constante, no qual suas trajetórias, estratégias e identidades estavam imbricadas. Ao fazerem a cidade – materialmente, mas também discursivamente e simbolicamente – faziam a si mesmos e ao fazerem-se faziam a cidade. Por serem espaços de disputa e fricção, as fronteiras são um espaço privilegiado para observar algumas dessas dinâmicas. Na fronteira de Higienópolis na Angélica pudemos entrever dinâmicas de uma modernização intrincada e tortuosa, constituída por sucessivas justaposições, conflitos e atritos.

Como vimos, a fronteira da Angélica era mobilizada tanto para exaltar como para detratar a modernização da cidade. No discurso disciplinar e ordenador do sanitarismo, os limiares de Higienópolis caracterizavam uma ordem urbana higiênica e exaltavam o *progresso* da cidade. Pela voz do *Combate,* eram apresentados como chagas de um *progresso* corrupto, injusto e desigual. Serviam de marcos para a construção de identidades ocasionais – como a dos moradores do alto da Avenida e dos camaristas defensores de sua homogeneização social – e duradouras – como a das classes altas moradoras de Higienópolis e a dos "injustiçados" que habitavam partes menos atendidas da cidade.

Para além das diversas narrativas e identidades que ancoravam, as fronteiras também eram mobilizadas em jogos de aberturas e fechamentos. Como vimos, a mesma Câmara que desejava transformar a Angélica em "uma das mais belas vias da cidade" recusava sistematicamente dotar sua parte superior de mínima infraestrutura. No chão cotidiano, a despeito das distâncias simbólicas e materiais, trajetórias, interesses e mercados interconectavam as partes alta e baixa da via. Em alguns casos, em sentido mais prático, noutros, também simbólico, apropriando-se das insígnias aristocráticas da região. Nas fronteiras da cidade, retratos de uma modernização desigual, e de uma cidade plural, intrincada e multifacetada.

Referências bibliográficas

BALSALOBRE, Sabrina G. "A História de São Paulo no ano de 1918 pelo olhar do jornalismo militante: uma análise dos gêneros textuais de *O Combate*". *Anais do VI Simpósio Internacional de Estudos de Gêneros Textuais,* Natal, 2011.

BARTH, Frederik. "Grupos Étnicos e suas fronteiras". In: POUTIGNAT, Phillip e STREIFF-FENART, Jocelyne (Org.). *Teorias da etnicidade.* São Paulo: Ed. Unesp, 2011, p. 188-227.

BÉGUIN, François. "As maquinarias inglesas do conforto", *Espaço e Debates*, n. 34, 1991, p. 39-54.

BORIN, Monique F. *Barra Funda e o fazer da cidade: experiências da urbanização em São Paulo (1890-1920).* Dissertação (Mestrado), FFLCH USP, São Paulo, 2014.

BORIN, Monique F. "Os passeios da Rua Barão de Iguape: disputas na implementação dos equipamentos viários em São Paulo no fim do século XIX". *Anais do Museu Paulista,* Nova Série, v. 27, n. 4, *São Paulo,* 2019, p. 1-23.

BRESCIANI, Maria Stella. "Melhoramentos entre intervenções e projetos estéticos: São Paulo (1850-1950)". In: BRESCIANI, Maria Stella (Org.). *Palavras da cidade.* Porto Alegre: Ed. da UFRGS, 2001.

BRITO, Mônica S. *Participação da iniciativa privada produção do espaço urbano: São Paulo, 1890-1911*. Dissertação (Mestrado), FFLCH USP, São Paulo, 2000.

BRITO, Mônica S. *Modernização e tradição: urbanização, propriedade de terra e crédito hipotecário em São Paulo na segunda metade do século XIX*. Tese (Doutorado). FFLCH USP, São Paulo, 2006.

CAMPOS NETO, Candido M. *Os rumos da cidade: urbanismo e modernização em São Paulo*. São Paulo: Ed. Senac, 2002.

CARPINTÉRO, Marisa V. T. e CERASOLI, Josianne F. "A cidade como história". *História: Questões & Debates,* n. 50, Curitiba, jan.-jun. 2009, p. 61-101.

CERASOLI, Josianne F. *Modernização no plural: obras públicas, tensões sociais e cidadania na passagem do século XIX para o XX*. Tese (Doutorado). IFCH, Unicamp, 2004.

CHALHOUB, Sidney. *Trabalho, lar e botequim: o cotidiano dos trabalhadores no Rio de Janeiro da Belle Époque*. Campinas: Ed. Unicamp, 2008.

FERREIRA, Pedro B. S. *A Avenida de mil vias: conflito, contradição e ambivalência na modernização de São Paulo (1890-1920)*. Dissertação (Mestrado). FAUUSP, São Paulo, 2017.

FERREIRA, Pedro B. S. "As mil vias de apropriação da Avenida Angélica: as mulheres entre a cidade, o trabalho e a domesticidade (1890-1920)". Comunicação no *Seminário Domesticidade, Gênero e Memória,* São Paulo, SESC SP, 2017a.

FERREIRA, Pedro B. S. "Disputas na representação de um 'bairro aristocrático'". In: *Anais do XIV Seminário de História da Cidade e do Urbanismo,* IAU USP, São Carlos, 2016.

GENNARI, Luciana A. *As casas em série do Brás e da Mooca: um aspecto da constituição da cidade de São Paulo*. Dissertação (Mestrado). FAUUSP, São Paulo, 2005.

GINZBURG, Carlo. "Sinais: raízes de um paradigma indiciário". In: *Mitos, emblemas, sinais: Morfologia e História.* São Paulo: Companhia das Letras, 1990.

GROSTEIN, Marta D. *A cidade clandestina: os ritos e os mitos.* Tese (Doutorado). FAUUSP, São Paulo, 1987.

HOMEM, Maria Cecília N. *Higienópolis: grandeza e decadência de um bairro paulistano.* São Paulo: PMSP, 1980.

HOMEM, Maria Cecília N. *O palacete paulistano e outras formas de morar da elite cafeeira.* 2ª edição. São Paulo: Ed. Martins Fontes, 2010.

KUVASNEY, Eliane. "Os mapas como 'operadores espaciais' na construção da cidade de São Paulo do início do século XX". *Revista do Instituto de Estudos Brasileiros,* n. 64, ago. 2016, p. 167-182.

LEPETIT, Bernard. *Por uma nova história urbana.* (Org., apresentação e notas: Heliana Salgueiro). São Paulo: Edusp, 1996.

LLOYD, Reginald et al. Impressões do Brazil no seculo vinte: sua historia, seo povo, commercio, industrias e recursos. Londres: Lloyd's Greater Britain, 1913.

MARINS, Paulo C. G. "Habitação e vizinhança: limites da privacidade no surgimento das metrópoles brasileiras". In: NOVAIS, Fernando e SEVCENKO, Nicolau (Orgs.). *História da Vida Privada no Brasil. República: da Belle Époque à era do rádio.* São Paulo: Companhia das Letras, 2006, p. 131-215.

MARINS, Paulo C. G. "La avenida Paulista de la Belle Époque: elites en disputa". In: GORELIK, Adrián e PEIXOTO, Fernanda A. (Orgs.). *Ciudades latino-americanas como arenas culturales.* Buenos Aires: Siglo XXI, 2016.

MARINS, Paulo C. G. "Um lugar para as elites: os Campos Elíseos de Glette e Nothmann no imaginário urbano de São Paulo". IN: LANNA, Ana L. D. et all (Orgs.). *São Paulo, os estrangeiros e a construção das cidades.* São Paulo: Ed. Alameda, 2011.

MELLO, Marco A. da S. e SIMÕES, Soraya S. "'Onde você mora?': propósitos e implicações do endereço". In: DUARTE, Cristiane R. e VILLANOVA, Roselyne de (Orgs.). *Novos olhares sobre o lugar.* Rio de Janeiro: Contracapa/Faperj, 2013, pp. 65-81.

OLIVEIRA, Maria Luiza F. de. *Entre a casa e o armazém: relações sociais e experiência de urbanização: São Paulo, 1850-1900.* São Paulo: Alameda, 2005.

ROLNIK, Raquel. *A cidade a lei: a legislação, política urbana e territórios na cidade de São Paulo.* São Paulo: Studio Nobel, 1997.

ROTELLINI, Vitaliano. *Il Brasile e gli italiani.* São Paulo: Fanfulla, 1906.

SENNET, Richard. "Boundaries and borders". In: BURDETT, Ricky e SUDJIC, Deyan (Orgs.) *Living in the endless city.* Londres: Phaidon Press, 2011, p. 324-331.

SEVCENKO, Nicolau. "Introdução: o prelúdio republicano, astúcias da ordem e ilusões do progresso". In: NOVAIS, Fernando e SEVCENKO, Nicolau (Orgs.). *História da Vida Privada no Brasil. República: da Belle Époque à era do rádio.* São Paulo: Companhia das Letras, 2006, p. 7-49.

SIMONI, Lucia N. "A planta da cidade de São Paulo de 1897: uma cartografia da cidade existente ou da cidade futura?". In: *Anais do Simpósio Luso-brasileiro de Cartografia Histórica.* UFMG, Ouro Preto, 2009, p. 1-18.

SIMONI, Lucia N. *O arruamento de terras e o processo de formação do espaço urbano no município de São Paulo, 1840-1930.* Tese (Doutorado). FAUUSP, São Paulo, 2002.

Continua no 35

Continua no 48

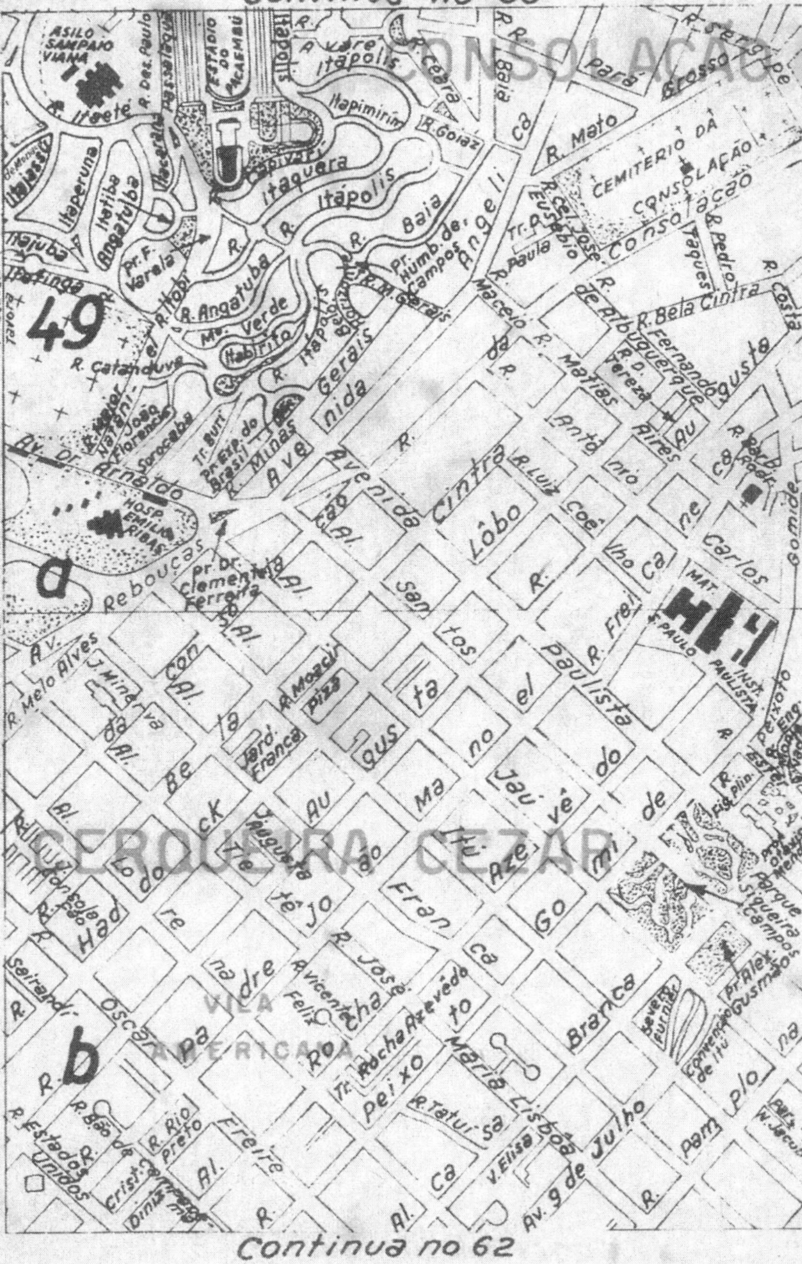

Continua no 62

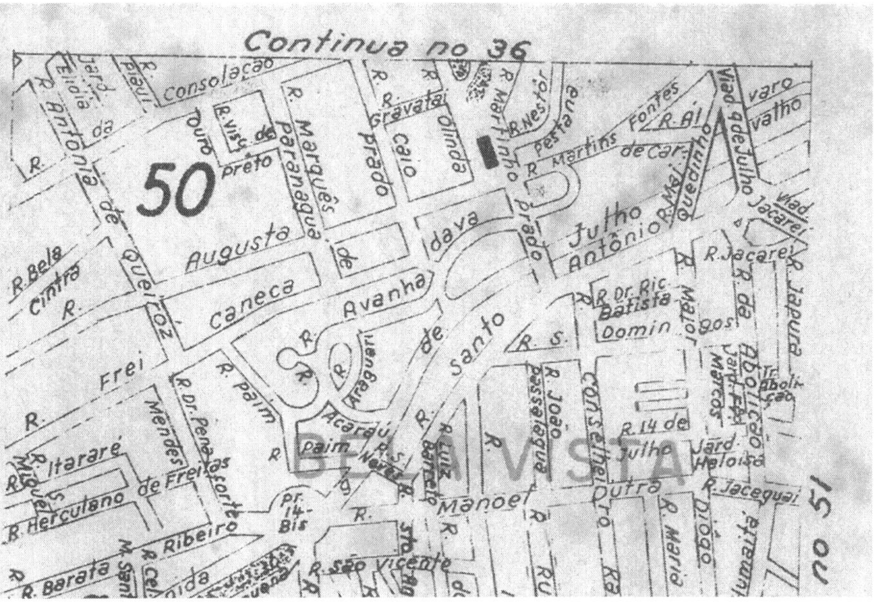
Continua no 36
50
Consolação
Augusta
Caneca
Frei
Avanhandava
Martins Fontes
Antônio
Julho
R. Jacareí
Batista
Domin gos
R. 14 de Julho
Jard. Heloisa
R. Jaceguai
BELA VISTA
Manoel Dutra
R. Itararé
R. Herculano de Freitas
R. Ribeiro
R. Barata
R. São Vicente
Humaitá
no 51

Capítulo 3

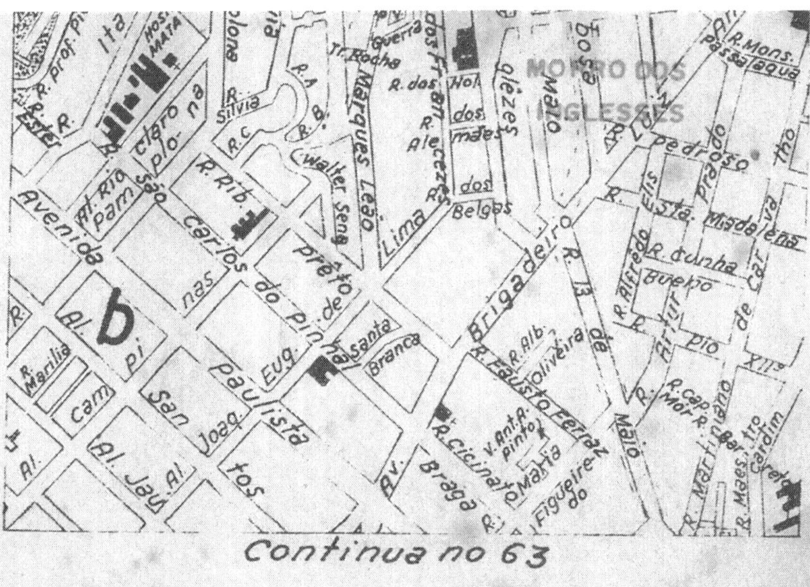
MORRO DOS INGLESES
Avenida
b
Brigadeiro
Paulista
R. Rib. preto
Carlos do pinhal
Lima
Belgas
Marquês Leão
R. Mons. Passalaqua
Sta. Madalena
R. Cunha
Pio XII
R. Fausto Ferraz
Al. Jaú
Av. Braga
13 de Maio
Continua no 63

Os armazéns de secos e molhados na rua Augusta

Gabriela Krantz Cesarino[1]

> Ximenes não sorria. Talvez tenha sido isso o que me chamou a atenção. [...] Passava o dia por detrás do balcão, acompanhando o vai e vem na rua. O pequeno armazém era sua janela para o mundo. Educado, parecia mais um ex-seminarista do que um comerciante de secos e molhados. [...] Pela manhã tinha o pão fresquinho e o leite, o que era conveniente, na falta de padaria próxima. [...] Sem ajudantes, ele sozinho atendia pressuroso os fregueses, mais numerosos durante a manhã, e logo retornava para detrás no balcão. Servia com presteza, mas sem demonstrar interesse, como se pouco lhe importasse vender ou não vender. Só se alegrava quando uma criança aparecia com a lista de compras; então a regalava com um pirulito. Chegava a interceptá-las na calçada para oferecer a guloseima. [...] Percebi que Ximenes conhecia todos os moradores da rua, alguns de muito antes de minha chegada

1 Gabriela Krantz Cesarino é professora de planejamento e de desenho urbano na Filadélfia e atualmente é doutoranda na FAUUSP. Este texto foi desenvolvido como parte de sua pesquisa "Rua Augusta: olhares sobre a cidade".

> ao bairro, e sobre cada um parecia ter juízo de valor, ciosamente guardado para si. Não era um fofoqueiro. Era, digamos, um observador da conduta humana.
>
> Bernardo Kucinski, *Secos e Molhados*, 2015[2]

Numa manhã de agosto de 1948, um rapaz de dezessete anos morreu por consumir arroz envenenado com arsênico comprado em um armazém da Vila Mariana.[3] Alguns meses depois, o Sr. Ênio Fragnani da Mooca viu seu armazém desaparecer em chamas, por conta da "imprudência de um freguês que riscou um fósforo perto do balcão, onde momentos antes se havia quebrado um frasco de álcool". Com uma "crise de nervos", o Sr. Fragnani sofreu um derrame cerebral e foi levado às pressas para o hospital.[4]

As notícias dos jornais, as memórias e os arremedos literários revelam as muitas representações que se fizeram dos armazéns de secos e molhados e nos remetem às dificuldades e às alegrias vividas por esses comerciantes. Muitos proprietários dos armazéns paulistanos vinham de outras terras e, em seus primeiros tempos no Brasil, trabalharam nas proximidades do porto de chegada ou enviaram-se para as fazendas até conseguir juntar o suficiente e abrir seu próprio negócio na cidade. Outros convergiram diretamente para junto de seus conterrâneos e familiares, que os acolhiam e lhes providenciavam oportunidades e trabalho na cidade. Com participação significativa na vida comercial de São Paulo durante a primeira metade do século

2 KUCINSKI, Bernardo. In: *Rascunho*: o jornal de literatura do Brasil, Edição 181, maio/2015. Disponível em: <https://rascunho.com.br/ficcao-e-poesia/secos-e-molhados/>. Acesso em 2/7/2020.

3 *O Estado de S. Paulo*, 15/8/1948, p. 4.

4 *O Estado de S. Paulo*, 5/12/1948, p. 12.

XX, os imigrantes negociavam em suas lojas os mais variados produtos requisitados pela freguesia local, incluindo artigos nacionais e importados: aqueles que vinham das chácaras e manufaturas vizinhas e aos quais os antigos habitantes da cidade já estavam acostumados, mas também outros produtos que traziam com sua cultura ou importavam de seu país de origem.

Para além das dificuldades, localizando-se nos trechos de rua mais movimentados dos bairros,[5] os armazéns providenciavam às vizinhanças um ponto de encontro, onde se tomava um gole depois do trabalho e onde as crianças trocavam as moedas por doces e balas ao apanhar um quilo de feijão para o almoço. No armazém podia-se negociar um imóvel, descobrir um quarto para aluguel, inteirar-se das novidades e encontrar um amigo. Na memória coletiva paulistana ficaram as peripécias urbanas que aconteciam nos armazéns, como o Ordem e Progresso de Alcântara Machado, no bairro do Bexiga. Ali eram servidas refeições preparadas por Dona Bianca na cozinha de casa, derramava-se um "duzentão de cachaça" no balcão e se abria uma Antarctica para refrescar o *bocce* jogado nos fundos do armazém. Tudo isso ia anotado na caderneta pelo proprietário Natale. Ele, que "não despregava do balcão de madrugada a madrugada" e ainda tinha que arranjar com o "doutor" da Comissão do Abastecimento um "acerto" para quitar "essa cousa de imposto" (MACHADO, 1927, p. 65-68).

5 Ou que se tornavam mais movimentados por sua presença. Oliveira afirma que através dos comerciantes e dos "velhos frequentadores" dos armazéns de secos e molhados paulistanos no século XIX, as notícias diárias da vida ecoavam pela cidade. Os armazéns eram locais "de origem e de final das histórias" (OLIVEIRA, 2005, p. 270). Para Pierre Mayol é através dos armazéns que um "bairro fala" (CERTEAU, 1996, p. 128).

Nas memórias pessoais ficaram as experiências vividas nesses ambientes, atrás ou na frente dos balcões desse tipo de comércio, que ainda sobrevive como um dos pontos de referência da formação social e cultural de muitas cidades. Muitas são as histórias, como a do romancista Érico Verissimo, que descreve seus dias adolescentes trabalhando no armazém de secos e molhados de Cruz Alta, sua terra natal:

> Foi ali que, à sombra dos melancólicos bigodes de um gerente taciturno, que rescendia a alho, fiz clandestinamente a minha primeira literatura, aproveitando também as raras folgas para desenhar em papel de embrulho paisagens e retratos imaginários.[6]

*

Os armazéns de secos e molhados tiveram importante presença na cidade de São Paulo, durante a primeira metade do século XX, assim como em muitas outras cidades do Brasil e pelo mundo afora.[7] Percorremos a seguir as transformações da rua e dos edifícios que participaram das atividades dos armazéns de secos e molhados, especificamente aqueles que tiveram a Rua Augusta como endereço entre 1897 e 1927.

---

6 *O Estado de S. Paulo*, 1/2/1953, p. 55.

7 O armazém de secos e molhados é também conhecido como venda, casa (no sentido de casa de comércio), empório e mercearia. A palavra armazém indica uma "construção de grandes dimensões, sem divisão interna; depósito de mercadorias por tempo limitado, aparece também como "estabelecimento comercial, onde se vendem por junto e a retalho certas mercadorias; estabelecimento de secos e molhados." Os "secos" variam ao longo dos anos, mas referem-se aos alimentos e outras mercadorias, como ferramentas, tamancos e aventais. Os "molhados" são as bebidas, que são vendidas por litro ou servidas no balcão para consumo imediato *(Dicionário Aurélio)*.

O desenvolvimento da rua Augusta

Ao longo de sua história, a Rua Augusta se deixou fazer pelos bairros adjacentes ao mesmo tempo em que impôs sua própria dinâmica, catalisando novos movimentos que a adotaram como palco e como protagonista. A Augusta desenvolveu-se de uma trilha de terra que conectava a porteira da Chácara do Capão,[8] no atual bairro da Consolação, subindo em direção ao morro do Caaguaçu (por onde hoje corre a Avenida Paulista) e dali descia o morro em direção à sede da chácara, que ficava na outra metade da propriedade,[9] na região dos atuais bairros Jardins. Esse caminho se transformou em rua em várias etapas, entre 1875 e 1914, seguindo em direção ao centro pelas terras da Chácara de Martinho da Silva Prado e expandindo-se na direção sudoeste pela Chácara do Capão, cruzando a Avenida Paulista e percorrendo em seus três quilômetros de extensão os bairros hoje conhecidos como Bela Vista, Consolação, Cerqueira César e Jardim Paulista.

A Rua Augusta pode ser compreendida em dois segmentos, um de cada lado da Avenida Paulista, que têm suas diferenças acentuadas ao longo do século XX. O segmento mais antigo, onde a Augusta divide os bairros Consolação e Bela Vista, foi pavimentado e recebeu os trilhos para o bonde a partir de 1901, tendo a maior parte de seus lotes ocupados por uma grande variedade de edifícios até a década de 1920. Em finais dessa década, encontravam-se lado a lado um grande complexo educacio-

8 Essa porteira ficava localizada na divisão entre as Chácaras do Capão e de Martinho da Silva Prado, onde hoje se situa a esquina da Rua Augusta com a Rua Dona Antônia de Queirós (VIEIRA, 1952, p. 118).

9 Em localização onde hoje está situado o encontro da Alameda Tietê com a Rua Padre João Manoel (VIEIRA, 1952, p. 119).

nal e uma fábrica; inúmeras oficinas e armazéns; fileiras de casas operárias, casas térreas construídas em conjuntos, sobrados geminados e sobradões. Edifícios que foram habitados por operários, comerciantes, costureiras, lavadeiras, motoristas, médicos, advogados, engenheiros, porteiros e comerciantes entre outros, com origens e hábitos diversos.

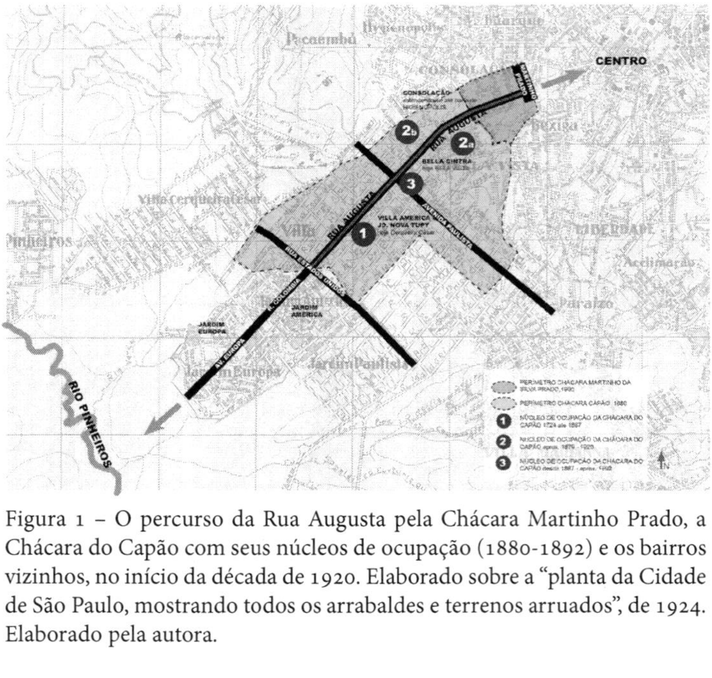

Figura 1 – O percurso da Rua Augusta pela Chácara Martinho Prado, a Chácara do Capão com seus núcleos de ocupação (1880-1892) e os bairros vizinhos, no início da década de 1920. Elaborado sobre a "planta da Cidade de São Paulo, mostrando todos os arrabaldes e terrenos arruados", de 1924. Elaborado pela autora.

O outro segmento da Rua Augusta, entre a Avenida Paulista e a Rua Estados Unidos fora, até finais dos anos 1910, uma região semi-rural com poucas e pequenas casas, cercada por chácaras, charcos e matas. Essa área se transformou durante a década de 1920, com o calçamento da Augusta, a extensão da linha de bondes (a partir de 1914) e as melhorias urbanas (água, esgoto, eletricidade e iluminação, instalados entre 1918 e 1928) trazidas para a região. Nas primeiras décadas do século XX, os bairros desenvolvidos pela Cia. City na extremidade da Rua Augusta se converteram de áreas suburbanas e rurais, em bairros para os setores médios com uso exclusivamente residencial, impulsionando a urbanização de toda a região entre a Avenida Paulista e os novos bairros Jardins. Nas próximas décadas, a Rua Augusta se transformaria progressivamente em importante conector entre o centro e a região sul de São Paulo, ofertando, além da grande variedade de produtos comerciais, múltiplas atividades culturais. A Augusta se conformou com o tempo em importante espaço de sociabilização para os bairros próximos e também para toda a cidade.

Fluxos e conexões: os núcleos históricos em torno da Rua Augusta

O primeiro armazém de secos e molhados da região localizou-se na esquina da Rua Frei Caneca (então Rua Paim) com a Rua de São Miguel em frente à capela do Divino Espírito Santo, em área que conformava parte do bairro então conhecido como Bella Cintra.[10] Esse armazém serviu aos trabalhadores que viviam nas terras do Capão, de Mariano Antonio Vieira e de seu sogro José Paim Pamplona. De origem açoriana, os proprietários, suas famílias, os agregados e seus empregados ocuparam a imensa chácara em diferentes núcleos. Um dos núcleos mais antigos[11] se formou em torno da Rua Frei Caneca, onde construíram-se casinhas

10 O bairro da Bella Cintra incluía as terras entre a Rua da Consolação e a Rua Santo Amaro, da Rua Martinho Prado até quase a Avenida Paulista. No bairro da Bella Cintra desenvolveu-se, entre 1879 e 1920, um núcleo residencial ocupado por imigrantes açorianos e instalado a jusante do ribeirão Saracura Grande (CIRRINCIONE, 2010).

11 Marcado como ***2a*** na Figura 1.

simples com grandes quintais, que tinham importância funcional no cotidiano da habitação, servindo para a criação de animais, o cultivo de árvores frutíferas e de vegetais.[12]

Outro núcleo de ocupação formou-se em torno da Rua Bela Cintra (que dera nome ao bairro da Bella Cintra), entre a Avenida Paulista e a Rua Vieira.[13] Essa área foi parcelada sem plano geral ou tamanho pré-definido, como indicam os anúncios dos jornais da época. Os jornais reclamavam a "Boa ocasião – De se empregar capitaes com grande vantagem nos riquíssimos terrenos da Bella Cintra em córtes de chácaras e ás braças, á vontade do comprador."[14] Dezessete anos depois, as vendas continuaram se anunciando: "lotes na Bella Cintra (...) situados num logar alto, e descobertos, donde se avistam todos os pontos desta capital". Os terrenos estavam situados "próximo á Avenida Paulista, Rua Antonio Carlos e Rua Peixoto Gomide, e Rua Espirito-Santo, em baixo da capella do Espirito-Santo."[15] O pagamento era parcelado e os lotes também, facilitando a aquisição pelas classes médias: "A venda será feita em pequeno ou em grande lote, á vontade do comprador."[16] Sem planejamento e com muita flexibilidade, a área foi ocupada de maneira hetero-

12 "Com o parcelamento territorial da Chácara do Capão, secularmente disposta sobre o espigão da Paulista, a iniciativa particular empreenderia a regularização de uma nova área habitacional. E aquele movimento inicial na busca e no preenchimento do lado Oeste da cidade começaria a se divergir e a se coordenar para o lado Sul-Sudeste, quando do asseiamento dos terrenos da Bela Cintra, em princípios de 1891". A região da Bela Vista (nas proximidades da atual Rua Frei Caneca) "seria relegada aos proprietários mais modestos" (JORGE, 1979).

13 Marcado como ***2b*** na Figura 1.

14 *O Estado de S. Paulo*, 17/5/1881, p. 3.

15 *O Estado de S. Paulo*, 10/10/1898, p. 3.

16 *Ibid.*

gênea por vários grupos, com pequenas casas em grandes lotes, casinhas construídas em grupo para abrigar os trabalhadores mais pobres, sobrados geminados para os arranjados e sobradões soltos no lote para os mais ricos.

Um terceiro núcleo de ocupação[17] se estabeleceria ainda no Capão a partir de 1887, quando Vieira se transferiu da tradicional sede da chácara[18] para um *chalet* que fez construir "num lugar previlegiado." (VIEIRA, 1952, p. 137) Ao se mudar com a família para o morro do Caaguaçu,[19] Vieira intensificou o loteamento do entorno de sua residência, vendendo terrenos em "grandes blocos" para famílias portuguesas que ali construíram suas casinhas:

> Gente simples, operosa, sem grandes ambições que servia a uma freguesia certa na cidade para onde descia todas as madrugadas levando às costas a lata de leite ou puxando pelo cabresto vaca e bezerro para vendê-los aos copos, ordenhado no momento. Por volta do meio-dia regressavam; e o silêncio das ruas só era perturbado por algumas carroças de fornecedores ou pelo rolar lento de carros de capim puxados por bois (VIEIRA, 1952, p. 138).

17 Marcado com o número 3 na Figura 1.

18 A sede da Chácara do Capão está marcada na Figura 1 com o número *1* e localizava-se aproximadamente onde hoje está a esquina da Rua Padre João Manuel com a Alameda Tietê.

19 A casa teria sido erguida na esquina da Avenida Real Grandeza (atual avenida Paulista) com a Alameda Ministro Rocha Azevedo. .

A ocupação heterogênea da Rua Augusta foi incrementada poucos anos depois, pelos grandes sobrados e pelos palacetes que se fizeram construir nas terras oriundas do retalhamento da antiga Chácara de Martinho da Silva Prado.[20] Essa área foi predominantemente ocupada por empresários, médicos, advogados, políticos, engenheiros, suas famílias e seus empregados. Naquele tempo, estas quadras se assemelhavam àquelas do outro lado da Rua da Consolação, no bairro de Higienópolis, onde se pretendia então formar um bairro aristocrático, que era, no entanto, entremeado por grupos diversos e múltiplas formas de ocupação.[21]

Nas décadas seguintes, a Augusta adquiriu cada vez maior importância como eixo de conexão entre esses pequenos núcleos dispersos na região do atual bairro da Consolação, parte da Bela Vista e na região dos bairros Jardins. Com o desenvolvimento (desde os anos 1890) da Villa America e da Vila Nova Tupy, a Rua Augusta cruzou a Avenida Paulista e teve seus lotes paulatinamente ocupados. Entre os anos 1910 e 1920 a Cia. City absorveu esses bairros em seu novo loteamento, estendeu a Rua Augusta, trouxe a pavimentação, o bonde, o gás e a eletricidade para toda a sua extensão até alcançar o Jardim América.

20 A Chácara de Martinho Prado foi retalhada por Veridiana Prado a partir de 1906. Seus limites, adjacentes ao bairro de Higienópolis, estão marcados em tom mais escuro na Figura 1.

21 Para aprofundar essa discussão sobre o bairro de Higienópolis, veja a dissertação de mestrado de Pedro Beresin Schleder Ferreira, *A Avenida de mil vias: conflito, contradição e ambivalência na modernização de São Paulo (1890-1920)* o e o capítulo deste livro, “As fronteiras da cidade”, do mesmo autor.

Os armazéns de secos e molhados em São Paulo

Estudos sobre a vida comercial de São Paulo na virada do século XIX para o XX, destacam o aumento da diversidade do varejo nessa época e indicam a proeminência do comércio de necessidades básicas em estabelecimentos como os armazéns de secos e molhados.[22] Mais adiante, alguns armazéns se especializaram e novos segmentos comerciais despontaram. Os armazéns e empórios mantiveram, no entanto, expressiva presença em inúmeros bairros da cidade até pelo menos a década de 1950, quando a sua vitalidade foi enfraquecida pela concorrência com os supermercados.

Com características comuns entre si, os armazéns de secos e molhados são pequenos mercados que vendem artigos de primeira necessidade e que têm abrangência local, ou seja, servem prioritariamente ao bairro e à vizinhança. Ao mesmo tempo, cada estabelecimento cultiva singularidades, definidas pela origem do proprietário, por sua localização e pela freguesia. Em São Paulo, os primeiros armazéns foram abertos por comerciantes de várias nacionalidades e instalados em prédios de uso misto que conjugavam o comércio e a moradia sob o mesmo teto. Tal arranjo se mantém pelo menos até as primeiras décadas do século XX, quando se tornaram mais frequentes na região os edifícios exclusivamente dedicados à atividade comercial. Ainda assim, "embora

22 Em finais do século XIX, "o comércio adquiria certo vulto na capital. Além de alguns atacadistas (principalmente importadores), registrava-se um grande número de lojas de varejo. A título de exemplo: 539 armazéns de secos e molhados, 51 armazéns de fazendas, 102 açougues, 41 padarias, 66 restaurantes e botequins, 17 hotéis, 46 escritórios e agências de comissões e muitos outros estabelecimentos. Embora fossem, em sua grande maioria, estabelecimentos de pequeno porte, seu número permite imaginar uma certa agitação da vida comercial da cidade..." (SAES, 2002, p. 218).

se praticasse cada vez mais a separação entre comércio e residência, foram muitos os exemplos de novos projetos mantendo ainda a conjugação dessas funções" (BARBUY, 2006, p. 28). No caso da Rua Augusta e de outros bairros menos centrais, os edifícios comerciais começaram a aparecer no final da década de 1920. Estes tendiam a ocupar toda ou uma grande porção do lote, ao contrário daqueles de ocupação mista que os antecederam, onde grandes quintais serviam aos afazeres domésticos e funcionavam como acessórios ou complementares à atividade comercial.

Na cidade moderna em formação, os comerciantes – começando por aqueles localizados na região central da cidade – passam a dedicar maior atenção ao aspecto teatral das ruas de comércio, adotando arquitetura mais elaborada, organizando eventos e decorando suas vitrinas a fim de atrair o consumidor (BARBUY, 2006, p. 39). Os antigos armazéns de secos e molhados, que estocavam as mercadorias em sacas, com venda a granel, sem necessária exposição das mercadorias, eram vistos pelas lentes modernizantes como anacrônicos, mas ainda assim mantiveram-se presentes, espalhando-se pelos bairros, multiplicando e diversificando a dinâmica atividade comercial paulistana.

Desde finais do século XIX, várias casas, localizadas sobretudo no centro da cidade, comercializavam produtos importados, como a Loja do Japão, a Loja da Rapoza, e a Casa Garreaux. Nos bairros, os artigos estrangeiros – geralmente alimentos e bebidas – eram vendidos nas pequenas lojas, nos empórios e nos armazéns. Com o advento da Primeira Guerra Mundial, a partir de 1914, "as relações internacionais mudam e o processo de industrialização paulista se inicia, com profundos reflexos na prática do comércio da cidade de São Paulo." (BARBUY, 2006, p. 29). Os armazéns que mantinham estoque tradicional de bebidas alcoólicas, alimentos a granel, artigos de necessidade básica, como vestimenta e higiene pessoal, produtos para limpeza e manutenção das casas, passam também a oferecer os novos produtos industrializados de origem nacional. Nos armazéns de secos e molhados vendia-se de tudo um pouco:

> [...] quanto aos secos, encontramos cereais, macarrão, queijos, sardinhas, mas também velas, fósforos e vassouras; quanto aos molhados, vinhos, cervejas, aguardentes, água, também gasosas, xaropes, querosene, entre outros (SILVA, 2011, p. 23).

Os armazéns[23] localizavam-se de frente para a rua no térreo de prédios geminados ou em edifícios com várias unidades e adotavam técnicas de venda e *layout* interno de acordo com as possibilidades financeiras e a freguesia. Em alguns casos adicionavam-se pequenas mesas ou banquetas ao longo do balcão facilitando o consumo *in loco* de alimentos e bebidas. Os estabelecimentos mais antigos dispunham os produtos a granel em sacos e, aqueles embalados, em prateleiras abertas. Outros utilizavam vitrinas que permitiam a exposição das mercadorias e adotavam equipamentos e decoração mais elaborados.

Algumas estratégias financeiras foram comuns a esses negociantes, como a sublocação ou a construção de novas unidades habitacionais para aluguel, dentro do próprio lote ou em lotes vi-

23 O que se lê nas plantas como "armazém" geralmente denota o espaço físico onde realizam-se transações comerciais de mercadorias diversas. Sabe-se que ali se instalavam os secos e molhados e também pequenas manufaturas, como torrefação de café e confecção de artigos em couro; lojas para consertos de roupas e sapatos; mecânicas e depósitos diversos, como de pão e lenha.

zinhos. Outra estratégia importante foi o crédito. Nos armazéns o pagamento era feito através das cadernetas (que equivaliam ao pagamento "a fiado"), com base na confiança e na solidariedade entre o comerciante e seus fregueses (que via de regra eram conterrâneos, vizinhos e familiares). O estoque dos armazéns também era adquirido utilizando-se de crédito, o que permitia aos comerciantes efetuarem compras no atacado e adiarem o pagamento até que a venda dos produtos lhes permitisse quitar as dívidas. Os proprietários assumiam dívidas com as companhias importadoras e distribuidoras, muitas vezes oferecendo seu estoque ou o próprio imóvel como garantia.[24] O uso das cadernetas era imperativo para a clientela do armazém, que, na maior parte dos casos, não tinha como pagar à vista pelos produtos que consumia no dia-a-dia. Ainda assim, essa foi prática comercial utilizada em todos os bairros da cidade perpassando todos os grupos sociais.[25] Tanto a clientela de baixa renda, como os mais ricos utilizavam as "cadernetas" para se abastecer nos armazéns locais.

Ao longo da primeira metade do século XX a cultura do crédito transforma-se e se torna menos acessível para as camadas mais pobres da população. As tradicionais cadernetas dependiam da confiança pessoal que era mantida pelas redes comunitárias e de solidariedade, as quais se formavam com base no sentimento de identidade cultural e étnica ou mesmo pelas

---

24 A sublocação de imóveis, a construção de casas para aluguel e o empréstimo de dinheiro entre conhecidos, familiares e fregueses foram comuns na cidade até o final da Primeira República, estendendo-se pelo século XX, nos grupos menos abastados. Em muitos casos as companhias importadoras expandem seus negócios para também incluir a distribuição de produtos agrícolas para o comércio (SILVA, 2011, p. 55).

25 Interessante notar que essa prática se mantém até os dias de hoje em 47% dos pequenos mercados de bairro, segundo a Associação Brasileira de Atacadistas e Distribuidores e 38% segundo a SEBRAE (SEBRAE, 2014).

dificuldades econômicas que comerciante e freguês compartilhavam entre si. Com o espraiamento da cidade, a verticalização e a cultura individualista e massificada, essas relações comunitárias e de confiança são enfraquecidas.[26]

Os armazéns da Rua Augusta

No caso da Rua Augusta, o exame das listas de estabelecimentos comerciais e dos edifícios de uso misto onde instalaram-se os secos e molhados, mostrou que muitos deles (metade do total analisado por esta pesquisa) trocaram de mãos ou fecharam em menos de cinco anos de atividade.[27] Os motivos variavam de mudança para novo endereço; opção por um novo negócio; problemas com endividamento e alterações na estrutura da família. Com a introdução dos supermercados nesta região, nos anos 1950, muitos armazéns não sobreviveram, outros especializaram-se (focando em um nicho específico de consumo)

26 A "figura do cidadão é substituída pela do contribuinte e, especialmente pela do consumidor". O individualismo passa a definir "o valor do homem à quantidade e à qualidade do consumo" possível para cada grupo social (MELLO e NOVAIS, 1998, p. 655-656).

27 Nossa pesquisa utilizou três fontes primárias. A Série Obras Particulares, incluindo os anos de 1897, 1898, 1899, 1905, 1909, 1913, 1920, 1926 e 1927 (Arquivo Histórico Municipal de São Paulo (AHMSP); Fundo: *Prefeitura do Município de São Paulo*; Grupo *Diretoria de Obras e Viação*; Série *Obras Particulares* (OP)). Os dados de 1926 a 1928 e 1934 sobre os armazéns foram cruzados com as listas publicadas no *Correio Paulistano* dos Editais da Recebedoria de Rendas da Capital, Exercícios de 1926, 1927, e 1928, para identificação dos proprietários e para confirmação do uso efetivo do edifício como armazém ou outros. Os dados sobre os empórios e armazéns em funcionamento em 1934 foram retirados dos Lançamentos de Impostos por Indústria, 11º Distrito, (Arquivo Histórico Municipal de São Paulo - AHMSP; Fundo: *Prefeitura do Município de São Paulo*; Grupo *Tesouro Municipal*; Série *Receita e Despesa*).

ou adotaram o novo e popular sistema de auto-serviço, transformando-se em pequenos supermercados.[28] Em bairros menos centrais e nas cidades menores – onde o acesso ao supermercado é difícil ou limitado –, esse segmento comercial se mantém importante e ativo até os dias de hoje.

Na Rua Augusta, além dos dezenove empórios e armazéns de "seccos e molhados" – identificados como o tipo comercial majoritário – havia outros estabelecimentos que se dedicavam à venda de alimentos e bebidas. Entre esses havia leiterias, açougues, vendas de cereais e animais, docerias e sorveterias. Na Rua Augusta de 1925 a 1927 negociavam-se também calçados, roupas, tecidos e armarinhos, num total de dezesseis estabelecimentos. O comércio era complementado pela oferta dos serviços de barbeiro, tintureiro, encanador, eletricista e carpinteiro, que se distribuíam em catorze prédios diferentes espalhados ao longo de duas dezenas de quarteirões.

Como grande parte do comércio na cidade de São Paulo, os armazéns de secos e molhados também foram mantidos por imigrantes de várias nacionalidades. No caso da Rua Augusta, julgando pelos sobrenomes – Almeida, Cardoso, Correa, Leal, Rodrigues, Marques, Ramos –, a presença majoritária foi de portugueses (de primeira geração) até a metade dos anos 1920. Os vários arranjos de uso misto do imóvel (próprio ou aluga-

---

28 Muitos daqueles que não se adaptaram, terminaram por fechar suas portas. João Manuel Cardoso de Mello e Fernando Novais descrevem esse processo, onde "os avanços produtivos acompanharam-se de mudanças significativas no sistema de comercialização. As duas grandes novidades foram certamente o supermercado e o *shopping center*. O supermercado [...] vai derrotando a venda, o armazém, o açougue – suplantado, também, pela casa de carnes especiais – a peixaria – mantendo-se apenas para os ricos. Vai derrotando, também, a quitanda ou a carrocinha e o caminhãozinho." (MELLO e NOVAIS, 1998, p. 566).

do), com casinhas para aluguel (ou sublocação) junto ao comércio, permitiam que familiares e conterrâneos se revezassem para atender aos negócios, enquanto exerciam outras atividades, como cuidar das crianças ou tomar conta de alguma atividade ou fabricação no quintal da casa. A configuração espacial e social assemelhava-se bastante à de outros bairros, como o Bexiga, onde:

> [...] as formas coletivas do morar e a ausência de uma homogeneidade sócio-econômica indicam a centralidade das organizações familiares e dos vínculos de origem como elementos organizadores das formas de vida e do cotidiano pelo menos para a primeira geração de imigrantes (LANNA, 2011, p. 874).

A partir da segunda metade da década de 1920, além dos portugueses (agora de segunda e terceira geração), os novos proprietários dos armazéns da Rua Augusta tinham origens distintas, com grande frequência daqueles de origem italiana – Penna, Benelli, Bulluomini, D'Amore, Fornaglio, Pinola.

Os edifícios que alocavam espaço para "venda" e "armazém" na Rua Augusta eram muitos e se espacializavam de algumas maneiras diferentes, dependendo de sua localização e da data de construção. De maneira geral, o andar térreo era utilizado para a loja ou o armazém, dando para a rua e a residência instalava-se nos fundos do imóvel. Apenas no final dos anos 1920 construíram-se casas com intuito exclusivamente comercial, ou prédios em que o uso comercial era independente da moradia (que ocupava os andares superiores). A partir de então, o proprietário do comércio nem sempre habitaria o mesmo edifício.

Ainda na década de 1920, tornou-se "mais frequente também a presença de arquitetos e engenheiros como autores dos projetos, que se tornam tecnicamente mais refinados" (BARBUY, 2006, p. 28), começando pelos edifícios da região central, em tendência que se repetiu em outros bairros da cidade. Com supervisão da prefeitura, aumentaram os pedidos para legalização das construções informais e para reformas de edifícios considerados inadequados e fora dos padrões requeridos pelo Código Sanitário. Os novos edifícios passaram a ocupar uma porção muito maior do lote a fim de acomodar as atividades comerciais, que exigiam espaço para manuseio e armazenamento de mercadorias, oficinas e garagens. Outras modificações recorrentes dessa época foram a subdivisão dos lotes; a construção de novas unidades habitacionais nos fundos dos prédios existentes; a subdivisão dos prédios para acomodar mais de uma porta comercial, além das reformas internas e externas, incluindo a reconstrução e a modernização das fachadas. Na Rua Augusta e imediações, sobrados geminados, residências mais luxuosas (com recuos em todos os lados) e também prédios de três a quatro pavimentos inauguravam a "primeira verticalização" da região.

Os projetos apresentados a seguir são indicativos das mudanças tipológicas das construções ao longo da Rua Augusta. Muitos dos edifícios construídos entre os anos 1890 e 1930 remanescem até os dias de hoje, com sucessivos acréscimos e ocupação quase ou completa do lote. As reformas mais frequentes buscavam o acréscimo de mais cômodos ao prédio existente e novas unidades habitacionais nos fundos do lote. Na parte dedicada ao comércio, as mudanças mais comuns foram a adição de vitrines e modificações das fachadas. As reformas dos imóveis de uso misto e comerciais seguiam as mesmas recomendações sanitaristas que se aplicavam para todos os outros edifícios, numa época em que "não se queria mais deixar lugar às vielas, casas toscas, ambientes escuros e esfumaçados." (BARBUY, 2006, p. 71). Na concepção da cidade moderna não era mais desejado "o comércio em armazéns onde apenas se estocavam as mercadorias, sem estratégias especiais para exibi-las." (BARBUY, 2006, p. 71). No caso da Rua Augusta, as fachadas se modificaram com o tempo, conformando a aparência característica do "armazém de bairro", como se verá mais à frente. A aparência exterior destes edifícios era, no entanto, independente dos produtos comercializados e da freguesia a quem se destinavam. A grande parte deles tinha mobiliário bastante simples: um balcão e prateleiras abertas do piso ao teto. Outros estabelecimentos adotavam mobiliário mais individualizado, incluindo sistema de prateleiras com portas de vidro que permitiam a exibição das mercadorias, além de luminárias, caixas registradoras e balanças especiais e outros objetos de decoração únicos.

Para efeito de análise, dividimos os projetos em dois grupos. O primeiro concentra os armazéns e empórios que se localizaram ao longo da Rua Augusta em sua região próxima à Bela Vista e ao centro da cidade, entre a Rua Martinho Prado e a Avenida Paulista. O segundo grupo inclui os edifícios com armazéns e empórios construídos ao longo da Rua Augusta em sua região próxima à Cerqueira César e aos futuros bairros Jardins, entre a Avenida Paulista e a Rua Estados Unidos.

Os edifícios de uso misto foram classificados em quatro tipos: 1) Pequenas casinhas com armazém no aposento que dá frente para a rua, com uma variante, quando ao invés de uma ou duas unidades, construía-se um grupo de pequenas casinhas 2) Armazéns maiores, que apresentam mais de uma porta para a calçada, enfatizando a percepção e o espaço dedicado à função comercial com a moradia localizada nos fundos do prédio em entrada separada; 3) Armazéns similares aos anteriores, porém ainda maiores, já que todo o pavimento térreo era dedicado à atividade comercial, com a moradia localizada no piso superior e 4) Edifícios de 2 a 3 pavimentos com várias unidades residenciais com entrada independente dos espaços comerciais que são localizados no térreo.

Figuras 2, 3 e 4 – Tipologia das fachadas dos armazéns do Tipo 1, reproduções e extrapolações com base em projetos da Série Obras Particulares - AHMSP.[29]

Armazéns do Tipo 1 (com maior incidência nos anos de 1897 – 1905): Entre os edifícios com armazéns de secos e molhados que identificamos nas plantas das Obras Particulares, o mais antigo data de 1897.[30] Invariavelmente conjugados à moradia dos proprietários, o arranjo espacial dos armazéns desse período se repetia por toda a cidade e era caracterizado por um pequeno prédio construído junto à rua, ao qual se seguiam os cômodos

29 Reproduções desenvolvidas com a colaboração de Tim Kerner (Figuras 2 a 10).

30 Para a pesquisa tipológica, inventariamos os processos da Série de Obras Particulares, localizados na rua Augusta nos anos 1898 a 1927 (AHMSP-OP). Deve-se atentar para o fato de que as obras analisadas estão entre o grupo daquelas legal e oficialmente aprovadas, mas sabe-se que há uma outra cidade "clandestina" sendo construída ao mesmo tempo, inclusive atrás e dentro dos mesmos edifícios aqui estudados e na mesma Rua Augusta e região.

para habitação e os extensos quintais nos fundos. Os longos lotes tinham suas estreitas frentes ao longo da rua Augusta.[31] A conjugação do comércio e habitação, com entrada comum para os dois usos, era o padrão da época. Os grandes quintais se faziam necessários para o cultivo de pequenas hortas e pomares, para a criação de animais e para os fornos onde se preparavam os assados. Além disso, o espaço do quintal era utilizado para trabalhos acessórios ao comércio e muitas vezes para atividades fabris que complementavam a renda familiar.

Figuras 5, 6 e 7 – Tipologia das fachadas dos armazéns do Tipo 2, reproduções com base em projetos da Série de Obras Particulares - AHMSP.

Armazéns do tipo 2 (com maior incidência nos anos de 1905-1913): A partir dos anos 1905 até aproximadamente 1913, a função comercial dos edifícios é ressaltada pela arquitetura, que apresenta maiores aberturas para a rua, com portas e portões altos e separação clara entre o espaço comercial e residencial. A habitação ainda se localiza imediatamente atrás do armazém, com conexão interna, mas pode também ser acessada desde a rua por corredor lateral. Nessa mesma época, as habitações apresentam mais cômodos, com cozinha e banheiros localizados nos fundos. Também desta época são as pequenas unidades ha-

31 Os lotes da região apresentavam tamanhos bastante diversos, com frentes de cinco a quinze metros e fundos de 25 a noventa metros.

bitacionais construídas em grupo, para aluguel, com espaço para o armazém de secos e molhados junto à rua. Este tipo apresentava variações, como as "casas de operário" (pequenas casinhas de três cômodos) e os conjuntos de aposentos enfileirados que serviam para moradia (no caso dos cortiços), acessados por longos corredores e com pequenos quintais de uso coletivo.

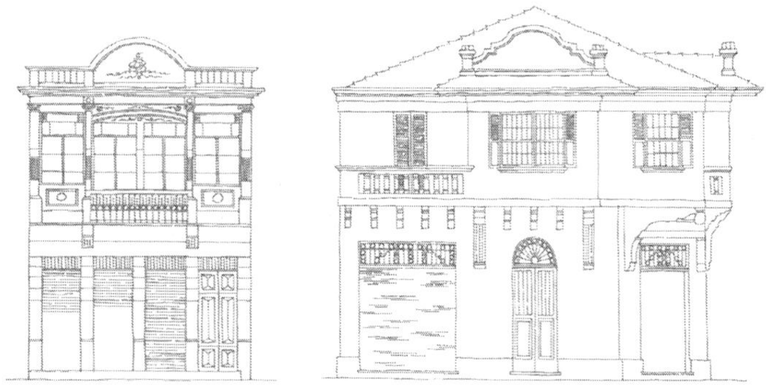

Figuras 8 e 9 – Tipologia das fachadas dos armazéns do Tipo 3, reprodução e extrapolação com base em projetos da Série de Obras Particulares, AHMSP.

Armazéns do tipo 3 (com maior incidência durante os anos 1913-1920): Esta nova tipologia faz maior aproveitamento do lote, até mesmo por conta da valorização da terra na região em torno da Rua Augusta, que antes era considerada esma, mas agora se tornara "próxima" ao Centro. A proximidade se devia não somente ao crescimento da região central da cidade, mas principalmente à implementação de melhorias e de meios de transporte público, facilitando as conexões da rua com outros bairros. Assim construía-se em dois pavimentos, com o térreo reservado às funções comerciais e o pavimento superior residencial.

Figuras 10 e 11 – Tipologia das fachadas dos armazéns do Tipo 4, reprodução e extrapolação com base em projetos da Série de Obras Particulares, AHMSP.

Armazéns do tipo 4 (com maior incidência a partir de 1920-1927): Neste período, edifícios de dois a três andares – as "casas em grupo" – com comércio no térreo e várias unidades habitacionais nos pisos superiores apareceram com frequência. Neste caso, a ocupação do lote foi densificada ainda mais, o que se justificava pela maior conectividade e centralidade da Rua Augusta. O centro da cidade crescia, mas também as conexões entre os vários núcleos urbanos – as freguesias que se compunham para formar São Paulo – intensificando o movimento e a ocupação, elementos formadores de clientela para o comércio.

Os armazéns da Augusta-Bela Vista, 1900-1927

Os prédios a seguir foram oficialmente aprovados pela Prefeitura entre 1898 e 1927 e incluíam espaço para loja ou armazém conjugado ao uso residencial. Entremeados numa paisagem bastante diversa, esses armazéns instalados nas faces das casinhas e dos pequenos prédios, dividiram essa região da Rua

Augusta com grandes fábricas, como a Melillo que fazia sapatos (desde 1910) e com diminutas casinhas de operários como as do Sr. Nicolau Rea e do Sr. Felipe De Marco (de 1908). Desde 1899, a padaria do Sr. José Antônio Pires já estava instalada na esquina oposta às escolas das Cônegas de Santo Agostinho que chegaram a partir de 1907 e ali permaneceram por várias décadas. Nessa mesma região, a Gráfica Siqueira, fundada em 1910, foi a maior empregadora da rua até os anos 1960, com 210 funcionários em 1945. Já em 1950, a padaria Pão Americano, do português Manoel Correa de Souza Filho, adotaria tecnologia automatizada e importada dos Estados Unidos, industrializando a produção de pães de fôrma. Nasceu ali na Augusta a Pullman, que em breve se tornaria a marca de pão industrializado mais popular do país (*Folha de S. Paulo*, 25/06/2016, p. C8; MELLO e NOVAIS, 1998, p. 566).

Estas pequenas casas construídas na Rua Augusta no final do século XIX tipificam os edifícios simples da época, com cômodos para habitação e para o comércio. A estrutura residencial que conjugava moradia e trabalho foi recorrente em toda a cidade até finais da Primeira República (SAES, 2004; BARBUY, 2006; LANNA, 2012). Os armazéns de Pedro Petretti (Figura 11) e de Antonio de Souza Belleza (Figura 12) distariam menos de uma quadra caso tivessem se mantido ativos ao mesmo tempo. Improvável, pois observamos que novos armazéns eram inaugurados todos os anos, enquanto outros fechavam suas portas ou trocavam de mãos em pouco tempo. As reformas foram frequentes, principalmente quando o estabelecimento era assumido por um novo proprietário. No ano de 1905, por exemplo, foram seis os projetos para reformas e para novos prédios que incluíam espaço para armazém.

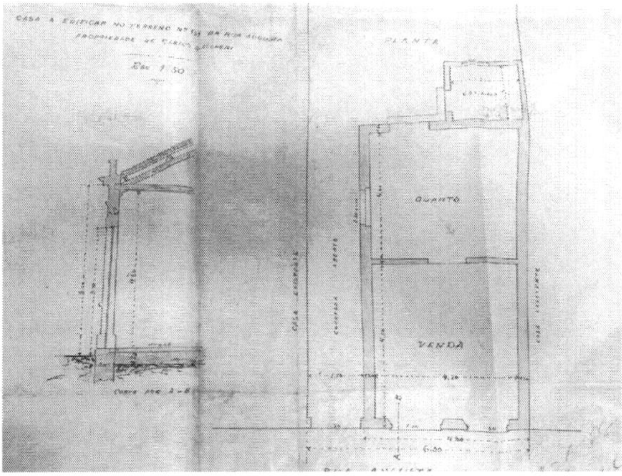

Figura 11 – Casa com venda – Tipo 1. Propriedade de Pedro Petretti, Rua Augusta, 135. AHMSP-OP, 1898.

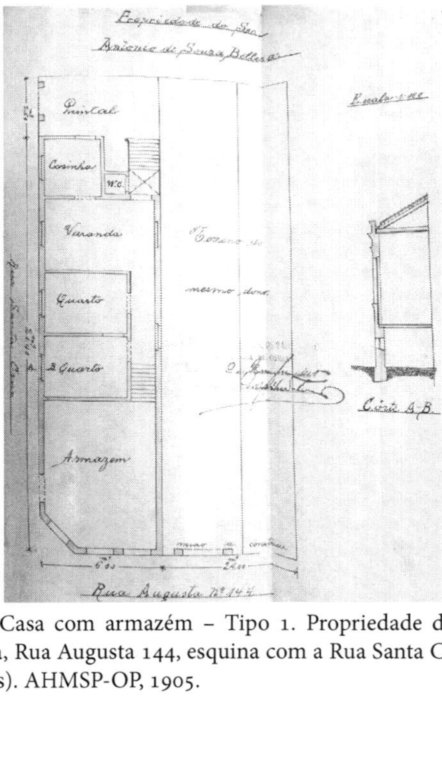

Figura 12 – Casa com armazém – Tipo 1. Propriedade de Antonio de Souza Belleza, Rua Augusta 144, esquina com a Rua Santa Cruz (hoje Rua Mathias Aires). AHMSP-OP, 1905.

O Sr. Antonio de Souza Belleza, que além de proprietário de armazém e do lote vizinho, se dizia Inspetor de Quarteirão,[32] era tido como um "homem morigerado e muito pacato, não gostando de metter-se em barulhos e deles foge como o diabo da cruz." Assim, Belleza foi defendido por seu vizinho, após publicação do *Commercio de São Paulo* onde, não só desconfiava-se de sua nomeação como Inspetor, mas ainda qualificava-o como o "rechonchudo taberneiro", alguém que "precisava exibir-se". Belleza fora proprietário de outros edifícios na região e de pelo menos mais um negócio de "seccos e molhados" na Avenida Municipal, 32 (hoje Avenida Dr. Arnaldo), vendido em 1911.[33]

A casa de Antônio Anunciato (Figura 13) e o sobrado de Raphael Sola (Figura 15) foram projetados com a construção alinhada à calçada, espaço comercial e escritório no pavimento térreo com unidades residenciais na parte posterior e superior. A distribuição dos cômodos em sequência, com escadaria e passagem correndo paralelamente ao muro divisório do terreno, conectava-os diretamente ao pátio/quintal. Nos dois casos, os terrenos vizinhos pertenciam ao mesmo proprietário, fato recorrente na época. Alguns anos depois, em 1919, Rafael Sola adquiriu um outro prédio na Rua Peixoto Gomide, 60, a três quadras de seu edifício da Rua Augusta.[34] Francisco Polillo (proprietário da casinha da Figura 14) além de imóveis, investia também em

32 A figura dos inspetores de quarteirão surge em 1827 como parte da hierarquia da polícia, sendo regulamentada em São Paulo em 1841 (Regulamento número 120),permanecendo vigente durante o século XX e perdendo aos poucos a relevância que tinha nos bairros. Os inspetores exerciam atividade gratuita e eram considerados "uma autoridade na porta das casas" e garantidores da paz pública", auxiliando a atividade policial e "contribuindo com a formação da estatística criminal da província" (GIGLIO, 2017).

33 *O Estado de S. Paulo*, 4/1/1911, p. 8.

34 *Correio Paulistano*, 5/7/1919, p. 8.

outras atividades, como a Cia. Café Paulista de torrefação de café e fubá, que ele adquiriu em 1917.[35]

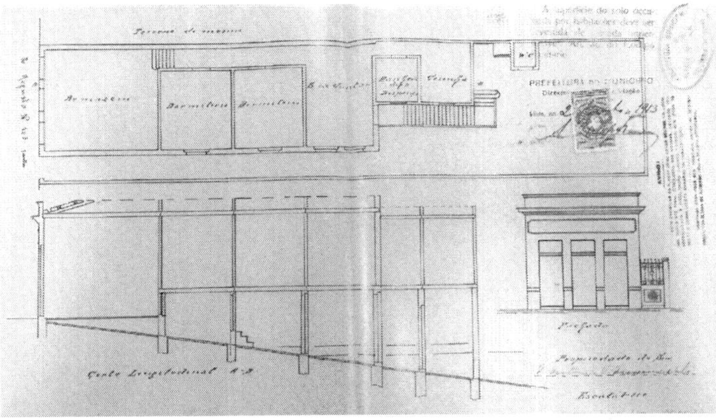

Figura 13 – Casa com armazém - Tipo 2. Propriedade de Antônio Anunciato, Rua Augusta, 103 (entre as ruas Antônia de Queirós e Costa). AHMSP - OP, 1913.

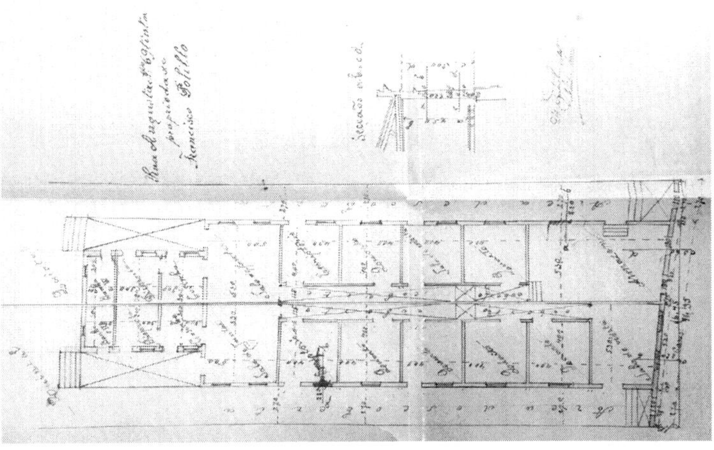

Figura 14 – Conjunto de casinhas com armazém - Tipo 2. Propriedade de Francisco Polillo - Rua Augusta 69 (esquina com Rua Santa Cruz). AHMSP-OP, 1905.

35 *Correio Paulistano*, 23/10/1917, p. 9.

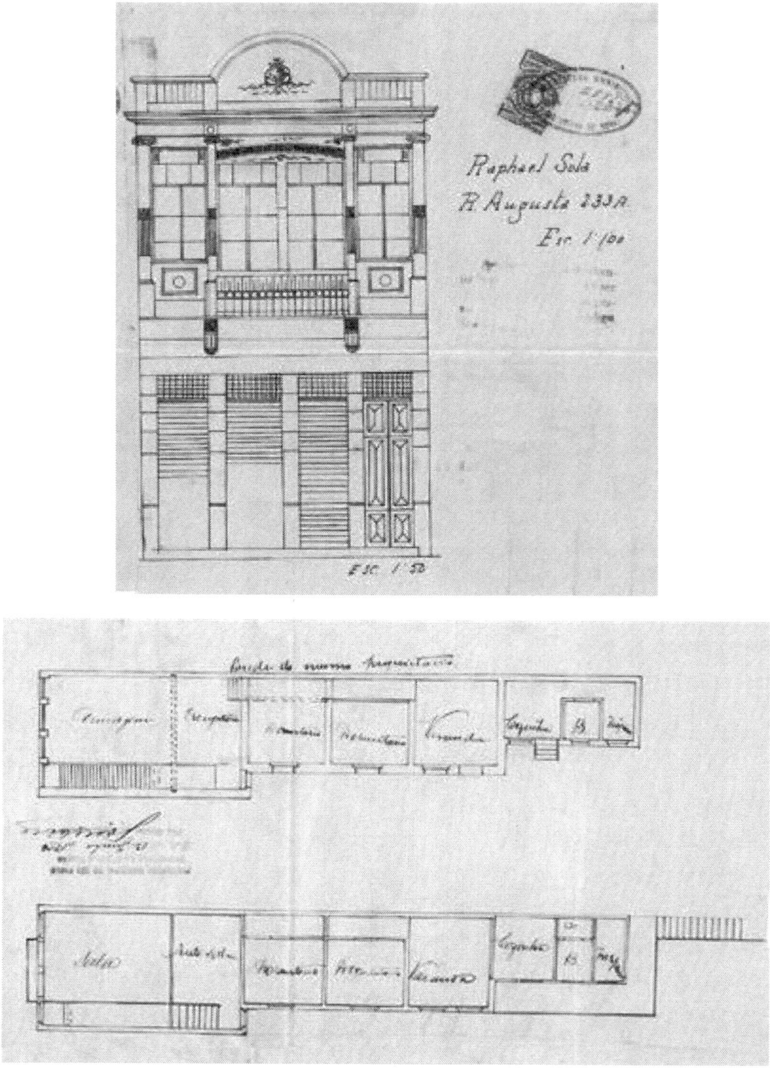

Figura 15 – Armazém com casa de 2 andares - Tipo 3. Propriedade de Raphael Sola, Rua Augusta, 233A (entre as ruas Mathias Aires e Antônio Carlos). AHMSP-OP, 1913.

Figura 16 – Prédio de uso misto, residencial e comercial, com armazém - Tipo 4. Propriedade de Joaquim Franco de Mello, Rua Augusta esquina com a rua Marquês de Paranaguá. AHMSP-OP, 1920.

A propriedade de Joaquim Franco de Mello apresenta um espaçoso armazém de esquina e quatro unidades habitacionais com entradas separadas. Joaquim Franco de Mello foi um fazendeiro nascido em Piracicaba, proprietário de muitos prédios na capital e acionista do Banco Commercio e Industria e de outras empresas. Residindo na época na Avenida Paulista, 54, construiu, entre outros,[36] este imóvel para renda.[37] Prédios como este, contendo de três a seis unidades, se tornaram comuns durante as décadas de 1920 e 1930 ao longo de toda a Rua Augusta e nas ruas transversais. Na década de 1930, instalou-se a uma quadra de distância, em edifício similar, o armazém do Sr. José que serviu a vizinhança até o final da década de 1950, como revela Miguel Chammas, ao recordar suas visitas quase diárias:

> Lembrei-me do Armazém do Sr. José, que ficava bem na esquina da Rua Augusta com a Rua Caio Prado, onde hoje está instalado o Hotel Ca'D'Oro.

36 Franco de Mello possuía "cerca de 40 imóveis na região central da cidade." (SILVA, FERREIRA et al., 2015, p. 50).

37 *Diário Nacional*, 18/12/1927, p.4.

> Era um empório de secos, molhados e outras quinquilharias. Ali também se comprava meio litro de leite, 250 gramas de manteiga (embrulhada em papel manteiga), um pedaço de fumo de rolo ou de corda (comprei diversas vezes para meu avô Gido) e a palha para cigarros (CHAMMAS, 2008).

O armazém do Sr. José abastecia os vizinhos com as necessidades do dia-a-dia, trocava garrafas vazias por crédito e também servia como ponto de encontro e de referência no bairro. O sistema de cobrança "a fiado" através das cadernetas era a prática mais comum para efetuar os pagamentos:

> Foi nesse armazém que vendi, para gastar o dinheiro em balas e doces, as garrafas e litros que meu avô armazenara durante anos, de acordo com o que já relatei em outros textos neste site. Eu, na época, não entendia por que meus pais ou avós não pagavam as compras feitas no armazém. Depois, crescendo, foi que percebi que o dinheiro para pagamento só era entregue ao Sr. José no final do mês, e as compras até então realizadas estavam devidamente anotadas numa caderneta de capa amarela (CHAMMAS, 2008).

Voltando à esquina da Rua Marquês de Paranaguá, além do edifício de Mello Franco e da Vila *art-noveau* da família Uchôa-Prado, encontravam-se nas redondezas residências unifamiliares sofisticadas, sobradões e casas térreas geminadas. Nessas primeiras quadras, entre as ruas Augusta e a Consolação,[38] loca-

38 Divisa que coincidentemente marca os limites entre as antigas Chácara do Capão e Chácara de Martinho Prado.

lizaram-se casas maiores, conformando uma pretensa continuação do bairro de Higienópolis, que distava poucos blocos. Ali evidenciava-se a diferença da ocupação deste trecho da Augusta, com relação àquele que se associava à Bela Vista, bairro com o qual fazia fronteira do outro lado. Nas quadras mais próximas à Bela Vista, os lotes eram menores e foram ocupados majoritariamente por pequenas casas, cortiços e fabriquetas, com alguns poucos sobrados.

No cruzamento entre esses dois tipos de ocupação – aquela que se assemelhava com a do bairro de Higienópolis e aquela que se parecia com a ocupação da Bela Vista – estava localizado o armazém Nazário, na esquina das ruas Augusta com Marquês de Paranaguá. Assumido pelo português Daniel Lopes em 1920, o armazém comprado do italiano Nazário situava-se em frente ao novo prédio de Joaquim Franco de Mello. Daniel Lopes havia aportado em Santos em 1915, ano em que os maiores contingentes de portugueses chegaram ao Brasil.[39] Solteiro e com apenas vinte anos, foi recebido por uma tia que vivia em São Paulo. Na documentação preparada para o sobrinho, incluiu-se o "passaporte" emitido pelo Governo Civil de Leiria em 1912, autorizando-o a viajar da "villa de Figueiró dos Vinhos d'este districto para Santos (Brazil)". Ao chegar no Brasil em 1915, Daniel Lopes começou empalhando cadeiras no bairro da Moóca, mas logo partiu para o interior, Orlândia e outras cidades, percorrendo o estado de São Paulo e vendendo cereais. Mais tarde, trabalhou como empreiteiro, casou-se e amealhou o suficiente para arriscar a vida na capital,

39 Durante a década de 1910 o volume de portugueses que vieram a se estabelecer no país atingiu seu auge, com 318,5 mil pessoas, de um total de 815,4 mil imigrantes. A maior concentração de portugueses na época se deu no estado de São Paulo (218,4 mil) e no Distrito Federal (273,3 mil).

transferindo-se em 1920 com a mulher e suas filhas para a Rua Augusta (BARTABURU, 2013, p.14).

Nesse mesmo segmento mais antigo da Rua Augusta (entre a Rua Martinho Prado e a Avenida Paulista) funcionavam entre 1925 e 1927 pelo menos nove armazéns e empórios de vários tamanhos, sem destaque para o Nazário, que mantinha rendimentos similares aos outros.[40] O armazém permaneceu aberto até 1926, quando Daniel Lopes em associação com seu irmão, inaugurou na outra extremidade da Rua Augusta o "armazém de seccos e molhados Lopes & Irmão", que eventualmente se tornou conhecido como a Casa Santa Luzia. Desta vez Lopes estabeleceu-se na esquina da Rua Oscar Freire, nas proximidades dos novos bairros Jardins que já iniciavam as vendas de seus lotes.

Os armazéns da Augusta-Jardins, 1900-1927

Anteriormente à abertura dos loteamentos Jardim América e Jardim Europa, encontramos vários pedidos para reformar as pequenas casas ao longo da Rua Augusta, na região entre a Avenida Paulista e a Rua Estados Unidos. Nas quadras a partir da Alameda Santos (a apenas uma quadra da Avenida Paulista, onde então se construíam grandes palacetes), as casinhas eram similares àquelas construídas na Augusta-Bela Vista na virada do século XIX para o XX. Os proprietários procuravam expandir seus prédios, aumentando as áreas dedicadas às atividades comerciais e adicionando cômodos nos fundos do lote.

40 Inferido através do valor do imposto cobrado para o Exercício 1926, em comparação com os outros armazéns e empórios registrados na mesma Rua Augusta.

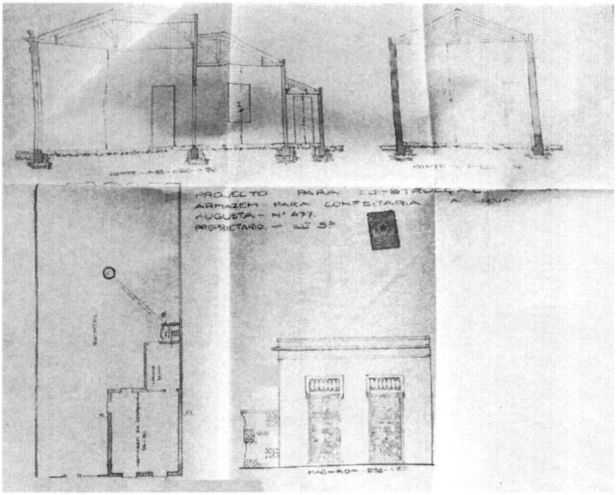

Figura 17 – Tipo 1. Pedido para construção de armazém na Rua Augusta 477 (entre a Alameda Tietê e Alameda Lorena) de propriedade de Carlos Teixeira, AHMSP-OP, 1920.

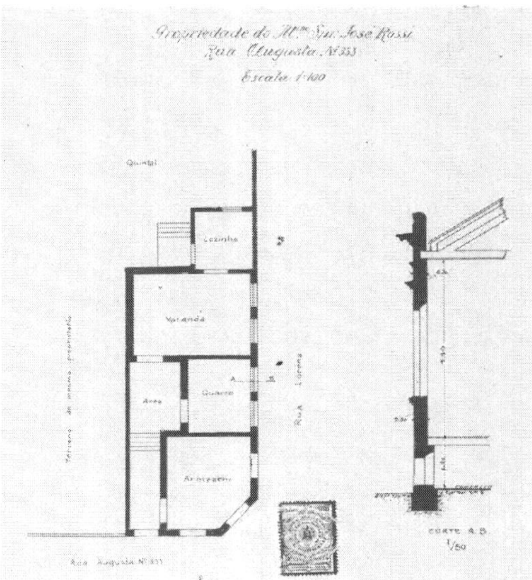

Figura 18 – Casa com armazém - Tipo 2. Propriedade do Sr. José Rossi, Rua Augusta 333 (esquina com a Alameda Lorena), de. AHMSP-OP, 1911.

Na região próxima às ruas Oscar Freire e Estados Unidos, os vários lotes que se encontravam vazios até meados dos anos 1920 foram ocupados por residências unifamiliares (isoladas no lote e geminadas) e também por pequenos prédios com várias unidades residenciais. Com frequência, esses prédios incluíam comércio, cocheiras ou garagens no piso térreo.

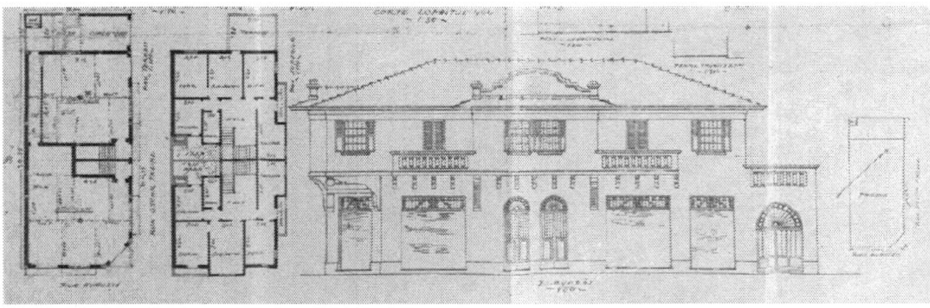

Figura 19 – Prédio com duas unidades habitacionais e dois armazéns - Tipo 3. Propriedade de Alberto Henrique Alves & Irmão, ocupado pelos Irmãos Lopes, com o armazém de secos e molhados Santa Luzia, Rua Augusta 233A (esquina com a Rua Oscar Freire). AHMSP-OP, 1926.

O comércio dos irmãos Lopes localizou-se em um desses pequenos prédios, na esquina da Rua Augusta com a Oscar Freire. Ali instalou Daniel Lopes seu armazém de secos e molhados em 1926, ocupando com a família metade do edifício que Alves & Irmão acabara de construir para renda. Álvaro Lopes, filho do proprietário da futura Casa Santa Luzia, descreveu a Augusta dessa época como uma rua tranquila,

> [...] sem calçamento ainda, e a coleta de lixo era feita por burro. [...] naquele tempo eu era garoto, pequenininho, depois eu fui crescendo e os bondes eram todos abertos, não tinha bonde fechado, depois é que apareceram os bondes fechados e depois é que duplicou a linha na Augusta, que era linha simples e ia pertinho ali, só até o Jardim Europa, depois não tinha mais linha (LOPES, 2005).

Os outros três imóveis que compunham essa esquina eram um terreno vazio e duas residências com projetos aprovados em 1922 e 1923. As duas residências eram características das novas construções que se implantavam nessa região, acompanhando o estilo das casas que se construíam no loteamento vizinho, o Jardim América, porém em lotes menores que não possibilitavam grandes jardins. A casa de Maria Amalia Fleury, construída em 1922 e a casa de Agenor Couto de Magalhães de 1923, refletiam em seus projetos a valorização das áreas sociais da casa, incluindo pórtico e garagem. Com a expansão do uso do automóvel, as garagens deixaram de ser exclusividade dos palacetes e a partir de então estariam presentes em muitas residências da região. O terceiro lote desta esquina foi ocupado pela casinha de Luciano Curuzzo na virada do século,[41] mas no final dos anos 1920 provavelmente estava vazio, como se nota no mapa Sara Brasil de 1930.

Os prédios "em grupo", eram projetados por construtores e investidores imobiliários, tipicamente para aluguel das unidades. No conjunto de cinco casas e dois armazéns do Sr. Aristides de Almeida (Figura 20), assim como no grupo de três residências para Emma Maggi, na quadra seguinte da Rua Augusta, verificou-se novamente a presença da garagem, que se tornou frequente a partir de 1924/25. Garagens, postos de gasolina, os vários bondes e o crescente contingente de automóveis de aluguel marcaram o início das desavenças com o mundo do pedestre, que até então dominava a região. Muitas são as notícias de acidentes, entre os vários meios de transporte e as pessoas desatentas ou que estavam acostumadas à antiga realidade. Com a chegada das várias modernidades e conveniências, o preço dos lotes aumentou progres-

41 Planta de construção de Luciano Curuzzo, na Alameda Iguape esquina com a Rua Augusta, 11/09/1899, AHMSP-OP.

sivamente e assim os novos proprietários, como Emma Maggi, tiveram de pagar caro por seus terrenos na Augusta.[42]

Figura 20 – Cinco prédios de moradia com dois armazéns – Tipo 4. Propriedade do Sr. Aristides de Almeida, Rua Augusta 342, 342A e 342B e Alameda Franca 60, 60A, 60B e 62, 62A e 62B, AHMSP-OP, 1927.

*

O caminho de terra que em 1880 conectava os vários núcleos de ocupação que se formaram dentro da imensa Chácara do Capão se transformou em menos de 30 anos na Rua Augusta. A rua se tornou eixo de ligação entre o centro e a Avenida Paulista na virada do século, expandindo-se em direção ao rio Pinheiros durante os anos 1910/1920, acompanhando o crescimento da região Sudoeste da cidade. Sua pavimentação e o serviço do bonde cobriram inicialmente apenas as quadras próximas ao Centro, nas terras oriundas da Chácara Martinho da Silva Prado. Com presença decisiva na política municipal e participação nas companhias de transporte, a família Silva Prado garantiu a implementação das

42 Apesar dos terrenos terem metragens distintas, sabe-se que no mesmo mês em que ela adquiriu seu terreno por 50:000$, um terreno na Rua Oscar Freire foi vendido por 1:500$, outro na Bela Vista foi negociado por 1:000$ e no bairro da Penha o valor foi de 500$. Esses valores mostram a intensa valorização da Rua Augusta nesse período.

primeiras melhorias na Rua Augusta entre 1901 e 1906.[43] A partir de 1914, a abertura dos loteamentos da Cia. City no extremo sul da Rua Augusta requereu a extensão da pavimentação, o que formalizou seu papel como eixo de conexão entre o centro e a zona sul da cidade. O processo de implantação das melhorias urbanas evidenciou a ação das forças políticas e econômicas (da família Silva-Prado e da Cia. City) que trouxeram a água, a luz, o esgoto, a eletricidade e o gás, para a Rua Augusta e com menos apuro, para as ruas transversais e os bairros adjacentes.

Assim como os percursos das vias férreas incitaram a localização do cinturão industrial na cidade, as linhas de bonde definiram, através da valorização das terras por onde passavam, os vetores de crescimento da mancha urbana paulistana. Com a Rua Augusta pavimentada do início ao fim, puderam por ela correr as linhas de bonde a partir de 1914, conectando o centro da cidade com a região do Rio Pinheiros. Assim ela se torna uma alternativa paralela aos grandes eixos viários - Rua da Consolação e Avenida Rebouças - permitindo conexão direta para aqueles que se dirigiam à região de Cerqueira Cesar, Pinheiros e além rio. A Rua Augusta, que até 1922 terminava na linha divisória entre área urbana e suburbana,[44] foi estendida nas décadas seguintes passando a servir como eixo central do crescimento dos novos bairros jardins, com diferentes nomes: Rua Colômbia, Avenida Europa e Avenida Cidade Jardim.

---

43 A Chácara de Martinho da Silva Prado abraçava as primeiras quadras da Rua Augusta, entre as ruas Martinho Prado e a rua Marquês de Paranaguá. Suas terras foram parceladas e vendidas a partir de 1906.

44 O Mapa da Cidade de 1916 indica a Rua Jahu (atual Alameda Jaú) como limite da área urbana e a Rua Groenlândia como limite entre a área suburbana e rural da cidade. Durante o processo de loteamento da Cia. City, esses limites foram modificados.

Além do bonde, a presença do automóvel também estimulou esse vetor de crescimento, que se utilizou da Augusta para chegar aos novos bairros Jardim América, Jardim Europa, Cidade Jardim e Morumbi. Mesmo sendo o automóvel um artigo de luxo em São Paulo no início do século XX, pode-se especular que existia demanda significativa na região. Isso porque para os anos de 1924-1927 encontramos, além da presença constante de garagens nos novos edifícios e de pedidos para rebaixamento de guias, inúmeros pedidos para instalação de bombas de gasolina, das mais diversas companhias (The Texas, Anglo Mexican, Atlantic, S. S. Auto Marquês de Itú, entre outras) e muitas esquinas da rua Augusta. Estas mesmas esquinas foram também adotadas por motoristas de táxi, que estabeleceram seus pontos ao longo da Augusta, ampliando ainda mais sua conectividade com o resto da cidade e aumentando o fluxo de veículos e pessoas.

As mudanças tipológicas dos armazéns acompanharam as transformações porque passou a cidade e a Rua Augusta. Ao mesmo tempo em que os fluxos da rua Augusta aumentaram, observamos a ocupação mais densa dos lotes, diminuindo ou eliminando os quintais que já não se faziam mais imprescindíveis para o cotidiano familiar. Identificamos também uma lenta e baixa verticalização das novas construções, que interpretamos como uma resposta à intensificação do uso comercial e do valor da terra que cresceu ao longo dos anos estudados. Notou-se também a separação gradual das atividades – industrial, comercial e residencial – que a partir dos anos 1920, não mais obrigatoriamente habitariam o mesmo edifício.

Enfim, quanto aos armazéns de secos e molhados, as mudanças na composição formal, na arquitetura e mesmo no mobiliário interno desses, refletiram as diferentes levas de imigrantes proprietários, clientes e as demandas da cidade que se modernizava. Por outro lado, a longevidade e a vitalidade desses estabelecimentos estavam relacionadas à sua localização na cidade e aos fluxos – de pessoas e de veículos – que passavam por suas portas, à freguesia definida pelas vizinhanças e a um complexo conjunto de circunstâncias socioeconômicas que caracterizaram a construção dessa rua, híbrida, múltipla, sincrética, augusta e sempre em movimento.

Referências bibliográficas

BARTABURU, Xavier. *Casa Santa Luzia:* a história de uma marca da gastronomia paulistana. São Paulo: Grifo, 2013.

BARBUY, Heloisa. *A Cidade-Exposição. Comércio e Cosmopolitismo em São Paulo, 1860-1914.* São Paulo: Edusp, 2006.

BIANCHI, Vaner Silvia Soler. *A Casa Godinho como lugar de memória na cidade de São Paulo (1890-1930).* Tese (Doutorado), Centro de Educação, Filosofia e Teologia, UPM, 2014.

CIRRINCIONE, Alessandra. *Brás, Bexiga/Bela Vista, Barra Funda: estudo antroponímico.* Dissertação (Mestrado). FFLCH-USP, São Paulo, 2010.

DE CERTEAU, Michel. *A invenção do cotidiano: as artes de fazer.* Petrópolis: Vozes, 1996.

FERREIRA, Pedro B. S. *A Avenida de mil vias: conflito, contradição e ambivalência na modernização de São Paulo (1890-1920).* Dissertação (Mestrado). FAUUSP, São Paulo, 2017.

GIGLIO, Célia M. B. "A inspeção da instrução pública na província de São Paulo (1836-1876"), *Revista Linhas,* v. 18, n. 36, Florianópolis, jan.-abr. 2017, p. 64-95. Disponível em: <http://www.revistas.udesc.br/index.php/linhas/article/view/1984723818362017064/pdf>. Acesso em 20/07/2020.

JORGE, Clóvis de A. *Consolação: uma reportagem histórica.* Série História dos bairros de São Paulo, v.22. São Paulo: PMSP, 1979.

KUCINSKI, Bernardo. "Secos e Molhados", *Rascunho*, Ed. 181, 2015. Disponível em: <rascunho.com.br/secos-e-molhados>. Acesso em 2/7/2020.

LANNA, Ana L. D. "Aquém e além-mar: imigrantes e cidades". *Varia História*, n. 28 V. 48, 2012, p. 871-887. Disponível em: https://doi.org/10.1590/S0104-87752012000200018. Acesso em: 01/10/2021.

LOPES, Álvaro. *Entrevista para o Museu da Pessoa, 03/06/2005.* Disponível em: https://www.museudapessoa.org/pt/conteudo/pessoa/alvaro-lopes-15000. Acesso em 12/02/2020.

MELLO, João M. C. de & NOVAIS, Fernando. "Capitalismo tardio e sociabilidade moderna". In: NOVAIS, Fernando e SCHWARCZ, Lilia M. (Orgs.). *História da vida privada no Brasil.* V. 4. São Paulo: Companhia das Letras, 1998, pp. 559-658.

OLIVEIRA, Maria Luiza F. de. *Entre a casa e o armazém: relações sociais e experiência da urbanização (1850-1900).* São Paulo: Alameda, 2005.

SAES, Flavio A. M. "São Paulo republicana: vida econômica". In: PORTA, Paula. (Org.). *História da cidade de São Paulo: a cidade na primeira metade do século XX.* São Paulo: Paz e Terra, 2004, v. 3, p. 215-255.

SEBRAE, *Estudo Setorial Minimercados* – Série Estudos Mercadológicos, 2014.

SESC/Museu da Pessoa, *Memórias do Comércio Paulista* – Guia de Acervo, São Paulo: SESC, 2012. Disponível em: www.museudapessoa.ne. Acesso em: 12/03/2020.

SILVA, Joana M. de C.; FERREIRA, Pedro B. S. et all. "A residência Franco de Mello em três tempos, da domesticidade de *Belle Époque* ao Centro de Cultura, Memória e Estudos da

Diversidade Sexual do Estado de São Paulo". *Revista CPC, n. 20,* São Paulo, dez. 2015, p.36-77.

SILVA, Leopoldo F. da. *O comércio nos bairros populares da cidade de São Paulo:* os armazéns de secos e molhados (1914-1921). Dissertação (Mestrado), FFLCH USP, São Paulo, 2011.

TOLEDO, Benedito Lima de. *São Paulo, três cidades em um século.* São Paulo: CosacNaify, 2004.

VIEIRA, Antônio P. "Chácara do Capão", *Revista do Arquivo Municipal.* V. CXLVIII, São Paulo, 1952, p. 113-141.

WOLFF, Silvia F. S. *Jardim América: o primeiro bairro-jardim de São Paulo e sua arquitetura.* São Paulo: Edusp, 2015.

Jornais e documentos

"A Polícia de S. Paulo inimiga da urbanidade." Jornal *Diário Nacional: A Democracia em Marcha* (SP) – 1927/Edição 00136

Coleção de Obras Particulares, Arquivo Histórico Municipal, São Paulo.

Editais da Recebedoria de Rendas da Capital, Arquivo Histórico Municipal, São Paulo.

Exercícios de 1926, 1927, e 1928, Arquivo Histórico Municipal, São Paulo.

Jornal *A Folha de S. Paulo,* 25/6/2016.

Jornal *Correio Paulistano,* 5/7/1919, 1926, 1927 e 1928.

Jornal *O Estado de S. Paulo,* 17/5/1881, 01/10/1898, 10/10/1898, 4/1/1911, 15/8/1948, 5/12/1948, 1/2/1953.

Lançamentos de Impostos por Indústria, 11º Distrito, ano 1929 e 1934, Arquivo Histórico Municipal, São Paulo.

Recebedoria de Rendas da Capital, Exercício de 1926, 1927 e 1928, publicado no jornal *Correio Paulistano,* Edições 22592, 22921 e 23236.

Continua no 22

Continua no 36

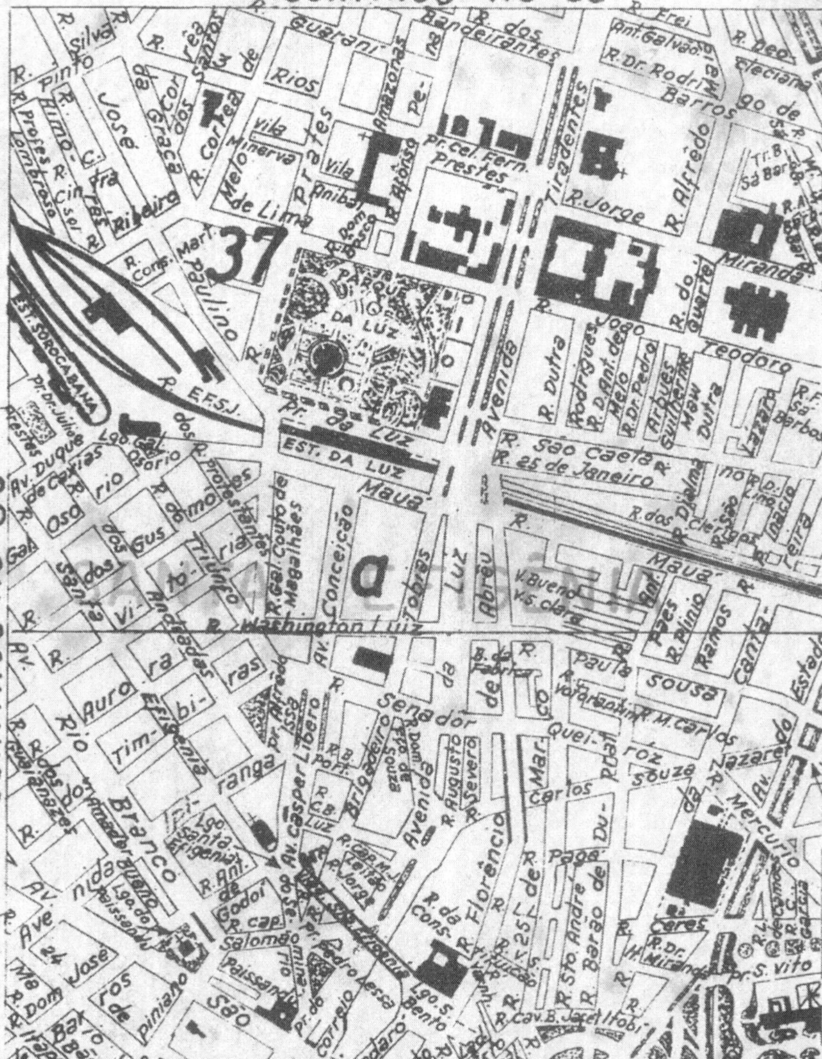

Continua no 51

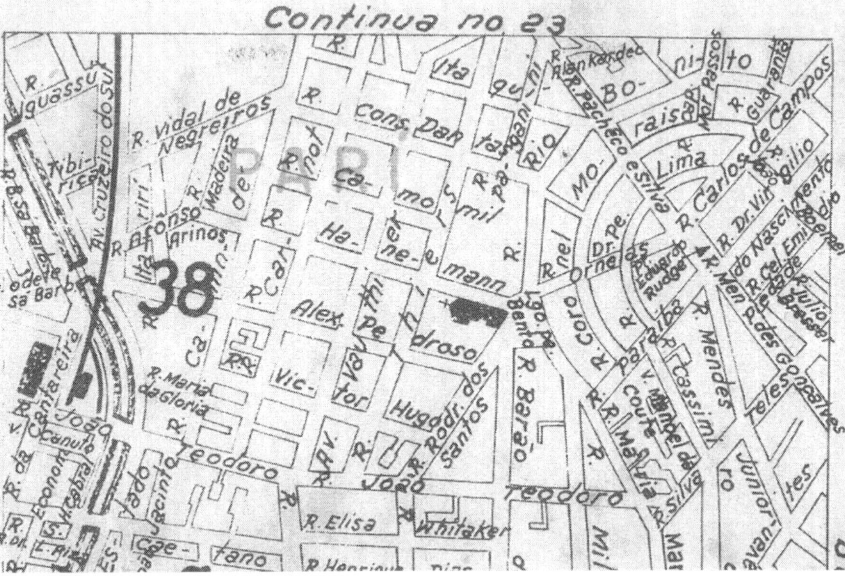
Continua no 23
R. Vidal de Negreiros
Cons. Dan
R. Pacheco e Silva
R. Carlos de Campos
PARI
38
Alex. Pedroso
R. Maria da Gloria
Teodoro
R. Elisa Whitaker
Ca-
tano
João Teodoro

Capítulo 4

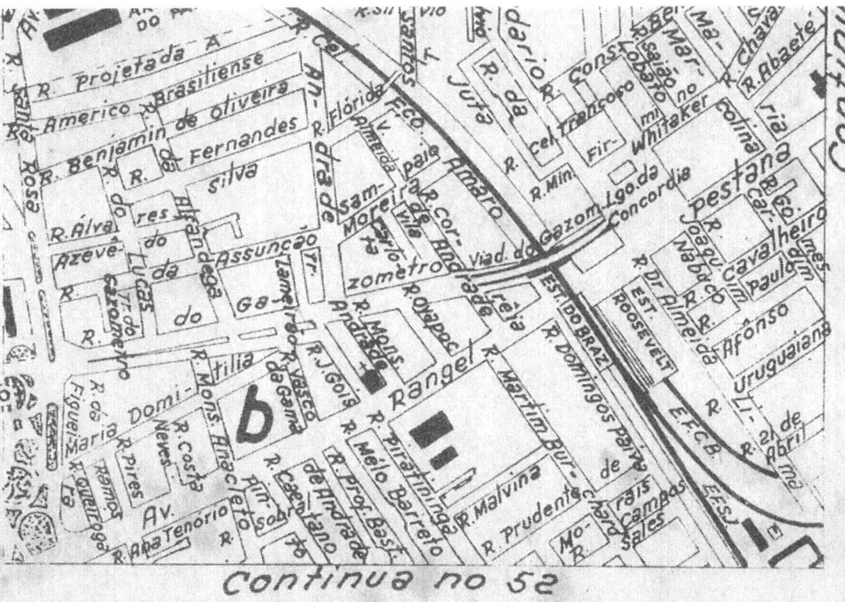
R. Projetada A
Americo Brasilienso
R. Benjamin de Oliveira
Fernandes
R. Florida
Fco. Amaro
Whitaker
Concordia
Viad. do Gazom
Pestana
R. Abaeté
Rangel
R. Domingos Paiva
R. Uruguaiana
R. 21 de Abril
E.F.C.B.
R. Malvina
R. Prudente de Morais
Campos Sales
R. Afonso
Cavalheiro
Continua no 52

Imigrações, roupas e edifícios: a rua José Paulino na metropolização de São Paulo

Stephanie Guerra[1]

Essa é a legítima Goomtex, a capa que veste o Brasil
Modastil faz a elegância do Brasil

Goomtex e Modastil foram duas confecções paulistanas, cujas sedes, como a de inumeráveis outras confecções de São Paulo, eram na rua José Paulino, via nacionalmente conhecida pela concentração de fábricas e lojas de vestuário. Ambas as firmas surgiram no começo da década de 1930 como pequenas oficinas de roupas, no contexto de popularização da produção e venda de roupas prontas no Brasil.[2] Nos anos seguintes, cresceram,

1 Stephanie Guerra é doutoranda na FAUUSP. O presente capítulo é um desdobramento da pesquisa de mestrado *Indústria e comércio de moda no centro de São Paulo: rua José Paulino (1928-1980)*, desenvolvida na mesma instituição, com o apoio da CAPES, entre 2016 e 2018.

2 O surgimento e crescimento da indústria de roupas prontas se deu nos Estados Unidos e em países da Europa Ocidental a partir da segunda metade do século XIX. Transferências de populações do campo para a cidade e conflitos armados foram os principais contextos impulsionadores desse setor industrial. Roupas utilitárias masculinas e uniformes (civis e militares)

passaram por processos de modernização produtiva e mudaram os perfis das roupas que produziam. A evolução das confecções dialoga de perto com as mudanças pelas quais a rua José Paulino passou. De via com diversos tipos de estabelecimentos, que ocupavam construções térreas e sobrados típicos das primeiras décadas do século XX, essa rua passou a abrigar predominantemente confecções sediadas em pequenos edifícios a partir de meados dos anos 1940. A despeito de intervenções nas fachadas, são esses os predinhos que compõem a paisagem atual da José Paulino, de modo que a estruturação, disseminação e desenvolvimento de uma nova atividade econômica implicaram em alterações materiais, estéticas e identitárias no endereço. O presente texto, ao acompanhar as empresas Goomtex e Modastil, mostra como fundadores e proprietários de confecções foram os principais agentes das transformações pelas quais a rua passou.

Provenientes da Polônia, Shaja Zeiger, fundador da Goomtex, e Alexandre Suchodolski, fundador da Modastil, chegaram a São Paulo em 1923 e 1926, respectivamente.[3] Assim como grande parte dos responsáveis pelas aberturas das primeiras oficinas de roupas prontas da José Paulino, eram judeus pertencentes ao grupo étnico ashkenazi, cujos integrantes eram originários de países que passavam por crises econômicas e

---

foram as primeiras modalidades de vestuário a serem produzidas em larga escala, devido à simplicidade de formas e às poucas variações de modelos (GREEN, 1997). No Brasil, o fenômeno se deu mais tardiamente, nas primeiras décadas do século XX, e durante muito tempo, conviveu com uma forte produção própria e manual de roupas, principalmente no âmbito das roupas femininas (MALERONKA, 2007).

3 As informações referentes às trajetórias de Shaja Zeiger e dos demais integrantes da família Zeiger foram obtidas em depoimento de seu neto Sergio Zeiger, concedido à autora em 24/04/2017. As informações referentes à trajetória de Alexandre Suchodolski foram obtidas em depoimento de seu filho Beno Suchodolski, concedido à autora em 28/06/2017.

contextos de perseguição religiosa e/ou política no período entreguerras.[4] Vieram por conta própria, sem incentivos oficiais por parte do Estado brasileiro. A viagem de navio terminava no Porto de Santos, de onde pegavam o trem para a capital. Após desembarcarem na Estação da Luz, tendiam a se fixar em suas proximidades, nas quais já havia conterrâneos previamente estabelecidos. Essa região, ao norte da Estação, corresponde à parte do Bom Retiro, bairro que seria conhecido na cidade como reduto de diversas comunidades estrangeiras.

Ao se estabelecer em São Paulo, a primeira ocupação de Salomão, nome adotado por Shaja Zeiger no novo país, foi como vendedor ambulante de bens não duráveis, tais como roupas, acessórios e itens de cama, mesa e banho. A profissão de mascate era popular entre imigrantes recém-chegados de diversas nacionalidades, e supria demandas crescentes por parte de habitantes de cidades em processo de metropolização, como São Paulo a partir dos anos 1920.[5] Tendo a rua como espaço de trabalho, o investimento inicial exigido era baixo, e a sociabilidade imposta pela atividade forçava a progressão no novo idioma.[6] A José Paulino de então, que até pouco tempo antes respondia por "rua dos imigrantes", era frequentada por esses mascates, tanto para a obtenção de mercadorias como para a própria atividade

4 Entre 1930 e 1945, foram abertas 310 confecções no Bom Retiro, das quais menos de 10 eram de proprietários não judeus (FELDMAN, 2013). Das 310 confecções abertas, 47% localizavam-se na rua José Paulino (MANGILI, 2009).

5 Apesar da importância dos mascates no período aqui analisado, a presença de imigrantes como distribuidores de mercadorias para bairros e adjacências da cidade é anterior e remonta à segunda metade do século XIX.

6 Para uma abordagem distinta da rua como espaço de trabalho, ver o capítulo "Os sentidos da rua em João Antonio: três malandros na noite de São Paulo" deste livro, de autoria de Ana Castro.

de venda.[7] Apesar de desgastante, era possível a obtenção de ganhos financeiros em intervalos relativamente curtos de tempo, e, após alguns anos de trabalho, Salomão pôde custear as viagens ao Brasil da esposa Felga e dos filhos David, Chaim e Malka.

Além das passagens de navio, os recursos de Salomão obtidos com a venda ambulante também permitiram a abertura de uma oficina na José Paulino, a via de maior movimento da região. Por ser a alfaiataria uma velha conhecida, ternos masculinos feitos sob medida eram o produto ofertado pelo pequeno negócio. A técnica já era explorada na cidade natal de Kowel (hoje pertencente à Ucrânia), onde Salomão foi sócio de uma oficina produtora de trajes formais para homens. Contudo, o contexto e as condições não o permitiram manter-se na posição de proprietário do próprio negócio nos primeiros anos vividos no Brasil.

O cotidiano de trabalho no número 52 da José Paulino contava com a ajuda do primogênito David para a realização de entregas de encomendas, cobranças de pagamentos e demais interações com a clientela, pois o filho tornara-se mais desenvolto no português do que o pai. O recibo emitido em sete de junho de 1931 para Leon Chmileritz informa que o cliente havia pagado à vista três casacos, e que a produção dos recibos da oficina ficava a cargo da Tipografia de Marcos Frankenthal, localizada no

7 Antigo caminho de conexão entre as proximidades da Estação da Luz e a várzea do rio Tietê, a via em questão passou a ser percurso frequente de estrangeiros que desembarcavam na Estação e se dirigiam à primeira Hospedaria de Imigrantes de São Paulo, fundada em 1881 e estabelecida até 1888 na rua Tenente Pena, sua última transversal (MANGILI, 2009). Assim, era conhecida como "rua dos imigrantes", em alusão a esses estrangeiros que compunham boa parte do fluxo da via. Em 1916, passou a se chamar José Paulino, em homenagem ao comerciante de café e filantropo de mesmo nome, falecido no ano anterior (*Revista Shalom*, 02/1967, p. 8).

número 49 da mesma rua (Figura 1). A grafia dos sobrenomes (Frankenthal, Zeiguer – que aparece como variação de Zeiger – e Chmileritz) indica que, já no início da década de 1930, cadeias formadas por fornecedores, oficinas e clientes podiam ser inteiramente compostas por imigrantes judeus, evidenciando traços da vida associativa da comunidade que se estabelecia no principal corredor comercial do Bom Retiro e em suas ruas adjacentes.

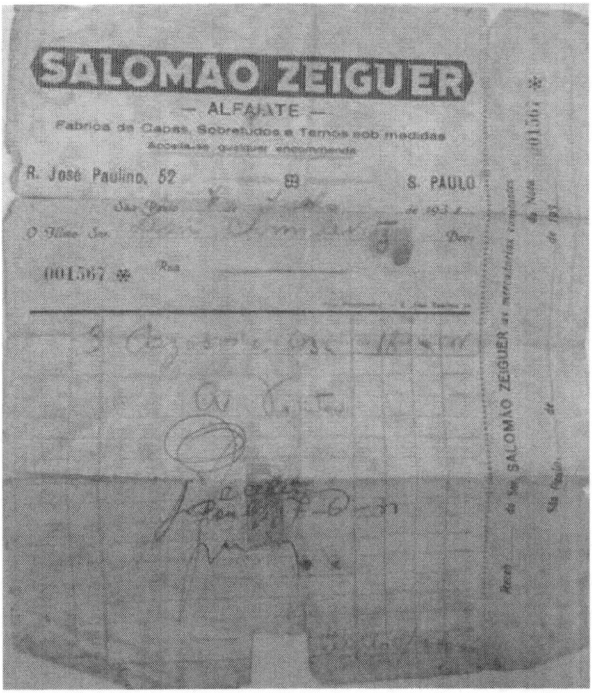

Figura 1 – recibo da Fábrica de Capas, Sobretudos e Ternos sob medida Salomão Zeiger de sete de julho de 1931. Fonte: acervo pessoal Sergio Zeiger.

À época, David Zeiger estudava na Escola de Comércio Tiradentes, e na caderneta do estudante datada de 1934, consta, como endereço residencial, o mesmo endereço da oficina da família, revelando que o imóvel era utilizado como moradia e local de trabalho concomitantemente (Figura 2). Entretanto, o imóvel não permaneceu muito tempo ocupado pela família Zeiger, pois no ano seguinte, foi erguido o Edifício Palacete Luz no terreno triangular que se inicia no vértice formado pelas ruas José Paulino e Prates, englobando, entre outros lotes, o 52. Unidades comerciais compunham o térreo, e apartamentos residenciais ocupavam os demais seis andares do empreendimento. Com linguagem *art déco* e um dos pioneiros da cidade no uso de concreto armado na estrutura, o projeto do Edifício Palacete Luz foi feito pelo arquiteto Marcos Kornet, um imigrante judeu (KOULIOUMBA, 2011). Assim, o projeto de Kornet sugere que a atuação da comunidade judaica em dinâmicas imobiliárias na José Paulino não se restringia à construção de edifícios para as confecções, antecedendo a onda de verticalização iniciada na década de 1940 com o surgimento dos predinhos que encontramos ainda hoje na rua.

Figura 2 – Caderneta de estudante de David Zeiger da Escola de Comércio Tiradentes de 27 de março de 1934. Fonte: acervo pessoal Sergio Zeiger.

Com o início das obras do Palacete Luz, a residência familiar e a Fábrica de Capas, Sobretudos e Ternos sob medida de Salomão Zeiger foram desalojadas do número 52, e a família as transferiu para a casa de número 91, do outro lado da rua, poucos metros adiante da anterior (Figura 3). São vários os estabelecimentos sediados na via que ocuparam mais de um imóvel na José Paulino, com mudanças de endereço frequentes por parte de seus proprietários. Essa corrente mobilidade era provavelmente impulsionada por dinâmicas imobiliárias como reformas, demolições, novas construções e despejos. As oficinas podiam mudar de lote, mas tendiam a permanecer na José Paulino, uma vez que esta já se encontrava em processo de valorização comercial. Se entre 1930 e 1947, todas as transações de imóveis na José Paulino envolveram integrantes da comunidade judaica (MANGILI, 2009), pode-se supor que a maioria delas estava relacionada ao trabalho no qual expressiva parte da colônia estava envolvida: a produção e venda de roupas. Assim, verifica-se como a própria construção da rua é indissociável da história da atividade econômica que nela se estabelecia.

Figura 3 – carimbo da Fábrica de Capas e Ternos sob medida Salomão Zeiger. Sem data. Fonte: acervo pessoal Sergio Zeiger.

As primeiras experiências de inquilinato da família Zeiger corroboram o padrão comum de ocupação nos anos 1930 da porção do Bom Retiro mais próxima à Estação da Luz e ao centro da cidade.[8] Pequenos negócios encabeçados por estrangeiros proliferavam nas ruas, ocupando imóveis alugados para trabalho e moradia simultaneamente (MANGILI, 2009). Representados majoritariamente por casas térreas e sobrados, esses imóveis tinham sido originalmente concebidos como residências e/ou armazéns. Quando ocupados pelas oficinas de roupas prontas, essas normalmente funcionavam na área mais próxima da rua, seja na parte da frente de uma casa térrea, seja no pavimento térreo de um sobrado. Uma das adaptações mais frequentes ao uso comercial era a abertura de múltiplas portas em uma mesma construção com o objetivo de intensificar as interações entre os espaços público e privado (Figura 4).

Grande parte desse casario tinha sido construído por integrantes das comunidades italiana e portuguesa, cujas presenças no Bom Retiro são anteriores à judaica. As fachadas possuíam frisos e ornamentos característicos de uma arquitetura produzida nas primeiras décadas do século XX em São Paulo, cujos remanescentes ainda são encontrados em bairros paulistanos centrais originários da urbanização do antigo cinturão de chácaras, como Brás, Bixiga, Barra Funda, Bela Vista, Santa Cecília,

8 A porção do Bom Retiro mais próxima às várzeas do rio Tietê possui padrão de ocupação distinto até os dias de hoje. A densidade é menor e os lotes tendem a ser maiores do que na parte mais perto do Centro. Algumas confecções que expandiram sua produção transferiram seus setores fabris para galpões situados perto dos rios, mas mantiveram seus pontos comerciais na José Paulino e adjacências. Ao mesmo tempo em que ganhavam mais espaço em imóveis não tão valorizados comercialmente, mantinham uma logística favorável, uma vez que o trajeto fábrica-loja se mantinha curto.

o próprio Bom Retiro, entre outros. Na José Paulino, entretanto, são raríssimos os exemplos dessa arquitetura, pois a substituição pelos edifícios de pequeno porte foi a tônica do desenvolvimento urbano da rua no século XX.

Figura 4 - Rua José Paulino em 1942. Fotografia de Benedito Junqueira Duarte. Fonte: Acervo Digitalizado da Casa da Imagem.

A inserção profissional como mascate era frequente na vida de imigrantes que se fixaram na José Paulino, contudo, não era a única. Alexandre Suchodolski veio para São Paulo com dezoito anos de idade para visitar a irmã que aqui já residia. Após temporada em Buenos Aires, onde frequentou curso técnico especializado em processos têxteis, retornou a São Paulo no início da década de 1930.[9] De volta ao Bom Retiro, alugou um quarto em

9 Buenos Aires, assim como Nova York, Paris e outras cidades no mundo, possui um bairro com características também encontradas no Bom Retiro: concentração de confecções, comércio atacadista, localização central, reduto de comunidades estrangeiras e proximidade com a infraestrutura de transportes. A historiadora estadunidense Nancy Green (1997) criou o termo *distritos têxteis urbanos* para a denominação desse tipo de bairro. No caso da capital argentina, é o bairro Once que cumpre essa fun-

uma residência familiar, outra modalidade recorrente de moradia inicial para estrangeiros. Na eclosão do conflito armado conhecido como Revolução de 1932, Alexandre, que vivia há pouco tempo em São Paulo, alistou-se para lutar ao lado das forças paulistas contra o exército nacional do então presidente Getúlio Vargas, o que indicava uma vontade e um esforço de inserção naquela sociedade. Devido aos conhecimentos prévios, foi alocado na gestão de uma fábrica de uniformes para soldados constitucionalistas. Ao término do conflito, a experiência com a fabricação seriada de fardas foi redirecionada pelo próprio Alexandre para a fabricação seriada de roupas para civis.

Em 1936, Alexandre associou-se à Guilherme Krasilchik e juntos fundaram a Confecções Modastil, especializada em "roupas para senhoras finas".[10] Com corpo de funcionários enxuto e estrutura de produção artesanal, os sócios começaram como inquilinos de um proprietário italiano no número 106 da José Paulino. No início dos anos 1940, a Modastil passou a funcionar no número 378 da mesma rua, com os sócios dessa vez inquili-

---

ção. Lá, também foi a comunidade judaica a protagonista da especialização do bairro na fabricação e venda de roupas prontas. Tendo na Argentina a formação, as condições para seu desenvolvimento profissional e a proximidade com a comunidade judaica, o retorno de Alexandre a São Paulo possivelmente está relacionado à presença de sua irmã na cidade.

10 Além de sócio da Modastil, Guilherme Krasilchik, também imigrante judeu polonês, foi presidente da Cooperativa Popular de Crédito do Bom Retiro, instituição fundada em 1928 pela comunidade judaica. O principal objetivo da cooperativa era criar condições para que o estrangeiro recém-chegado se iniciasse na vida profissional. A instituição concedia empréstimos a juros baixos e é um caso ilustrativo de como as redes sociais de imigrantes de mesma etnia podem ser fundamentais na inserção social deles no novo país. A cooperativa promoveu o enriquecimento progressivo da comunidade judaica como um todo, criando condições para os investimentos iniciais por meio da circulação de capital coletivo (MACEDO, 2005).

nos de outro imigrante originário da Itália. Tratava-se de um sobrado grande que havia passado por reforma para adaptação aos novos usos. Na parte da frente do térreo, funcionava a Modastil, e nos fundos havia um quintal. Diversos arranjos eram permitidos na multiplicidade de usos dos imóveis da José Paulino, como mostra esse caso, onde o andar superior servia de residência não para as famílias dos proprietários da Modastil, e sim para a família do próprio locatário do sobrado (Figuras 5 e 6).

Figuras 5 e 6– À esquerda, anúncio da Modastil de 1938, com endereço rua José Paulino, 106-A. *A Gazeta Israelita*, 01/06/1938, p. 5. À direita, anúncio da Modastil de 1941, com endereço rua José Paulino, 378. *A Gazeta Israelita*, 10/04/1941, p. 13. Fonte: Centro de Memória do Museu Judaico de São Paulo.

A diversidade de usos e a variedade de arranjos nos lotes replicavam-se na escala da rua. Apesar da disseminação dos estabelecimentos produtores de artigos de vestuário nas décadas de 1930 e 1940, os imóveis mistos que abrigavam oficina e residência ainda dividiam espaço com serviços, instituições e comércios variados. Alguns também pertenciam a imigrantes judeus e serviam como espaços de sociabilidade para a comunidade, como o Bar, Restaurante e Buffet Jacob, de Jacob Givertz, localizado no 576. A Panificadora Casoy, de Isaac Casoy, além da produção dos pães, importava alimentos típicos da cozinha judaica como peixes defumados e os vendia no número 668. Ainda no ramo da alimentação, havia o Bar, Restaurante e Bilhar Cosmopolita (463) e a fábrica de doces de Luiz Kauffmann. Como representante dos periódicos que circulavam pela comunidade, a sede do *A Gazeta Israelita* ocupava o edifício 49 da rua. O Clube de Cultura e Progresso, instituição mãe do Instituto Cultural Israelita Brasileiro, posteriormente renomeado de Casa do Povo, organizou suas primeiras reuniões na sobreloja do 64. A Cooperativa de Crédito Popular do Bom Retiro funcionou em dois endereços na José Paulino (82 e 280) antes de se fixar de forma definitiva na Rua da Graça, não muito longe dali. A Associação dos Israelitas Poloneses era no 150, e o Comitê de Senhoras Lituanas Israelitas no 200. Ao lado, em uma das salas da sobreloja do 202, atuava o Comitê de Socorro aos Israelitas Sobreviventes da Guerra na Bessarábia.[11]

11 O mapeamento das diversas instituições, estabelecimentos e confecções sediados na José Paulino foi realizado a partir de pesquisa em periódicos editados por integrantes da comunidade judaica, como *A Gazeta Israelita*; *Aonde Vamos?*; *Nossa Voz*; *O Homem Livre*; *O Novo Momento*; e *Revista Shalom*. O acesso aos periódicos se deu pelas hemerotecas do Centro de Memória do Museu Judaico de São Paulo e da Biblioteca Nacional.

Entre essa série de instituições, negócios e serviços da José Paulino, até cinema tinha. Inaugurado em 1935, o pequeno Cine Lux fez parte da primeira geração de salas de cinema de rua de São Paulo. Em contraposição aos grandes cinemas do centro, pequenas salas como o Lux espalhadas pela cidade garantiam acesso à sétima arte sem a necessidade de grandes deslocamentos, sem precisar "ir à cidade", para utilizar expressão da época que se referia aos deslocamentos à região central. O Lux ocupava o número 226 da José Paulino e era vizinho ao 218/220, um pequeno edifício para o qual a família Zeiger havia migrado no começo da década de 1940. Tanto o 226 quanto o 218/220 possuíam fachadas trabalhadas com motivos retilíneos que as aproximavam do *art* déco, linguagem em voga em prédios construídos na rua na década de 1930, a exemplo do já mencionado Palacete Luz (Figura 7).

No 218/220, a separação de funções se dava por pavimento: no térreo, funcionava o espaço comercial, no primeiro pavimento o industrial, e no segundo, a residência da família que, à medida que os filhos foram se casando, restou para uso exclusivo de Salomão e Felga Zeiger. Aqui, finalmente a família viu-se proprietária.[12] Pai e filho continuaram trabalhando juntos, progressivamente diminuindo a produção de ternos sob medida e aumentando a de um novo artigo, as capas de chuva estandardizadas. O ponto de inflexão do negócio foi a renomeação no momento da transferência para a nova sede: sai o nome do proprietário e entra um neologismo: Goomtex é a junção de *goom*, borracha em inglês (material usada na fabricação das ca-

12 Sobre a importância da aquisição de imóveis para setores médios de São Paulo no início do século XX – seja para moradia própria, seja como fonte de renda por meio da cobrança de aluguéis –, ver o artigo "Deambular pela cidade: histórias da construção e dos usos da avenida Celso Garcia (1893-1915)", de Philippe Arthur dos Reis, presente neste livro.

pas de chuva) com *tex*, primeira sílaba da palavra têxtil. A mudança de nome consolidava o processo de modernização, pois se o nome do proprietário personalizava e referenciava o controle da produção, a utilização de vocabulário em inglês demonstrava vontade de associação com os Estados Unidos, país que exercia crescente influência cultural no Brasil da época.

Figura 7 – Fachadas do Cine Lux e da Goomtex. Autoria desconhecida. Sem data. Fonte: acervo pessoal Sergio Zeiger.

A transição da Fábrica de Capas, Sobretudos e Ternos sob medida de Salomão Zeiger para a Goomtex foi agenciada a partir de algumas mudanças. A alfaiataria foi cedendo espaço às capas de chuva. À utilização de tecidos orgânicos foram adicionados os sintéticos, como a borracha e o gabardine. A produção passou de artesanal para industrial por meio da mecanização de etapas da manufatura e do aumento da demanda decorrente do crescimento populacional contínuo de São Paulo. O processo de modernização do negócio culminou na mudança de imóvel, endereço e *status*. Se a pequena oficina ocupou sobrados alugados e adaptados ao trabalho, a confecção passou a funcionar em edifício próprio com tipologia moderna à época e espaços pensados especificamente para o funcionamento de atividades industriais e comerciais. Do estabelecimento produtor de ternos para integrantes da comunidade judaica residente no Bom Retiro, surgiu uma marca de capas de chuvas que *vestia o Brasil*. Contudo, as mudanças foram acompanhadas de duas permanências: a administração familiar e a localização na rua José Paulino, que por sua vez não permanecia incólume às transformações pelas quais passavam os estabelecimentos nela sediados, a exemplo da Goomtex.

Por ser conhecida como terra da garoa desde o século XIX, o comércio de capas de chuva em São Paulo fervia. Apesar de ser uma das pioneiras, a Goomtex não foi a única fabricante de capas de chuva da José Paulino. A Capas Progresso/Manufatura Goldenberg Ltda. ocupava o segundo andar do prédio de número 126; a Indústria e Comércio de Sobretudos e Capas Camelpyl, de Moysés Rosenthal, estava presente no número 155; no número 200 havia a Belfast; Geraldo Hohenstein alugava um salão no primeiro andar do edifício 233/235, onde funcionava sua Capas e Blusões D'Aqui; Lejba Holcman instalou sua Fábrica de Capas Noel no número 244; a Capas Dragutin funcionava no 505; e Z.L.Bulka e sua Fábrica de Capas e Jaquetas Bulka podiam ser encontrados no número 563 da rua.

Produtores de guarda-chuvas e sombrinhas também marcavam presença, pois apesar do já disseminado uso do automóvel, a parcela da população pedestre e dependente do transporte público ainda era muito significativa, o que fazia do guarda-chuva e da sombrinha, além da capa, objetos importantes para serem carregados no dia-a-dia dos transeuntes da cidade. A loja Majer, dos sócios Ickowicz & Goldbach, encontrava-se logo no começo da rua, em um dos lotes térreos do Edifício Palacete Luz, sendo que a matriz da fábrica encontrava-se a poucos metros dali, no número 585 da José Paulino; a Fábrica de Guarda-chuvas Tal, de José Snitcovsky, localizava-se no número 106; a Indústria e Comércio de Guarda-chuvas Gustavo Benda no número 428; a Flewol Ltda., dos sócios Fleider & Volach, no número 534; e a fábrica Alegre, do casal Lustig, no número 573.

Já as lojas de roupas para senhoras começaram a ganhar maior destaque no comércio da José Paulino a partir da década de 1950, concomitantemente à ascensão do *prêt-à-porter* feminino nos Estados Unidos e em países da Europa Central, especialmente na França. Os processos de modernização pelos quais passou a Modastil de Suchodolski e Krasilchik foram acompanhados de um refinamento na produção de *tailleurs* e *manteaux*, carros-chefes da confecção. A influência francesa ia além do vocabulário: os modelos produzidos pela Modastil eram adaptados de desenhos saídos de revistas de moda francesas. Assim, além das confecções produtoras de roupas utilitárias, a rua passou a incluir, entre as opções para seus frequentadores, confecções que se projetavam como marcas de moda lançadoras de tendências, como a própria Modastil.

Além dela, outros fabricantes de roupas femininas incluíram o esforço de alinhar mais suas roupas com o que estava sendo produzido concomitantemente nos centros difusores de tendências. "Luxo", "modas", "roupas finas" (em contraposição a "roupas prontas") e outros termos que comunicavam sofisticação passaram a ser frequentes nas fachadas dos estabelecimentos e nos anúncios publicados em periódicos. Assim, se a Goomtex pegou emprestado a primeira sílaba de "têxtil", a Modastil se aproveitou da segunda sílaba da mesma palavra ("til"), inserindo o termo "modas" na frente. Outros proprietários seguiram na mesma direção, como Ghers Sister, que utilizou dessa tática na sua confecção A Distinta, cuja fábrica era no início da José Paulino, no número 76. Assim também o fez A. Tenenboim, que fixou a sua Spiter Confecções de Luxo no primeiro andar do número 86 da José Paulino.[13] Já a Casa de Modas Oceania, do casal Sara e Fawel Slomka, ocupava o número 140.

Os demais estabelecimentos de moda feminina seguiam acompanhando a numeração da José Paulino com seus nomes incrementados: Simão R. Gandelman tocava suas Confecções Finas para Senhoras no número 168;[14] N.M. Okrent administrava a Fábrica de Roupas para Senhoras no 223; a Strict Modas, dos sócios Tajtelbaum & Sznajder, era no 233; o Atelier de Peles Nutria, dos sócios Knobloch & Taszman, funcionava na sala quatro do segundo andar do número 252; a Confecções Copacabana, de

13 Os endereços das confecções que ocupam salões em pavimentos superiores de imóveis nos fazem pensar que provavelmente essas firmas eram menores e possuíam atuação mais concentrada, ou até mesmo limitada, ao atacado. A ausência de interface com a rua sugere que eram espaços de produção e administração, não de venda direta ao cliente. Apesar de atualmente existirem na rua lojas que ocupam esses salões superiores, a atração de clientes nesse caso se dá por meio de comunicação visual intensa na fachada e/ou no térreo do edifício. Entretanto, a comunicação visual passará a ser mais marcante na rua somente no final dos anos 1960, como consequência do aumento da participação do varejo nas vendas das confecções da rua.

14 Era recorrente o emprego do termo "senhoras" na descrição de estabelecimentos produtores de roupas femininas e mistas (esses últimos normalmente continham a descrição "roupas para homens, senhoras e crianças" em seus anúncios). A utilização do termo indica que, por mais que na prática, a clientela alvo fossem as mulheres como um todo, independentemente do estado civil, no discurso a mulher casada aparecia como a cliente ideal.

A. Miednicki, também ocupava um salão superior, o do prédio 388; a Confecções Finas Jacob, de Goldman & Fajersztajn, ficava no número 397; a Faintex, de S. Fajnzylber era no número 490; Helena e Simão Neumark incluíam a fabricação de roupas íntimas na Helenform, presente na numeração 428; a Confecções Mimosa podia ser encontrada na numeração 527/531; o Comércio e Indústria de Roupas Derol era no número 442; a Confecções Belma possuía fabricação própria de lingeries, blusas e saias no número 539; a Alvorada, de Abram C. Eksterman tinha como endereço o número 682 da José Paulino.

Tanto o slogan da Modastil (*Modastil faz a elegância do Brasil*) quanto o da Goomtex (*Essa é a legítima Goomtex, a capa que veste o Brasil*) projetavam a influência das marcas para todo o território nacional. Isto porque, à esta altura, o comércio praticado na José Paulino já havia se tornado predominantemente o atacado, com significativa parcela dos clientes composta por proprietários de outras lojas, que atuavam apenas no comércio. Poderiam ser lojas localizadas em outras regiões da cidade, desde pequenas boutiques de bairro até grandes magazines da época, como Clipper e Exposição. Mas poderiam ser também comerciantes e empresários provenientes de outras cidades e estados. Desta maneira, muitos consumidores finais das roupas produzidas nas confecções sediadas na rua eram cidadãos de outras regiões do país. Assim, se no contexto mundial, a França era a principal lançadora de tendências (seguida por Estados Unidos e Inglaterra), quando as novidades chegavam ao Brasil, eram principalmente disseminadas a partir de polos de confecções como o Bom Retiro, situados em metrópoles como São Paulo.[15]

15 Esse processo é análogo ao que ocorre na contemporaneidade, pois o polo de confecções do Bom Retiro continua sendo um centro predomi-

O predomínio do atacado não excluía por completo o varejo. Na Modastil, a venda direta, com funcionários interagindo diretamente com clientes, ocorria, ainda que em menores quantidades. Uma terceira modalidade fazia-se presente. Era a venda por meio de prestamistas (ou clientelistas), uma espécie de evolução da atividade de mascate.[16] Eles não perambulavam mais pelas ruas conquistando consumidores de ocasião, mas continuavam a ser comerciantes autônomos. No entanto, nesse momento, atuavam em espaços privados, deslocando-se da sede da confecção na José Paulino diretamente para os endereços de seus clientes mais ou menos fixos (majoritariamente pessoas físicas), para os quais apresentavam os mostruários das coleções da Modastil. Os clientes então faziam os pedidos e os prestamistas eram responsáveis por repassar os pedidos para a confecção e organizar os pagamentos, nos quais já estavam inclusas as comissões dos intermediários, previamente acordadas com a confecção. As três modalidades de venda (atacado, varejo e clientelismo) estavam presentes na maioria das confecções da José Paulino, em maior ou menor grau.

O aumento da participação da moda feminina e a consolidação da José Paulino como centro de abastecimento nacional

---

nantemente atacadista. Segundo a Câmara dos Dirigentes Lojistas do Bom Retiro, 55% da moda feminina produzida no Brasil em 2015 saiu do bairro.

16 Apesar de uma presença mais constante nas ruas nas primeiras décadas do século XX, os mascates mantiveram-se presentes na cidade ao longo das décadas subsequentes. Entretanto, passou a ser mais comum a atuação deles em bairros mais distantes do Centro, que se formavam à medida que a mancha urbana se espalhava. Com a consolidação do polo industrial do ABC, vendedores ambulantes adquiriam mercadorias nas ruas centrais com comércio intenso, como José Paulino e Vinte e Cinco de Março, e iam vendê-las nos bairros que se estabeleciam nas franjas da cidade e nos pequenos municípios vizinhos.

de roupas nos anos 1950 foi acompanhada da intensificação do processo de verticalização iniciado na década anterior. Edifícios estreitos, austeros e de baixo gabarito começaram a proliferar na rua, somando-se aos exemplares surgidos nas décadas anteriores, como o que abrigava a Goomtex. Gradualmente, foram substituindo o casario construído nas primeiras décadas do século. O processo de mudança na paisagem foi acompanhado das transferências das propriedades dos lotes. Parte dos proprietários de confecções direcionaram ganhos obtidos pela produção e venda de roupas para tornarem-se também proprietários de imóveis no logradouro. Alguns adquiriram o prédio recém construído, como a família proprietária da Goomtex, mas tinha também quem participasse do processo de construção, como os sócios da Modastil.

Suchodolski e Krasilchik adquiriram o lote 486/488 da Companhia Light. Junto a seus vizinhos, o 486/488 compunha anteriormente o terreno no qual funcionava a estação final de bondes da Light no Bom Retiro. Após prolongamento das linhas do bonde, a companhia desativou a garagem na José Paulino, parcelou o terreno e colocou os lotes à venda. Um arquiteto de sobrenome judaico (Raw) foi responsável pelo projeto do prédio que serviria de nova sede para a confecção. No final da década de 1950, a nova sede foi inaugurada em edifício composto de térreo, sobreloja e três pavimentos tipo, com duas entradas independentes. O número 486 corresponde a uma estreita porta lateral que dá acesso à escada para os andares superiores. O 488 responde pela entrada central e mais larga, acesso à loja da confecção localizada no térreo do imóvel.

O programa dos pavimentos restantes servia às demais atividades da confecção: administração, estoque, corte, costura, finalização e espaço reservado para a realização de desfiles internos, nos quais seriam selecionados os modelos a serem disponibilizados para produção em larga escala. O lote segue o padrão dos demais da região: estreito, comprido e sem recuos. Como consequência, a fachada do edifício também acaba por ser estreita, o que dificulta a instalação de vitrine na loja localizada no térreo. A ausência de vitrine na época da inauguração do edifício não parece ser muito problemática, devido justamente ao sistema de vendas predominante. O atacado praticado pelos judeus funcionava a partir de encomendas. Os clientes escolhiam os produtos que queriam em grande quantidade a partir da consulta ao mostruário da Modastil. Só após a consolidação do pedido é que se iniciava a produção. Assim, era o mostruário, e não a vitrine, a estratégia de comunicação mais utilizada na apresentação dos produtos ao cliente.[17]

A sequência ininterrupta de edificações configura alta densidade de ocupação na José Paulino, resultante da replicação de predinhos com a mesma tipologia do Edifício Modastil. Trata-se de uma arquitetura pensada por arquitetos e engenheiros civis não há muito tempo formados nas escolas de engenharias e nas primeiras turmas dos cursos de arquitetura da cidade. Preceitos advindos do modernismo, como racionalização do processo construtivo, ausência de ornamentos e ênfase funcionalista foram aplicados. Tal qual a consolidação da José Paulino como centro de abastecimento nacional de roupas ocorreu paralelamente ao movimento de afirmação da indústria paulista no cenário nacional, a construção dos edifícios para o funcio-

17 A vitrine tem maior importância em centros de comércio varejistas ou atacadistas de pronta-entrega, como é o caso da José Paulino de hoje. Nesses modelos, a vitrine é fundamental para apresentar os produtos aos clientes e atraí-los para o interior da loja.

namento das confecções ocorreu no contexto de verticalização e disseminação de edifícios de linguagem racional em São Paulo. São arquiteturas quase singelas, comuns em outros bairros paulistanos centrais de intensa atividade comercial. Como normalmente localizam-se em áreas com grande quantidade de estímulos visuais e sonoros, esse conjunto arquitetônico, apesar de constituinte da paisagem urbana paulistana, por vezes passa quase despercebido no cotidiano dos transeuntes (Figura 8).

Figura 8 – Edifício sede da Modastil, localizado na numeração 486/488 da José Paulino. Fotografia da autora em 2/11/2017.

Alguns exemplares das novas construções ainda mantinham pavimento reservado à moradia dos proprietários, mas esse não era o caso do Edifício Modastil. A família de Alexandre Suchodolski residia há poucas quadras dali, na esquina das ruas

Três Rios e Prates, em outro predinho que responde pelo mesmo nome: Edifício Modastil. Este sim havia sido o primeiro investimento imobiliário de Suchodolski, uma construção mista com lotes comerciais no térreo e apartamentos residenciais nos pavimentos superiores disponíveis para venda e aluguel. O nome não deixa dúvidas de que fora construído, entre 1946 e 1948, com recursos advindos das atividades da confecção. Alexandre, esposa e filhos lá residiram até 1955, quando se transferiram para Higienópolis, em movimento análogo ao feito pelo casal Salomão e Felga Zeiger após aquisição de imóvel no bairro do Pacaembu. No entanto, a mudança de casa pelos fundadores da Goomtex não os impediu de continuarem indo frequentemente à José Paulino para a realização de compras e idas a serviços e eventos sociais. Desse modo, percebe-se como processos de ascensão social nem sempre são homogêneos, e a subida de patamar econômico não necessariamente é acompanhada de mudanças imediatas nos hábitos culturais e nos espaços sociais frequentados.

A despeito da consolidação da popularidade da José Paulino ter ocorrido paralelamente à evolução das confecções nela sediadas, estas possuem histórias que seguem temporalidades diversas. Em 1959, enquanto estava sendo inaugurado o Edifício Modastil (o da José Paulino), a Goomtex fechava suas portas. A empresa, tal qual grande parte das confecções dos anos 1940 e 1950, era especializada na produção de determinado artigo, seja capas de chuva, guarda-chuvas, ternos, chapéus, gravatas, camisas, *manteaux*, *tailleurs*. As identidades destas firmas dependiam da exploração desses artigos, com caracterizações como "o verdadeiro...", "a legítima...", "o melhor...", "a inconfundível..." frequentemente presentes nos anúncios. Num certo sentido, a Goomtex representa o modelo de confecção cuja tradição não se aliou de maneira tão bem-sucedida às novas demandas de inovação constante, cada vez mais presentes na indústria do vestuário a partir do final dos anos 1950.

David Zeiger, à frente da empresa nesse período, tornou-se sócio do sogro na Pullsport, conhecida malharia paulistana dos anos 1960. Diferentemente da Goomtex e mais próxima do perfil da Modastil, a Pullsport lançava coleções sazonais alinhadas com as tendências contemporâneas do *prêt-à-porter*. Se a primeira geração dos Zeiger continuou frequentando o Bom Retiro mesmo após a transferência da moradia para o Pacaembu, a segunda geração deslocou definitivamente o eixo casa-trabalho para os bairros Jardim Paulista (residência do núcleo familiar de David Zeiger) e Aclimação (fábrica da Pullsport).

Esses deslocamentos pela cidade anunciam como processos de mobilidade social relacionam-se com as transformações nos espaços sociais da metrópole. O movimento de transferir a residência do Bom Retiro para os "bairros do outro lado da linha do trem" foi recorrente entre famílias proprietárias de confecções na José Paulino. As suntuosas casas do Pacaembu, como no caso da primeira geração dos Zeiger, e os edifícios modernistas de Higienópolis, como no caso dos Suchodolski, eram os destinos mais comuns.[18] Não são bairros muito distantes do Bom Retiro, onde ainda se localizava o trabalho. É justamente o êxito no trabalho, ou seja, o crescimento das confecções, que corrobo-

18 A partir da década de 1940, inicia-se o processo de verticalização de Higienópolis a partir da substituição de casarões por edifícios residenciais. Parte desses novos empreendimentos imobiliários do bairro contavam com a participação de judeus, fossem investidores, engenheiros, arquitetos ou construtores, indicando que a atuação da comunidade judaica na verticalização de São Paulo não se restringiu ao território do Bom Retiro (CHERMONT, 2011).

rou para que a José Paulino se tornasse mais comercial. A intensificação do perfil comercial da rua incrementou fluxos (pessoas e mercadorias), aumentou o barulho, e atraiu mais infraestrutura de transporte para as proximidades, como linhas de ônibus e estações de metrô. Essas mudanças objetivas incentivaram o aumento da procura por zonas residenciais de alto padrão, que costumavam ser mais tranquilas e silenciosas, mas certamente aspectos subjetivos também tiveram sua influência. Mudar-se para onde muitos do seu mesmo grupo social estão mudando mantinha aceso o sentimento de pertencimento à determinada comunidade. Soma-se a isso a própria valorização social que florescia na mudança para bairros tradicionalmente tidos como de elite em São Paulo.[19]

Quem permaneceu na rua viu o movimento aumentar em contiguidade ao florescimento dos predinhos. Confecções que mantiveram um crescimento acentuado transferiram suas atividades industriais (a fabricação propriamente dita da roupa) para espaços maiores e mais distantes da área central, com valores de metro quadrado mais baixos. A Modastil realizou tal movimento já nos primeiros anos da década de 1960, elegendo o bairro do Tucuruvi, na Zona Norte, como novo endereço de sua fábrica. O predinho da José Paulino ficou restrito à administração, vendas, estoque e distribuição de mercadorias da empresa. Em outros casos, a confecção mantinha sua loja no térreo, transferia sua produção para outro endereço e alugava os salões dos andares superiores para outras confecções, frequentemente pequenas e novas fábricas. Dessa maneira, mesmo com a valorização imo-

19 Em "As fronteiras da cidade", segundo capítulo deste livro, Pedro Beresin problematiza a imagem de "avenida de elite", imputada historicamente à Angélica, uma das principais vias de Higienópolis.

biliária crescente, a rua não deixou de ser porta de entrada para quem estava começando, o que impulsionava a competitividade, mantendo baixa a média de preço das mercadorias em relação a outros centros comerciais e consolidando a posição de importante endereço da moda popular em São Paulo.

Os investimentos imobiliários de Alexandre Suchodolski paralelos ao seu trabalho na Modastil o possibilitaram se aposentar em 1968, vendendo sua parte da empresa para o sócio. Por sua vez, Krasilchik encerrou de vez as atividades da confecção no início da década de 1970, seguindo o movimento de fechamento de muitas empresas sediadas na José Paulino fundadas na década de 1930 por integrantes da comunidade judaica. Assim, uma média de quatro décadas de trabalho desses imigrantes corresponde ao intervalo médio de existência dessas confecções, cujos extremos são, por um lado, firmas com fechamento precoce, como a Goomtex, e, por outro, firmas que mantiveram suas atividades pelas décadas seguintes. São poucos os remanescentes de confecções de proprietários judeus na configuração atual da rua.

Como no caso dos Suchodolski, a segunda geração, ou seja, os filhos já nascidos no Brasil, foram incentivados a ingressarem no Ensino Superior (algo que os pais não puderam fazer), mirando ascensão intelectual ao já alcançado novo patamar econômico e social. Após a conclusão da faculdade, tendiam a seguir profissões liberais, como medicina, advocacia, engenharia, arquitetura, entre outras. Muitos dos que optaram pelas duas últimas responderam pelo projeto e construção dos predinhos erguidos por suas famílias na rua. Porém, independentemente da escolha profissional, o comum era a não continuidade dos negócios familiares, cujo capital muitas vezes já tinha sido parcialmente revertido em investimentos imobiliários.

Com o vácuo resultante, imigrantes de outra etnia foram gradativamente assumindo o protagonismo da atividade econômica na rua e arredores. Isso porque se a presença imigrante na indústria de confecções é constante em diversos contextos urbanos, a substituição geracional de uma por outra também o é, a ponto desse setor ser caracterizado como uma "indústria de passagem" (GREEN, 1997). No caso da José Paulino e do Bom Retiro, foi a comunidade coreana que sucedeu a judaica. É de 1977 o primeiro registro de abertura de loja na José Paulino cujo proprietário era coreano. A partir de então, foram surgindo novas confecções de coreanos à medida que os integrantes dessa etnia ascendiam socialmente em trajetórias que haviam começado em oficinas de costura.

Entretanto, ao contrário das gerências das confecções, que tendiam a mudar de etnia, as propriedades dos imóveis nos quais as confecções dos coreanos funcionavam tenderam a permanecer mais tempo com as famílias de origem judaica. Os Zeiger mantiveram-se donos do edifício 218/220 até aproximadamente 2013, quando o venderam para uma família de origem coreana. Foram setenta anos com a posse do imóvel, tendo este sido alugado para terceiros desde o final da década de 1950. A valorização imobiliária do predinho foi crescente ao longo das décadas, impulsionada pelo aumento da popularidade da rua e pela abertura do Centro Comercial do Bom Retiro no início dos anos 1960.

Segunda e ainda hoje a mais importante galeria comercial da rua, a construção do Centro Comercial do Bom Retiro no miolo de quadra entre as ruas José Paulino e Ribeiro de Lima englobou o lote 226, ocupado anteriormente pelo Cine Lux. Projeto do arquiteto imigrante judeu polonês Lucjan Korngold, com assessoria do casal de arquitetos italianos Maria Bardelli e Ermanno

Siffredi (LORES, 2017), o complexo abrangia grande número de lojas, salões e escritórios. A venda ainda em planta de parte dos lotes disponíveis na galeria significou mais uma oportunidade para que pequenas confecções, por vezes já presentes na rua como inquilinas, se tornassem proprietárias por meio de financiamentos.

Poucos anos depois, em 1967, foram inauguradas mais duas galerias na rua: a Nova José Paulino e a Antártica.[20] Além de contribuir para a manutenção da diversidade de tamanhos de lojas e confecções, a abertura de galerias indica um aumento da participação do varejo na dinâmica comercial da rua, pois os lotes internos das galerias costumam ser pequenos demais para a instalação de confecções. Como o próprio conceito de galeria refere-se a uma extensão da dinâmica da rua para o interior da quadra, o surgimento delas na José Paulino indicava a demanda por mais espaço de circulação. Por outro lado, o próprio movimento de pessoas, cujo aumento favoreceu a construção das galerias, tendeu a aumentar com o estabelecimento delas. Assim, o fluxo anteriormente composto majoritariamente por representantes e comerciantes, passou a ser fortemente incrementado com o vai e vem de clientes finais, pessoas que perambulavam na rua procurando roupas para si mesmas e/ou para familiares e conhecidos.

Pode-se ver que os crescimentos – da rua e das confecções – podem nem sempre seguir juntos, mas permanecem sempre em relação. As oficinas são fundadas; crescem; evoluem; mudam o jeito de produzir e as roupas que produzem; tornam-se confecções; e são fechadas à medida que seus fundadores se aposentam. No mesmo intervalo de tempo, a rua passa por um processo de redefinição de sua paisagem; adquire importância na cidade e

20 A última em terreno onde anteriormente funcionava uma distribuidora da marca de mesmo nome.

reconhecimento no país; recebe novos grupos imigrantes; vai ficando cada vez mais especializada em uma atividade econômica; vê seu movimento aumentar cada vez mais; começa no atacado e depois se abre para o varejo; entre outras muitas mudanças. Neste texto, procurou-se mostrar, tendo como fio condutor as histórias de duas famílias e suas confecções, como as transformações em ambas as esferas -a pública da rua e a privada das famílias e suas empresas- não podem ser entendidas senão em conjunto.

As trajetórias aqui contadas são apenas duas dentre muitas existentes. Foram escolhidas por serem exemplos significativos de como os desenvolvimentos individuais e familiares dialogam diretamente com a urbanização e a verticalização da José Paulino por meio da transformação do capital das confecções em capital imobiliário. Através desse redirecionamento de recursos, Suchodolski e Zeiger construíram para si um lugar na elite paulistana. Entretanto, a ascensão social não é regra, e nem todos inquilinos transformaram-se em proprietários. Esta rua foi e é caracterizada pela multiplicidade de seus ocupantes. Confecções pequenas convivem com confecções médias que convivem com confecções de maior envergadura desde o início do processo de especialização na produção e venda de roupas, como a Goomtex e a Modastil indicaram.

Referências bibliográficas

ANDRADE, Stephanie S. G. de. *Indústria e comércio de moda no centro de São Paulo: Rua José Paulino 1928-1980*. Dissertação (Mestrado), FAUUSP, São Paulo, 2018.

CHERMONT, Lúcia R. *Memórias e experiência de judeus de Higienópolis e arredores, São Paulo (1960-1970)*. Dissertação (Mestrado). PUC SP, São Paulo, 2011.

CONFECÇÃO, capital José Paulino. *Revista Shalom,* São Paulo, p.6, edição 22/2/1967.

FELDMAN, Sarah. Bom Retiro: bairro de estrangeiros, bairro central (1928-1945). In: LANNA, Ana L. D. et all. (Orgs.). *São Paulo, os estrangeiros e a construção das cidades.* São Paulo: Alameda Editorial, 2011, p. 39-62.

FELDMAN, Sarah. Bom Retiro: bairro múltiplo, identidade étnica mutante. ENCONTROS NACIONAIS DA ANPUR, 15., 2013, Recife. *Anais eletrônicos.* Recife: Associação Nacional de Pós-graduação e Pesquisa em Planejamento Urbano e Regional, 2013. Disponível em: http://www.anpur.org.br/ojs/index.php/anaisenanpur/article/view/370/360. Acesso em 3/4/2016.

FYSKATORIS, Anthoula. *O varejo de moda na cidade de São Paulo (1910-1940): A democratização da moda e a inserção do consumo de baixa renda.* Dissertação (Mestrado). PUC SP, São Paulo, 2006.

GOULART, José A. *O mascate no Brasil.* Rio de Janeiro: Conquista, 1967.

GREEN, Nancy. *Ready-to-Wear and Ready-to-Work: A Century of Industry and Immigrants in Paris and New York.* Durham: Duke University Press, 1997.

GRUMBACH, Didier. *Histórias da Moda.* São Paulo: CosacNaify, 2009.

KOULIOUMBA, Stamatia. Construtores estrangeiros e a produção arquitetônica no Bom Retiro (1950-1970). In: LANNA, Ana L. D. *et al.* (Orgs.). *São Paulo, os estrangeiros e a construção das cidades.* São Paulo: Alameda Editorial, 2011, p. 161-186.

LESSER, Jeffrey. Jewish Immigration to Brazil. In: BAILEY, Samuel L. e MIGUEZ, José (Orgs.). *Mass Migration to Modern Latin America.* Wilmington: Scholarly Resources Inc., 2003.

LORES, Raul J. *São Paulo nas alturas*. São Paulo: Três Estrelas, 2017.

MACEDO, Gilma. *História da Cooperativa de Crédito Popular do Bom Retiro: Primeiras Incursões*. Dissertação (Mestrado). FFLCH USP, São Paulo, 2005.

MALERONKA, Wanda. *Fazer roupa virou moda: um figurino de ocupação da mulher, 1920-1950*. São Paulo: Ed. Senac, 2007.

MANGILI, Liziane. *Transformações e Permanências no Bom Retiro: 1930-1954*. Dissertação (Mestrado). EESC USP, São Carlos, 2009.

TEIXEIRA, Francisco. *A história da indústria têxtil paulista*. São Paulo: Artemeios, 2007.

Continua no 33

Continua no 46

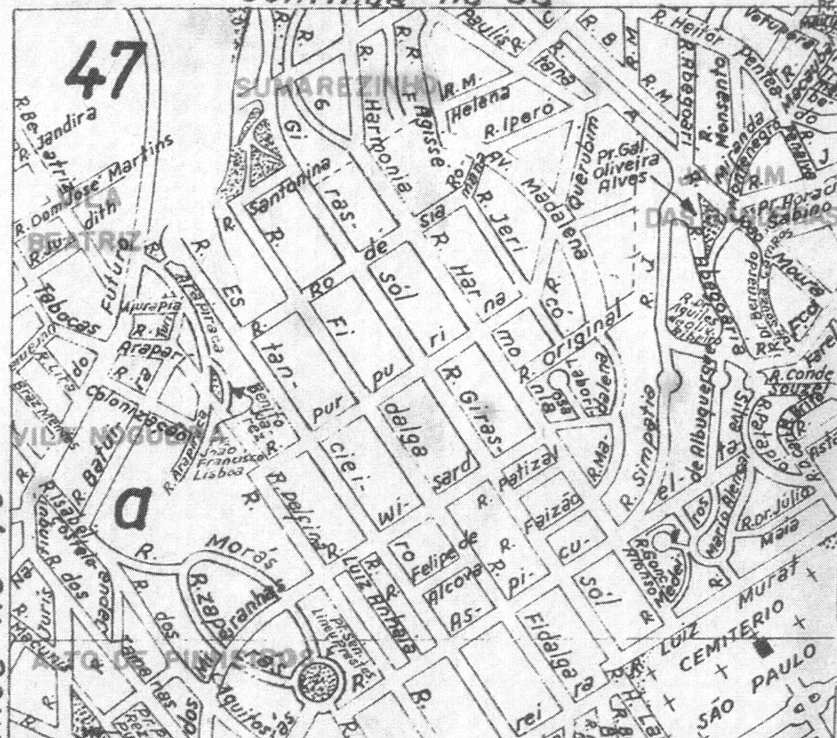

Continua no 60

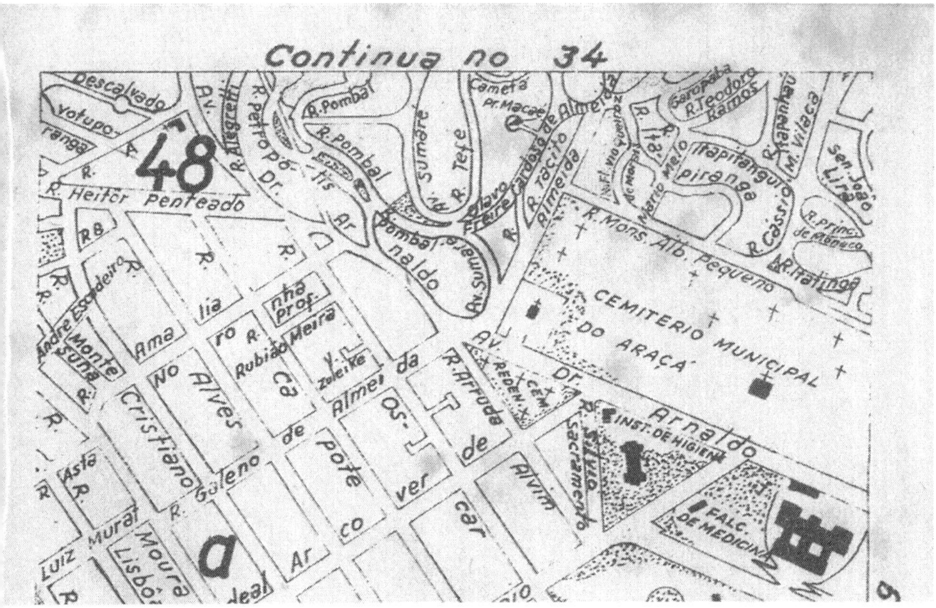
Continua no 34
48
a
R. Heitor Penteado
Descalvado
Votupo-
ranga
R. Pombal
Sumaré
R. Tefé
Cametá
Pr. Macaé
R. Cardoso de Almeida
R. Teodoro
Ramos
Itapitanguí
piranga
M. Vilaça
R. Mons. Alb. Pequeno
R. Cássio
R. Itatinga
CEMITERIO MUNICIPAL
DO ARAÇÁ
Av. Dr. Arnaldo
INST. DE HIGIENE
FALC. DE MEDICINA
R. Arruda Alvim
R. Rubião Meira
Av. Sumaré
Cristiano
Alves
R. Galeno de Almeida
R. Oscar Freire
Cardeal Arcoverde
Luiz Murat
Moura
Lisbôa
Monte
Suna
Andre Escudeiro
Asta

Capítulo 5

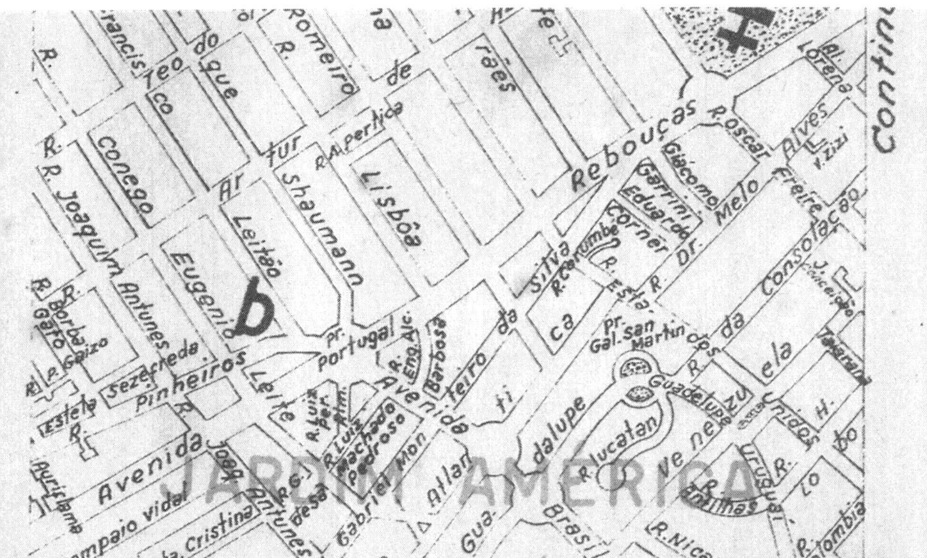
b
Teodoro
Francisco
Conego
Eugenio
Arthur
R. Joaquim Antunes
Leitão
Shaumann
Lisbôa
R. Romeiro
R. A. Pertica
Rebouças
R. Oscar
Freire
Melo Alves
Giácomo
Garrini
Eduardo
Corner
R. Corumbé
Dr.
Silva
Pinheiros
Sezefredo
Estela
Avenida
pr. Portugal
Avenida
Barbosa
R. Eng. Alc.
Gabriel Monteiro da Silva
Gal. San Martin
Guadalupe
Yucatan
Venezuela
R. da Consolação
Estados Unidos
JARDIM AMÉRICA
R. Sampaio Vidal
Sta. Cristina
Al. Gabriel
R. Brasil
R. Nicaragua
Colombia
Antilhas
Uruguai
Continua no 61

Teodoro Sampaio, conectando a cidade

Ana Lucia Duarte Lanna[1]

Trajetória de arrabalde a bairro, conexão das diferenças

Desde o século XVI encontramos registros de ocupação dos colonizadores europeus na região do vale do Rio Pinheiros. Igreja e aldeamento foram ali edificados, como em outros lugares do que hoje é a cidade de São Paulo, como parte das atividades de evangelização e catequização realizadas pelos jesuítas e que configuraram muitos dos aspectos da dominação colonial portuguesa nas Américas. Índios, igreja e caminhos ocuparam durante séculos a beira do rio com suas extensas várzeas inundáveis. Deste movimento inicial, quando as formas de ocupação do lugar e construção da cidade começavam a se alterar no século XIX, restavam ruínas da igreja e um esparso casario. Mas a longa ocupação deixou marcas duradouras, como por exemplo um traçado urbano repleto de irregularidades: quadras, ruas e

1 Ana Lucia Duarte Lanna é professora titular do Departamento de História e Estética do Projeto da Faculdade de Arquitetura e Urbanismo da Universidade de São Paulo. Este texto é resultado do projeto de pesquisa "São Paulo: ruas, bairros, casas. Cidade e culturas urbanas no século XX" (Auxílio Regular Fapesp 2019-2020).

curvas que indicam uma presença urbana anterior à ideia de loteamentos, planos e projetos lineares. Ou ainda, a existência de um largo, organização do espaço tipicamente urbana, em um local de marcada fisionomia rural. As instigantes conexões rural/urbano também se materializam na presença de um largo religioso, em sua origem, que apesar da permanente presença da igreja, é nomeado com o nome de uma leguminosa: a batata – reiterando através das atividades comerciais estas conexões.

Os mapas de São Paulo, a partir de 1897, indicam a existência de ruas misturadas a caminhos. A Theodoro Sampaio era compreendida, na região de Pinheiros, como continuidade do caminho de Sorocaba ou Cotia. Mas também era entendida como extensão da urbanidade relacionada à avenida Paulista na região de Cerqueira César.

O início do século XX viu aparecerem elementos que indicavam, de forma inequívoca, o espraiamento da cidade de São Paulo moderna, pujante, estrangeira. Novos comércios como padarias, sapatarias e alfaiatarias, muitos novos botequins. Lojas de móveis, olarias, ferrarias e serrarias indicavam o uso de novos materiais na construção da cidade, fomentando gostos e elementos de distinção, diversos de lambrequins e rótulas praticamente inexistentes naquele lugar.

As atividades econômicas registradas ao longo da rua, as diversas petições de moradores demandando melhoramentos urbanos para a região e os acontecimentos cotidianos retratados na imprensa explicitam, além das intensas conexões entre o que chamaríamos de mundo rural e urbano, diversidades urbanas articuladas em torno de uma mesma rua, a Theodoro Sampaio. As diferenças entre estes universos constituem fronteiras porosas, expressas no cotidiano. Fronteiras reconhecíveis, mas mescladas pelas práticas e materialidades.

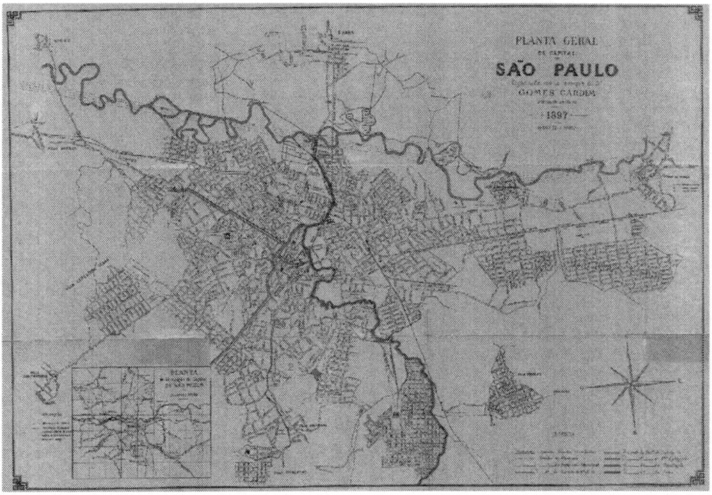

Figura 1 – Planta Geral da Capital de São Paulo organizada sob a direção do Dr. Gomes Cardim, 1897. Fonte: Arquivo Histórico Municipal de São Paulo (AHMSP).

Assim, em fevereiro de 1907 os moradores da Vila Cerqueira César encaminharam mais uma petição à Prefeitura solicitando o nivelamento da Rua Theodoro Sampaio e a instalação de combustores a gás para iluminação pública tanto na rua quanto na Avenida Municipal, atual Avenida Dr. Arnaldo. O texto apresentava uma inequívoca compreensão sobre o crescimento da cidade, as diferenças entre os espaços urbanos e suas formas de conexão. Vale a leitura:

> É a Vila Cerqueira César um dos *subúrbios* desta capital que mais tem aumentado nestes três últimos anos, já que é dotada de 4 escolas públicas com 120 crianças e um posto policial que servirá a Higienópolis, Vila América e Avenida Paulista.[2]

2 *Correio Paulistano*, 09/02/1907, p.3 (grifo meu).

Em início de maio do mesmo ano o vereador Cândido Mota responde oficialmente à petição dos moradores dizendo que:

> [...] indico que a Prefeitura uma vez realizadas as obras de nivelamento da Rua Theodoro Sampaio mande arborizá-lá a palmeiras imperiais, a partir da Avenida Municipal até a *povoação* de Pinheiros.[3]

Dois anos mais tarde, a Rua Theodoro Sampaio aparecia novamente nos jornais da capital ainda como área de campo e chácaras. As notícias veiculadas no jornal *O Commércio de São Paulo* informavam que no número 12 da rua, na região do Araçá, era possível alugar burros. "Burros, alugam-se burros para carroça por espaço de três dias, sem arreios. Tratar na chácara do Baptista".[4] Próximo a esta chácara, ocorreu um incêndio, decorrente da explosão de um depósito de fogos de artifício,

> {...] os irmãos Mangioli fabricantes de fogos de artifício tinham fábrica em um *campo* da vila de Cerqueira César onde também tinham, a certa distância, um depósito. Este era situado em campo da Rua Theodoro Sampaio entre a primeira e a segunda travessa. Um quarto de tijolo coberto de telhas com 17 metros de fundo, 7 de frente e que pertencia a Vicente Idelicio, morador da rua 25 de

3 *Correio Paulistano*, 12/05/1907, p. 3 (grifo meu). Vale mencionar que Cândido Mota foi importante jurista e político ligado ao PRP. Lidou com questões de segurança pública e educação, tendo defendido tese na Faculdade de Direito intitulada "Classificação dos criminosos", influenciada pelas teses de Cesare Lombroso. Cândido Motta: o pai, penalista e político. *Carta Forense*, São Paulo, 02/10/2017. Disponível em: <http://cartaforense.com.br>.

4 *O Commercio de São Paulo*, 04/01/1909, p. 6.

> março explodiu com perda total do material utilizado para as festas e atividades sociais na *cidade*.[5]

As noções de cidade, subúrbio, povoação e campo indicavam diferenças entre os espaços urbanos. As informações sobre a instalação de equipamentos e melhoramentos urbanos que predominam nos jornais até os anos 1910 expressam também percursos que tendiam a superar estas diferenças, constituindo a cidade moderna.[6] A implantação de melhoramentos, de instituições a equipamentos públicos, foi estratégia política e urbanística, que buscava diluir as diferenças apontadas (BRESCIANI, 2001). O longo e inconcluso processo pode ser reconhecido nas palmeiras que nunca foram plantadas e na iluminação pública e calçamento que não seguiram o traçado definido. Queixas sobre falta d'água eram intensas. Em 1928 as denúncias eram contundentes. Afirmavam que o descaso da administração municipal, "que contentava-se com propinas e cargos distribuídos", fazia faltar água na rua Theodoro Sampaio, artéria dotada de belas construções e intenso movimento. "As torneiras não jorram o precioso líquido o que torna insuportável a fedentina existente e impossível a limpeza e asseio".[7] As denúncias e queixas acerca dos processos de modernização também incidiam sobre as sucessivas elevações

5 *O Commercio de São Paulo*, 09/07/1909, p. 3 (grifos meus). A travessa corresponde a atual Rua Artur Alvim.

6 Realizamos pesquisa na Hemeroteca Digital Brasileira em todos os jornais publicados em São Paulo entre 1870 e 1940, tendo como palavra de busca Rua Theodoro Sampaio e/ou Rua Teodoro Sampaio. As notícias localizadas até os anos 1910 referiam-se quase exclusivamente a demandas e/ou ações da municipalidade relacionadas à equipamentos e melhoramentos urbanos. Após estes anos predominam informações sobre usos da rua tais como acidentes, crimes, movimento imobiliário, festas, etc.

7 *Correio Paulistano*, 1928.

de custos para a realização das obras aprovadas. As reiteradas reclamações da população expressam recorrências e desigualdades, ainda atuais, no processo de construção das nossas cidades.

A progressiva mudança na configuração da região e bairros atravessados pela rua, em função do aumento do número de casas e ruas é reconhecível pela presença destes melhoramentos urbanos, equipamentos e serviços públicos. Em finais da década de 1920 muitos artigos publicados denunciavam o abandono do bairro de Pinheiros e da nova Avenida Rebouças. O tráfego cada vez mais intenso demandava a utilização de outros caminhos que não apenas a Rua Theodoro Sampaio, principal artéria de comunicação naqueles tempos. A linha de bonde ligando Pinheiros ao centro de São Paulo iniciou suas operações em 1904. Esta linha passava pelo cemitério do Araçá e chegava até o cruzamento da Rua Teodoro Sampaio com a Rua Capote Valente, em Cerqueira César. O Largo de Pinheiros foi contemplado com linha de bonde somente em 1909, após drenagem e aterro de toda a área entre os dois pontos. Os bondes saiam a cada trinta minutos da Rua Líbero Badaró em direção ao Largo de Pinheiros, ou da Batata, subindo a rua da Consolação. Notícias publicadas em todos os periódicos paulistanos afirmavam que os "camarões" da Light trafegavam por Pinheiros lotados, com pelo menos cinco vezes mais passageiros do que seria razoável.

Não apenas o bonde, mas a presença dos carros também era marcante na região, fosse no trânsito cotidiano fosse no uso das ruas com a realização de corridas e disputas que ocupavam, em datas específicas e festivas, as principais artérias de circulação.

A pluralidade de meios de locomoção era percebida pelos moradores de São Paulo daqueles tempos como indicadores das mudanças pelas quais passava a cidade. As notícias cotidianas nos permitem entrever as convivências entre as diferentes modalidades de deslocamento urbano e, através delas, de mercadorias e pessoas circulando e configurando um burburinho urbano de todo novo. As regiões de Pinheiros e Cerqueira César, atravessadas pela nossa rua, participavam ativamente destes processos urbanos.

Em 28 de abril de 1918 o jornal *Correio Paulistano* noticiava que:

> Alfredo Barbosa de Souza, empregado da Padaria Pinheirense, no bairro de Pinheiros, conduzia ontem às 5,30hs, mais ou menos, uma carrocinha de pão com destino à cidade. Em direção contrária dirigia-se para aquele bairro um bonde e, como a neblina estivesse muito intensa nas proximidades da várzea o motorneiro não viu o veículo, atirando o bonde de encontro a ele. Acontece que na frente do carrinho de pão ia uma carroça de areia que também foi abalroada e atirada à distância.[8]

O acidente revela este intenso e variado movimento na Rua Theodoro Sampaio que já se configurava como um eixo de conexão da cidade com seus arrabaldes, com seu rio. O acidente registrava o movimento de expansão da cidade indicando que a área central e os primeiros bairros que a circundaram já não correspondiam, naquele momento, aos espaços considerados urbanos. Também consolidava a nova dualidade que se instaurara entre cidade e bairro, na qual desapareciam campos, subúrbios e povoação como expressões a designarem esta região da cidade.

O que transitava pela rua dizia respeito às muitas formas de constituir a cidade. Comércio de alimentos, insumos de construção, trabalhadores, separação entre locais de moradia e trabalho, distâncias difíceis de serem percorridas no ritmo do pedestre.

8 *Correio Paulistano*, 28/04/1918, p. 5.

Figura 2 – Mapa geral dos impostos e obras particulares na rua Teodoro Sampaio, 1918-1923, realizado pela autora a partir do Mapa SARA Brasil, 1930. Fonte: AHMSP.

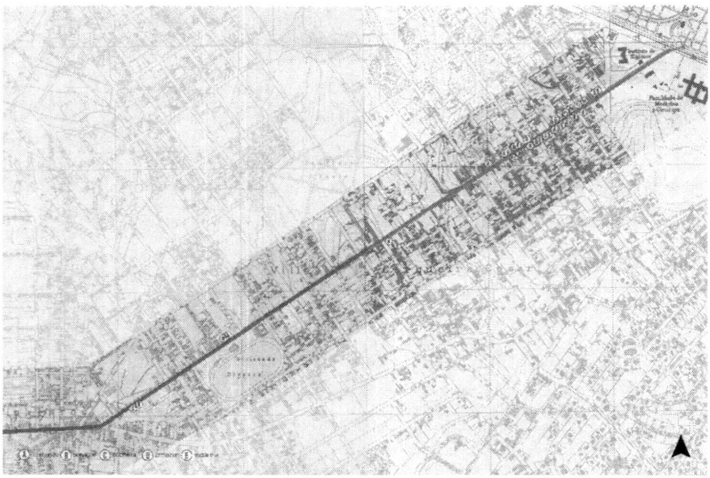

Figura 3 – Mapa dos tipos de impostos na rua Teodoro Sampaio, 1918-1923, realizado pela autora a partir do Mapa SARA Brasil, 1930. Fonte: AHMSP.

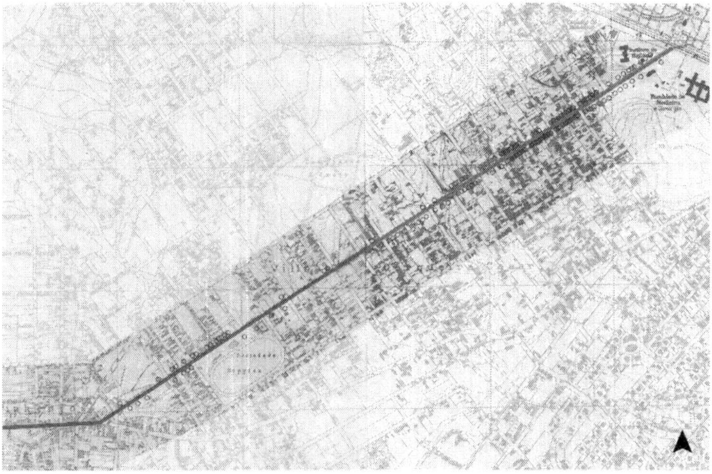

Figura 4 – Mapa geral dos impostos e obras particulares na rua Teodoro Sampaio, 1927-1933 realizado pela autora a partir do Mapa SARA Brasil, 1930. Fonte: AHMSP.

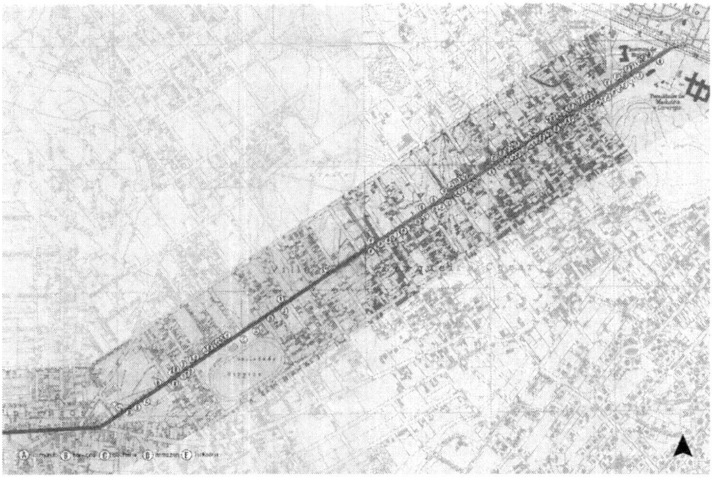

Figura 5 – Mapa dos tipos de serviço na rua Teodoro Sampaio, 1927-1933 realizado pela autora a partir do Mapa SARA Brasil, 1930. Fonte: AHMSP.

Os mapas mostram o rápido processo de ocupação da rua.[9] Nada era exclusivo, a modernidade na cidade operava por superposições e não por substituições. Ruidosa, a rua indicava a existência de muitas temporalidades e práticas. Outros acidentes envolvendo veículos, atropelamentos e mortes, anunciados cotidianamente nos jornais da cidade, mostravam estas convivências de modos de viver e usar a cidade e das pessoas que protagonizavam e davam vida a estas multiplicidades. As narrativas dos jornais eram muito similares; apresentavam o nome dos envolvidos, identificação (sexo, idade, profissão), sequelas e providências tomadas pelas autoridades envolvidas. A ida a hospitais ou a polícia eram os desfechos mais comuns. Entretanto, a cidade que emergia nestes breves relatos era complexa, viva, plural.

Dois acidentes envolvendo veículos, ocorridos na Rua Theodoro Sampaio, um na esquina com a Capote Valente, Cerqueira César; outro na esquina com a Rua Lisboa, Pinheiros são emblemáticos destes processos.

Em 1910 localizamos a primeira notícia de acidentes envolvendo veículos na rua. Ficamos sabendo que Maurilla de tal dirigia sua carrocinha e ao ver Francelina Maria da Conceição, 36 anos, que atravessava a Rua Theodoro Sampaio, na esquina com a Rua Capote Valente, tendo a mão sua filha Judith acelerou o veículo, movido a animais, e atropelou a pedestre e sua filha. Francelina informa que ambas eram inimigas. Podemos imagi-

9 Os mapas foram construídos usando o Sara Brasil de 1930 como base. As informações decorrem de pesquisa realizada nas seguintes fontes documentais: Imposto de Serviços e profissões, Obras Particulares, Jornais. Os livros de impostos (anos 1918 a 1933) e os pedidos de Obras Particulares (até 1926) integram o acervo do Arquivo Histórico Municipal de São Paulo. Ambas as séries têm informações disponibilizadas até o ano de 1926 o que justifica o recorte temporal dos mapas.

nar, pelos nomes, que ambas eram negras. Este é também o único relato de uma mulher condutora de carroças que localizamos.

Ao longo dos anos 1910 os acidentes envolvendo veículos: carroças e carrocinhas movidas a animais, automóveis, bondes eram raros na Rua Theodoro Sampaio. Nesta década, a maioria das notícias que envolviam esta rua referiam-se a construções privadas e melhoramentos urbanos: nivelamento de rua, calçamento, macadamizar, instalar combustores, construir bueiros, muros, edificar ou reformar.

Sabemos que as casas de "construção moderna" proliferavam pela rua, sobretudo na região de Cerqueira César. Pinheiros era outra coisa. Ao longo de 1914 o jornal *A Gazeta* anunciou uma casa de construção moderna para alugar. A modernidade incluía 2 dormitórios, sala de visita e jantar, copa, quarto para criada, porão habitável, fogão a gás, água encanada, luz elétrica e terraço de vidro. O morador teria também bonde na porta e uma entrada para cocheira e outra para automóvel.[10]

Os anos 1920 foram pontuados pelo uso do automóvel como meio de transporte, diversão, objeto de desejo e prestígio e também um potencial assassino. As notícias multiplicavam-se por toda a cidade e veículos invadiam o leito carroçável da Theodoro Sampaio. Ficamos sabendo que a maioria dos condutores envolvidos nos acidentes não tinham habilitação, apesar desta ser documento obrigatório. Que os carros trafegavam junto com carroças puxadas por animais e bondes elétricos. Que transeuntes não sabiam lidar com a novidade a motor. Atravessar a rua, distanciar-se da máquina, definir mão e contramão eram processos apenas iniciados. Serão necessários mais

10 *A Gazeta*, 14/07/1914, p. 4.

muitos anos para que veículos automotivos fossem a maioria nas ruas da cidade e que as regras de convivência e distanciamento entre corpos e máquinas fossem minimamente estabelecidas. Mas o impacto dos carros e as diferenças sociais experienciadas nos bondes integravam a crônica urbana já nos anos 1920. Ana Castro (2008), analisando as crônicas produzidas por Menotti del Picchia, mostra os efeitos do chamado progresso no cotidiano urbano. O cronista escrevia:

> [...] os autos pululam por ai como mosquitos. Tão velozmente se multiplicam que seu crescimento nos dá a impressão desses animalejos que nascem de fartas ninhadas de ovos dispostos nos brejos pelas varejeiras. Há carros de todos os tamanhos, de todas as cores, de todos os feitios [...] e todos eles correm, voam, se cruzam, se alboroam, e se espedaçam, numa vertigem de velocidade, alucinados pelo delírio da correria (DEL PICCHIA *apud* CASTRO, 2008, p. 172).

Assim chegamos a outro acidente ocorrido em outubro de 1920 e noticiado em vários jornais da capital. O jornal *O Combate* intitulava a matéria "Perigo dos Autos, Pequeno morto na Rua Theodoro Sampaio". O pequeno Victor de 7 anos, morava na Rua Lisboa, quase esquina com a Theodoro Sampaio. O lugar cheio de descampados ainda não conhecia a atual praça Benedito Calixto. O pai de Victor era Nicola Castorino, italiano. A criança estava na rua, sem adultos, como tantas e tantas outras, indicando práticas e usos diversos dos que hoje transformaram a rua em lugar de fluxos e transeuntes. Ela foi atingida por carro Ford, que desviava, na contramão e sem redução de velocidade, de uma carroça. O chauffeur não tinha carteira. Chamava-se Guy Alexandre Roberts. Dr. Roberts era norte-americano, veterinário e trabalhava como professor contratado no Instituto Butantan. O acidente ocorreu quando ele descia a rua para atravessar o rio, utilizando a moderna ponte metálica construída em finais dos anos 60 do século XIX, dirigindo-se ao trabalho. A criança morreu no local.[11]

Foi rápida a transformação do caminho em rua reta, sua ocupação, trânsito e fluxos. Mas transformar a rua em ligação direta entre a várzea do rio e o cume da Paulista, incorporando áreas ocupadas e desocupadas, largos, várzeas e matas com igrejas, aldeias, casario em geral destinado aos setores médios, e introduzindo nova tipologia na cidade: as casas em série, não significou a configuração de uma rua homogênea.

Três endereços da rua Theodoro Sampaio nos ajudam a pontuar esta diversidade conectada pela rua: uma instituição de ensino, a Faculdade de Medicina; um local de lazer das elites que configurava ao seu redor práticas populares de diversão como futebol e botequins: a Sociedade Hípica; e um local de comércio que articulava caminhos, cidades, universo rural, o rio: o Largo da Batata.

O Largo da Batata

A presença de um pouso de tropeiros reforçava as conexões rurais, sobretudo no comércio de alimentos. As olarias, atividades localizadas nas franjas da cidade, e a ocupação das várzeas dos rios por campos de futebol mostravam facetas da construção do lugar. Apesar das olarias terem sido, em 1913, proibidas de existir junto às margens urbanizadas dos grandes rios, elas persistiam em Pinheiros.

11 *O Combate*, 2/10/1920, p. 3.

Ainda não havia mercado. Este espaço moderno construído para trocas alimentares na cidade foi inaugurado em 1910. O terreno foi doado por Pedro Cristi, negociante, morador e liderança política da região. A doação tinha como condição que o mercado fosse de uso exclusivo "dos produtores, para venderem diretamente ao público suas mercadorias" (REALE, 1982, p. 74). Localizado no que hoje chamamos Largo da Batata, em frente a Igreja, o mercado ocupava, com suas dezenas de boxes, espaço muito maior do que a atual edificação inaugurada em 1971.

Figura 6 – Mercado, 1910. Fonte: *Gazeta de Pinheiros.*

Naqueles anos iniciais do século XX, funcionava como importante entreposto onde agricultores das regiões vizinhas à capital vinham comercializar seus produtos. Era um espaço que abrigava tanto comércio atacadista e varejo de legumes e verduras, animais vivos e mortos. O mercado atendia uma área da cidade muito mais vasta que o bairro. Apesar de sua importância no abastecimento da capital e do intenso movimento comercial, usuários denunciavam suas precárias condições higiênicas assim como a má qualidade dos produtos vendidos no varejo. Em setembro de 1928, em crônica publicada no jornal *Diário da Noite*, um cidadão descreveu seu contato com o local:

> [...] o bonde 29..., que chamam de "camarão", mas que é na verdade, um barril de sardinhas prensadas. Bancos repletos e mais de 30 passageiros em pé. Cestas de verduras, caixas de ferramentas e bem na entrada tres bojudas trouxas de roupa suja. Desasseio geral.....Chegando a Pinheiros, pedi que me informassem onde era o Mercado. Eu estava em frente a um grande cercado de arame farpado com um pequeno rancho no centro, caminhões e cargueiro, etc....Nunca vi um mercado assim. Conheço lugares antigos pobres do Brasil, mas o que via em Pinheiros parecia-me depósito de animais e tropas, nunca um mercado. Entrei. Que gente. Maltrapilhos, rotos, descalços e doentes em geral. O cimento de tal rancho estava muito sujo e, entretanto, nele foram lançados, sem um forro sequer, batata, verduras, queijos, fumo, rapaduras, etc (*apud* REALE, 1982, p. 74-75).

Mas o comércio, desde a inauguração do mercado, adensava-se a seu redor e ao longo das ruas Theodoro Sampaio e Butantã, então chamada de Rua do Comércio. Um dos primeiros negociantes do bairro, João Antonio de Moraes, tinha seu negócio nesta última rua, onde também residia. Em seu obituário, publicado no *Correio Paulistano* em 18 de novembro de 1920 ficamos sabendo que além de negociante era chefe político local, juiz de paz e subdelegado de polícia.[12]

Ao redor do mercado seria, ao longo dos anos, cada vez mais expressiva a presença dos japoneses. Estes imigrantes que chegaram em massa em São Paulo a partir de 1908, eram impor-

12 *Correio Paulistano*, 18/11/1920, p. 3.

tantes fornecedores de produtos agrícolas para a capital que se expandia. Duas décadas depois de sua chegada os nipo-brasileiros fundaram a Cooperativa Agrícola de Cotia (CAC),

> [...] considerada um marco não apenas da disseminação do cooperativismo no Brasil, mas também da evidência de que imigrantes tinham se tornado produtores de alimentos. A adaptação de espécies, a superação de sazonalidades e a otimização agrícola já estavam em curso, o que levava a uma substancial alteração do padrão alimentar de São Paulo na primeira metade do século. A concentração das atividades comerciais da CAC no bairro paulistano de Pinheiros permitia visualizar o quanto as chácaras de imigrantes e nipo-brasileiros em torno da cidade iriam reconfigurar os paulistanos. Os japoneses já estavam, *in spiritu*, na dieta de seus vizinhos (MARINS, 2008, p. 16).

Os hábitos alimentares paulistanos já demandavam naqueles anos 1920/1930 produtos que tinham sido introduzidos por outros estrangeiros, sobretudo italianos, portugueses e espanhóis, e que romperam com a quase exclusividade do feijão, couve e mandioca que configuraram o regime alimentar paulista até finais do século XIX. Significativo que o local seja nomeado com uma referência a batata, item novo na nova dieta alimentar paulistana e ausente da dieta originária dos japoneses, seus produtores em São Paulo.

A presença do mercado e dos japoneses era recente, mas gradualmente sobrepujavam a centralidade da Igreja. Localizados no mesmo largo, com o passar do tempo, designaram suas diferenças. O espaço do mercado se consolidará como Largo da Batata;

o da Igreja se transformará no Largo de Pinheiros. Mas no início do século XX a sua presença e as atividades a ela vinculadas tais quais missas, enterros, procissões e festas ainda marcavam as sociabilidades. As festas juninas mobilizavam a população local e os estudantes de direito. Estes compareciam montando seus cavalos e animavam a festa que incluía a lavagem da imagem sagrada nas águas do rio Pinheiros. Apesar de sua importância nas devoções locais e sua reconstrução em 1914, patrocinada pelos devotos, a Igreja não configurou de forma decisiva os novos modos de usar, ocupar e nomear a antiga região. Apesar disso, nela se encontraram em 1917, durante a missa em lembrança do falecimento da senhora Constança Nogueira, o já mencionado João Antonio de Moraes e Francisco Iasi. Ambos prósperos comerciantes, integravam as elites locais e compartilhavam o espaço religioso. Iasi era proprietário de um empório, uma loja de material de construção e uma de ferragens. Todas localizadas na Rua Teodoro Sampaio, entre as Ruas Cristiano Viana e Alves Guimarães. Esta era uma parte da rua com ocupação consolidada. Iasi comprou terrenos e construiu casas e prédios a partir dos anos 1920. Em um deles, na Rua Carlrys, n. 5, construiu uma casa, a Vila Iasi. A Revista *A Cigarra*, em 1926 publicou foto com três elegantes moças, nomeando-as de "galantes amiguinhas". Uma delas era Rosa, filha de Iasi. Seu pai já era major e o local a "elegante chácara em Pinheiros", propriedade da família.[13] O comércio foi, para muitos, possibilidade de ascensão social e política, configurando para além de estratégia de sobrevivência forma de alçar às elites políticas locais. Mas esses comerciantes eram exceção dentre as dezenas de pequenos negócios localizados na Rua Theodoro Sampaio, e aos milhares pela cidade.

13 *A Cigarra*, n. 284, 1926, p. 28.

Cerqueira César e a Faculdade de Medicina

O cume da Rua Theodoro Sampaio, 800 metros acima da várzea do rio onde se constituía o bairro de Pinheiros, era marcado por ocupação bastante diversa daquela preponderante na região do Largo da Batata.

No alto do espigão da Paulista ficavam localizados três cemitérios. Em finais do século XIX indicavam limites urbanizados da cidade, dando sentido às distinções entre subúrbio e povoação destacadas no início deste texto. No início do século XX, a avenida então chamada Municipal receberá calçamento, combustores de gás para iluminação pública, linhas de bonde conectando-se com a expansão suntuosa da Avenida Paulista. Aqui não teremos os palacetes, mas projetos de instalação de um conjunto de edifícios públicos, todos relacionados a área da saúde: o Hospital do Isolamento (atual Emílio Ribas), o Hospital das Clínicas e a Faculdade de Medicina e o Instituto de Higiene (atual Faculdade de Saúde Pública).[14] O projeto de criação do curso de medicina em São Paulo datava de 1891, mas as primeiras aulas foram ministradas apenas em 1913 e a escola começou funcionando em espaços emprestados da Santa Casa de Misericórdia, Escola Politécnica e Escola de Comércio Armando Alvares Penteado, todos na área central da cidade. Apenas em 1920 foi lançada a pedra fundamental do edifício na atual avenida Dr. Arnaldo, em frente ao cemitério do Araçá, que havia sido inaugurado em 1887. A construção da faculdade iniciou-se em 1928, sendo concluída em 1931.

14 Estes edifícios hoje abrigam faculdades que integram a Universidade de São Paulo.

Figura 7 – Construção da Faculdade de Medicina, 1929. Fonte: *Revista Espaço Aberto.*

A Fundação Rockefeller apoiou financeiramente o projeto e definiu o projeto acadêmico da Faculdade de Medicina. Cemitério e Faculdade marcavam a ocupação de uma nova área da cidade e respondiam, em ambos os casos, a demandas dos estrangeiros, sobretudo italianos, que compunham a maior parte da população da capital (MARINHO e MOTA, 2014). Sem lugar no tradicional cemitério da rua da Consolação e pouco aceitos nos bancos da tradicional Faculdade de Direito, os estrangeiros buscavam instituições similares, e simultaneamente distintas, àquelas que estabeleciam as instâncias de pertencimento das elites paulistas. Assim o eixo Avenida Paulista/Avenida Municipal configurou espaço para a visibilidade, reconhecimento e inserção social dos grupos estrangeiros endinheirados da cidade (MARINS, 2019). Além dos estrangeiros as novas construções trouxeram para a região os estudantes. Desde inícios do século XIX a cidade convivia com este grupo social que ao mesmo tempo era valorizado, indicando qualidades da cidade, mas que eram também associados a farras, balbúrdias e pequenas transgressões. Em 1928 foi proferida a primeira aula inaugural do curso de Hygiene, na

Faculdade de Medicina, ainda não totalmente concluída. No mesmo ano os estudantes da Faculdade apareciam nas notícias do *Correio Paulistano* pois teriam assaltado um bonde, forçado sua entrada no veículo e agredido o condutor. Este tipo de agitação era desconhecido desta região da cidade, apesar de frequente na área central. Dias mais tarde os estudantes publicaram nota explicando o acontecido. Todos os jornais retrataram-se, dizendo que nada demais havia ocorrido. Mas o periódico *São Paulo*, localizado na rua Senador Feijó n 4, centro da capital, não aceitou as explicações e continuou chamando o gesto dos futuros médicos de "estudantadas". Os alunos da Faculdade de Medicina dirigiram-se para a sede do jornal, os ânimos alteraram-se, tiros de revólver foram disparados no interior da redação, jornalistas agredidos, móveis quebrados e redação empastelada. Os estudantes da Faculdade de Direito sabendo do ocorrido saíram em grupo pelas ruas centrais. Chegando ao local a polícia já havia interrompido o confronto, o motorneiro do bonde continuava ferido e muitos outros estudantes também.[15]

Os dados do Anuário Estatístico de 1912 indicavam a potente presença de estrangeiros na cidade. Dos 14.587 nascimentos ocorridos, 10.375 eram de pais estrangeiros, ou seja, 71% das relações maritais oficializadas. Os casamentos realizados indicavam a permanência desta clivagem pois 1137 brasileiros casaram entre si e 1473 estrangeiros também. Estrangeiros casados com brasileiras foram 658 e o inverso, apenas 254. A combinação destes dados indica, como já apontava dentre outros Conceição e Truzzi para cidades do interior, uma presença da etnicidade como fator de organização das relações sociais e afetivas (CONCEIÇÃO, 2004; TRUZZI, 2004).

15 *Diário Nacional*, 03/06/1928, p. 12.

Se retornarmos à região de Cerqueira César, veremos que tal qual a Alameda Santos apresentada por Zélia Gatai em *Anarquistas Graças a Deus*, a Rua Theodoro Sampaio abrigava grupos urbanos que não integravam nem as elites (nacionais ou estrangeiras) nem se configuravam maciçamente como operários ou pauperizados. A rua e seu entorno revelavam uma profusão e variedade de ocupações, profissões e ofícios. Eram casas de aluguel como a que construiu o empreiteiro José Vitrone em 1920 entre as ruas Oscar Freire e Capote Valente; casas próprias que eram também escritórios e lugares secundários de trabalho como a do dentista Anibal Monteiro que tinha consultório na Praça da Sé mas também atendia em sua casa localizada entre as ruas Alves Guimarães e Cristiano Viana. Na mesma quadra morava em uma casa de cômodos a alemã Maria Capriva de 35 anos que fora agredida por Rafael de Campos, vizinho das alemãs. Os jornais informavam que Rafael era pardo e tinha histórico de agressão a mulheres.[16] No quarteirão acima, mais próximo do cemitério, moravam o engenheiro Adolpho Rodrigues e o chauffeur de taxi Lázaro Mello Campos. Deviam abastecer parte de suas necessidades no armazém de secos e molhados de Atílio Nascimento. O comerciante morava no mesmo endereço de seu armazém. Casas geminadas, casas em série, vilas, casas isoladas nos lotes. Casas descritas como portadoras dos símbolos de conforto da modernidade como a anunciada para aluguel ou venda, localizada na esquina da rua Capote Valente. Engenheiros, pedrei-

16 A agressão a mulheres era uma constante. Dias antes da agressão a Maria Capriva, ocorrera na mesma rua, o assassinato de uma mulher por seu companheiro. O jornal *Diário da Noite*, em sua edição de 10/02/1927, p. 1, trazia manchete de capa com o título “Crime como solução para desavenças conjugais” mostrando que além do assassinato na Theodoro haviam ocorrido na mesma noite outros 2 crimes, sendo um deles na Rua José Bonifácio, área nobre paulistana.

ros, negociantes de pequeno e grande porte, prestadores de serviço ocupavam os imóveis que iam preenchendo a rua. Seus nomes indicavam uma mistura que caracterizava a cidade e marcava muitos de seus confrontos.

Também nesta parte da rua estavam localizados os salões de baile e demais ambientes que promoviam festas que iam desde bailes carnavalescos, lutas de jiu-jitsu, festas de casamentos, bailes com bandas, festas dos times de futebol e associações esportivas que tinham suas áreas esportivas nos terrenos ainda não ocupados, muitas vezes insalubres, localizados em Pinheiros, ou seja, abaixo da Pedroso de Moraes.

Sociedade Hípica

Entre a Faculdade de Medicina e os Largos da Batata e Pinheiros havia uma terceira grande edificação: a Sociedade Hípica Paulista. Localizada entre as ruas Artur de Azevedo, Theodoro Sampaio, Mourato Coelho e Pedroso de Moraes, em terreno de 70.000 metros quadrados, foi inaugurada em 1921.

Figura. 8 – Sede da Sociedade Hípica Paulista na década de 1920.
Fonte: REALE, 1982.

A sede contava com campo para prática de pólo, pista de corridas, cavalariças que acolhiam até 90 animais, depósitos para forragens, casas de empregados e um pavilhão de festas. A edificação, apesar do "estilo colonial", explicitava, através de atividades esportivas e sociais, os novos tempos que transformavam a sociedade paulistana. Como afirma Nicolau Sevcenko, ao analisar São Paulo nos anos 1920, "a democratização do acesso à música, a proliferação dos bailes e ambientes de dança pagos" e a proliferação de clubes desportivos e de futebol assinalavam, de forma irreversível, as transformações que atingiam a cidade (SEVCENKO, 1992, p. 89-90).

Na Sociedade Hípica associavam-se dança, esportes e velocidade revelando os corpos sensualizados da modernidade. Apesar de ser frequentada pela elite paulistana em diversas ocasiões, franqueava o acesso às suas arquibancadas para a população. Em 4 de outubro de 1923 o jornal *Correio Paulistano* informava que a:

> [...] simpática sociedade Hípica que costuma proporcionar agradáveis festas a seus associados foi obrigada a transferir as corridas marcadas para o dia 12 porque a prefeitura, num inqualificável descuido, deixou que a Light interditasse, em sua funesta soberania, aquele importante ponto de diversão, tornando intransitável a Rua Theodoro Sampaio com arrancamentos de trilhos e trincheiras de paralelepípedos.[17]

17 *Correio Paulistano*, 04/10/1923, p. 5.

A notícia mostra que conectando estes lugares públicos de uso coletivo havia a presença da Light em "sua funesta soberania". Realizando obras, cobrando taxas, descumprindo prazos, alterando custos a empresa fazia-se presente ao ser responsável pela instalação dos melhoramentos urbanos que, ao fim e ao cabo, configuraram a rua. E a partir do final da década de 1920 retificando o leito do Rio Pinheiros, criando uma enorme área seca que foi ocupada por casas em série e vilas, consolidando um padrão de moradia popular para os setores médios urbanos na região.

A intensificação da ocupação da rua, a partir dos anos 1910 foi marcada pela construção das casas em série (GENNARI, 2005), o que definiu sua forma urbana com artéria linear cercada por ruas e ruelas, vilas e casas em série destinadas à população que constituía os amplos e diversificados setores médios urbanos.

Mas estes lugares, as conexões indicadas pela atuação da Light, a linearidade da rua, seus acidentes e usos, moradores e transeuntes nos mostram uma cidade que crescia não de forma linear. Não se tratava de um espraiamento a partir da área central da cidade. mas do estabelecimento de anexações de áreas e regiões que estavam ocupadas há séculos. Conexões que estavam preenchidas por áreas não edificadas, ou vazias do ponto de vista explicativo da cidade moderna. Conexões que aproximavam rural e urbano transformando ambos em cidade. Conexões que alteravam os sentidos dos bosques, matas, ruas, esquinas, e tudo o que constituía este espaço.

Mais uma vez é importante destacar que as conexões com o outro lado do rio, separação constitutiva de uma leitura e apropriação da cidade ainda vigente,[18] não se reduziam ao binômio

18 Ver, neste livro, artigo de Deborah Sandes sobre a Avenida do Anastácio onde ficam explicitadas formas de expansão diversas das radioconcêntricas

rural/urbano. Do outro lado do rio estava a fazenda do Instituto Butantan que já abrigava pesquisas e cientistas, nacionais e estrangeiros, que usavam a Theodoro Sampaio nas suas idas e vindas cotidianas.

Portanto, apesar de seu traçado retilíneo percorrendo aproximadamente três quilômetros, a Rua Theodoro Sampaio atravessava e conectava bairros, equipamentos de comércio, lazer e ensino e abrigava uma multiplicidade de grupos étnicos, profissões e ofícios e modos de morar. A aparente homogeneidade expressa no nome da rua encobria fronteiras. Em 1928, o *Diário Nacional* publicou matéria intitulada "Pinheiros completamente abandonado pela Prefeitura". O texto começava com a pergunta: Existirá mesmo Pinheiros? E seu autor explicita, de forma contundente, as fronteiras conectadas pela rua:

> Pinheiros não termina na Hípica, a bela sociedade que cultiva a equitação. Não Pinheiros não termina na Hípica. O que ali termina é o serviço de canalização de águas e esgotos. Para lá existe ainda o bairro, sem água, sem luz, com os córregos podres, as ruas sem calçamento e um mercado que não vende para o povo, somente para os negociantes.[19]

Sua ocupação sinalizava a modernidade que se construía na cidade nas décadas iniciais do século XX. Cinemas, farmácias, armazéns e botequins; bondes, carros e carroças; casas em série, casas de cômodos, casas isoladas no lote configurando uma hori-

---

que predominam nas explicações sobre a expansão urbana paulistana e também a transformação de caminhos em ruas e avenidas. Os diálogos com os processos aqui analisados são potentes e permitem um alargamento do entendimento sobre a expansão urbana de São Paulo.

19 *Diário Nacional*, 26/04/1928, p. 7.

zontalidade altamente adensada. Nem parques, nem praças, nem jardins, mas ainda bosques, rios e largos.

Trabalhar, investir, morar, viver a cidade: rua, casas, bairro

Mas como estas conexões e fronteiras podem ser percebidas no fazer-se da rua, nas suas práticas, sociabilidades e materialidades?

A documentação utilizada registra, por muitos caminhos e vieses, a rua. Jornais com sua pluralidade de recortes noticiosos, impostos de serviços, anúncios de compra e venda de imóveis e terrenos, autorização de obras particulares, dados estatísticos e imagens cartográficas e fotográficas compõem o material mobilizado para a construção de uma aproximação com o movimento da rua.

A área atravessada pela Theodoro nunca teve praças e parques. Suas áreas livres eram espaços ainda não edificados. Os espaços não ocupados com casas referiam-se a equipamentos públicos de natureza diversa, marcadores da modernidade. No alto, ao lado dos cemitérios, os novos prédios da Faculdade de Medicina e Saúde Pública expressavam, nesta mórbida articulação, a crescente presença da higiene e da doença como tema urbano na modernidade. No meio do caminho o Hipódromo, largo espaço para corridas de cavalo, competições promovidas pelo Kennel Clube e muitas outras atividades sociais. Na outra ponta, o já nomeado Largo da Batata, ao lado da Igreja relembrando as primeiras ocupações indígenas, o rio que ocupava suas várzeas com margens ainda não retificadas e um comércio crescente de horti-fruti envolvendo os japoneses, novos habitantes estrangeiros, indesejados, da capital. A rua configurava-se como eixo de conexão, dotada de infraestrutura e meios de transporte coletivo antes da definição e ocupação dos seus lotes. As imagens mostram mais um caminho do que uma rua.

Entre estes pontos, centenas de metros não ocupados por edificações e preenchidos por jogos de futebol, caçadas de passarinho, encontros amorosos e fugas amedrontadas. Enrico, filho caçula do casal Manoel e Francisca Rodrigues, morava com os pais e cinco irmãos na casa alugada do italiano Paschoal de Goes. O imóvel, na Rua Theodoro Sampaio 215, localizado entre a Pedroso de Moraes e a Cunha Gago, em Pinheiros tinha um quintal que fora ocupado com uma tenda pelo pai, ferreiro de profissão, fazendo ali sua oficina e seu ganha pão. Quando Paschoal despejou a família por atraso de aluguel, a criança assustada fugiu para os matos vizinhos da casa e não foi encontrada pelos pais ampliando as aflições do despejo.[20]

A região foi sendo ocupada por investidores que construíam casas de aluguel. Muitos eram pequenos investidores, como Paschoal de Góes, que reproduziam padrão conhecido na cidade de terem as casas de aluguel próximas a sua moradia, ou até mesmo de sublocarem partes de suas casas.

20 *O Combate*, 01/04/1922, p. 3.

Figura 9 – Theodoro Sampaio, rua - pavimentação, construção de aterro. Fonte: Acervo Fotográfico do Arquivo Histórico Municipal de São Paulo.

Mas encontramos, com muita frequência, um tipo novo de investidor. Aquele que comprava terrenos baratos, construía casas de aluguel para os setores médios emergentes (SAMPAIO, 1998). Empreiteiros como Vitrone, estudado por Camila Souto Maior, realizavam obras públicas na rua, mas também edificavam casas de uso múltiplo (cortiços ou quartos de aluguel) como negócios privados e eram moradores de bairros centrais. O mesmo procedimento ocorria com os investidores da Vila Cândida, localizada na esquina com a rua João Moura, estudados por Elisa Carneiro.[21]

A maioria das habitações, no largo espaço atravessado pela Theodoro Sampaio, eram residências unifamiliares. Algumas moradas coletivas, casas de cômodo ou cortiços podiam ser

21 Conferir nesta mesma publicação os artigos de Camila Souto Maior "Transformações cotidianas na cidade de São Paulo no início do século XX: uma leitura a partir da trajetória do empreiteiro José Vitrone", e de Elisa Carneiro "As casas em série no bairro de Pinheiros: um olhar para a Vila Cândida".

encontrados principalmente nos endereços mais próximos ao Largo da Batata. Mas estas formas de morar não caracterizavam a paisagem como ocorria no Bexiga ou em Santa Efigênia. As favelas que começavam a aparecer na cidade, inclusive em suas áreas centrais como a favela do Canindé, também nunca se configuraram na região. Se as casas mais modestas se localizavam em Pinheiros, as mais abastadas encontravam-se nas fronteiras dos bairros jardins. Cerqueira César aproximava-se do padrão da Vila Madalena com residências de porte médio, ainda que nomeadas de palacete chic, construção moderna ou bangalow (PETRONE, 1963, p. 125).

Em artigo de 1928, um anônimo articulista publicava no jornal *Diário da Noite*, um longo artigo intitulado "Problemas Urbanos". Ainda que dissonante em relação aos melhoramentos implantados na Theodoro Sampaio, e na região de Pinheiros, como aterros, calçadas, escolas, combustores de iluminação, pontos de bonde, dentre outros, o texto explicitava um entendimento da região e de sua conexão com outros bairros e regiões da cidade que tensiona a idéia de progresso. Inicialmente denunciava o preço abusivo dos aluguéis, afirmando que "os proprietários impunham e os inquilinos aceitavam, sob justificada revolta interior, mas impotentes para reagir à ganância ilimitada". Continuava o autor:

> [...] o número de construções se bem que formidável (uma casa por hora) não se reflete no custo do aluguel baixando-o porque a população não pode expandir-se igualmente para todos os bairros novos. É enorme a procura de casas num raio de 2 km, a contar do Triângulo Central. Fora daí não há calçamento, não há iluminação, não há

> água, não há esgoto, não há transporte. Já não falando nos bairros além Tamanduateí, a verdade é que é penosa a vida no Cambucy, Aclimação, Vila Mariana, Vila América, Vila Cerqueira César, Pinheiros, Perdizes, Água Branca, Santo Amaro, Lapa, noutros bairros que podiam comportar a maioria da população de classe média da capital.[22]

Estavam aí assinaladas características duradouras da região: comércio e serviços dividindo espaço com moradias preponderantemente destinada aos setores médios, ausência de parques e praças com densa ocupação urbana e forte presença de interesses imobiliários.

O amplo universo dos negócios, incluindo os imobiliários, era, fundamentalmente, masculino. Mas na Rua Teodoro Sampaio localizamos várias ações de uma senhora da elite paulistana que transitava por territórios definidos como masculinos. Annita Tibiriçá era filha de Jorge Tibiriçá, presidente do senado paulista e membro do PRP e filha de Annita Queiroz Telles. A mãe fora ativa nos círculos da elite local integrando ações de benemerência ligadas a Igreja e participando dos círculos sociais das elites, tinha também traduzido e prefaciado texto de grande sucesso intitulado Livro das Famílias ou o Verdadeiro Tesouro das Noivas, enciclopédia dos conhecimentos da vida prática. O objetivo desta obra era auxiliar na "economia e ordem do lar, do que dependia a felicidade conjugal".[23] A filha teve trajetória

---

22 *Diário da Noite*, 18/05/1927, p. 3.

23 O livro foi anunciado entre os anos 1914 e 1919 em jornais e revistas da capital como *Correio Paulistano*, *A Cigarra*, *A Gazeta* e vendido em diversas livrarias. Integrava, com destaque, uma biblioteca dedicada a moças e senhoras, livros de formação feminina

imprevista para mulheres e sobretudo mulheres de elite: nunca se casou, estudou e formou-se em Farmácia, integrando as associações profissionais nascentes em finais da década de 1920. A mudança em relação às expectativas iniciais sobre sua vida é evidente quando lemos diversas matérias da revista *A Cigarra*, revista de grande circulação, promovia o concurso que pretendia escolher "A mais brilhante moça da sociedade paulista". A revista explicava que isso significava uma senhorita que dominasse as artes da pintura, do canto, da música. Esperava-se que soubesse tocar piano ou violino, recitar, dançar, falar línguas estrangeiras e o português com fluência e elegância. Deviam ainda conhecer ciências, letras e artes. Annita ficou em 18º lugar, com mais de 400 votos. A vencedora dentre as mais de 100 concorrentes foi a jovem Cecilia Lebeis, cujo filho José Carlos Dias foi, décadas mais tarde, Ministro da Justiça.[24]

Annita, ao longo de sua vida adulta comprou terrenos em diversos dos novos bairros da cidade. Na Teodoro adquiriu em 1929 quatro edificações de números 181,183,185 e 197, entre as ruas João Moura e Lisboa. O número 181 era ocupado por um estabelecimento comercial que recolhia impostos como gênero alimentícios, botequim e cigarros. Ainda hoje o local funciona com o mesmo uso revelando apesar das décadas de distância permanências de usos que configuram espaços e práticas. Mas voltando a 1929. Os então proprietários do estabelecimento, locatários de Annita, eram Angelo e Silvia Vasconcelos. Estavam estabelecidos com seu negócio neste endereço antes da compra do imóvel por Annita e lá permaneceram pelo menos até 1931. Entre os imóveis adquiridos por Annita havia uma loja de móveis usados de Augusta de Almeida no número 195. Em frente, do outro lado da rua, havia outro botequim,

24 *A Cigarra*, n. 188, 1922, p. 31.

explorado por Francisco Gonçalves, localizado no número 196. A ocupação dos lotes deixa claro que a aquisição era um investimento imobiliário que não se destinava à moradia de uma jovem solteira da elite paulistana. Chama atenção a presença de mulheres responsáveis pelos comércios que se espalhavam pela rua e adjacências.

As mulheres apareciam em múltiplos registros como proprietárias de negócios, mães de família, transeuntes ou apenas moradoras. Estes papéis não eram excludentes. Podemos reconhecer muitos arranjos familiares: filhas que moram com mães com a alemã Maria Capriva de 35 anos que morava em um cômodo da casa localizada no número 190. A mãe morava com ela e denuncia a agressão sofrida pela filha. Rafael de Campos, pardo, era vizinho das alemãs na casa de cômodos e entrou pela janela espancando a jovem. Não sabemos os motivos, mas ele foi rapidamente identificado, na recorrência do gesto, como um mau vizinho.

Outras mulheres eram avisadas em suas casas sobre o atropelamento dos filhos. Naqueles tempos os automóveis já eram assassinos potenciais nas mãos de seus condutores desregrados.[25]

Eram proprietárias dos pequenos comércios, Yrina com seu botequim disputava a clientela com Silvia. Mas Maria era costureira, Teresa bordadeira e Antônia dona de farmácia. Eram poucas mas presentes em muitos ramos de atividades. Muitas vezes de forma autônoma e responsáveis pelos negócios, como as aqui mencionadas. Mas em muitos outros casos, e de forma mais frequente, trabalhavam com os parceiros e eram responsáveis por controlar o negócio, o caixa e, quando necessário, o serviço da cozinha. Assim mantinham o desejado recato de mulheres privadas,

25 Em 1912, os atropelamentos equivaliam a um terço dos acidentes de trabalho ocorridos na capital. *Anuário Estatístico*: 358 atropelamentos e 962 acidentes de trabalho.

rainhas do lar, essencial na constituição da ordem moral burguesa daqueles tempos e, simultaneamente, trabalhavam e se conectavam com o mundo público. Nenhuma era formalmente responsável por negócios de maior porte como olarias, lojas de móveis, padarias... Apesar disso ocupavam lugares nestes negócios, sobretudo quando tinham caráter familiar. Nestes casos o casamento era também parceria comercial (DAECTO, 2002). Novamente fronteiras porosas entre casa e rua, gênero e papéis sociais.

A predominância masculina no mundo público dos negócios não significava nem exclusividade nem distância da casa. Na Rua Teodoro Sampaio sabemos que ainda persistiam modelos de moradia que ocupavam as frentes e fundos das casas com os negócios que garantiam a sobrevivência de seus moradores, fossem proprietários ou inquilinos.

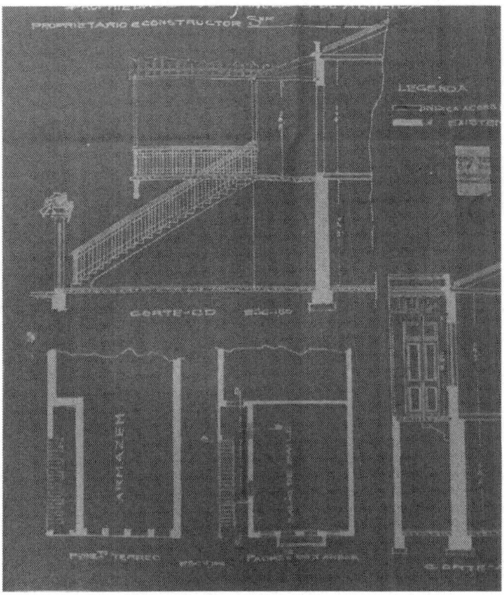

Figura 10 – Rua Teodoro Sampaio, número 31. Fonte: AHMSP, Série de Obras Particulares (OP.218950).

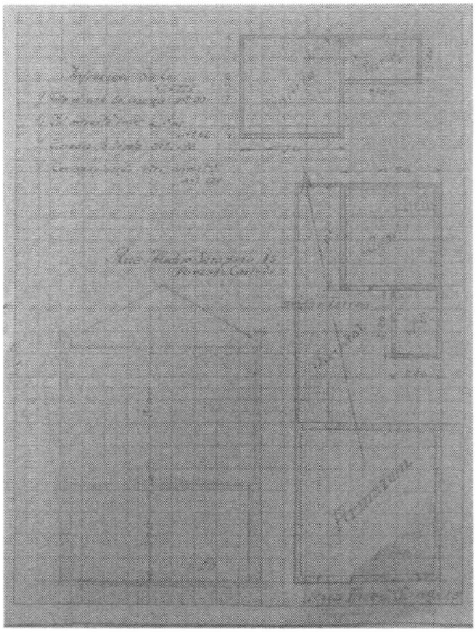

Figura. 11 – Rua Teodoro Sampaio, número 85. Fonte: Prefeitura Municipal de São Paulo, Sistema Municipal de Processos (SIMPROC), processo 28959.

Neste desenho e construção de fronteiras haviam lugares exclusivamente masculinos: não encontramos nenhuma mulher como construtora ou empregada na construção civil, ou condutora de bondes.

A presença de crianças, como a das mulheres, era frequente nas ruas. Retornavam da escola, passeavam com as mães, iam às compras nas muitas lojas e serviços que ocupavam a Rua Theodoro Sampaio.[26] Nos seus movimentos indicam uma autonomia e uma aproximação com o universo dos adultos dificilmente encontrada na cidade contemporânea, sobretudo nos seus estratos médios e de elites. Brincavam nas ruas. Uma das brincadeiras mais populares era aquela em que em grupo ou sozinhas as

26 Na década de 1930 havia 8 farmácias ao longo da rua que alternavam plantões e aberturas aos finais de semana.

crianças aboletavam-se nas traseiras dos muitos tipos de veículos que transitavam pela rua: bondes, carroças abertas e fechadas, auto-caminhões e deslocavam-se fazendo da velocidade a adrenalina da brincadeira. Muitas vezes não conseguiam pular das traseiras dos veículos sem se machucarem, os condutores sempre protestavam. Algumas vezes a brincadeira virava tragédia. Foi assim com Manoel, filho de portugueses, atropelado por um auto-caminhão quando estava na traseira de uma carroça.[27]

Mas além de brincar também realizavam tarefas domésticas como ir às compras, dar recados, ou simplesmente permanecer com os adultos nos espaços públicos. A menina Thereza Petroni tinha seis anos e estava na frente de sua casa no número 59 da Theodoro, próximo a Rua Capote Valente. Ao atravessar a rua foi arremessada pelo automóvel dirigido por Theodoro Alberto Schmidt. A breve notícia intitula-se "A nevrose da velocidade".[28] Rosa, com cinco anos, atravessava, despreocupada, o largo em frente ao mercado quando foi atingida por um caminhão vindo de Sorocaba em direção ao Mercado. Seu pai era o português João Manuel e residia na Rua Theodoro Sampaio 349, nas vizinhanças do acidente. Apesar da péssima qualidade da foto publicada, podemos inferir que a mãe, não nomeada na matéria, era negra.[29] Em ambos os casos não há nenhum espanto com a criança que atravessa a rua sozinha mas sim com o automóvel e sua velocidade

---

27 *Combate*, 21/09/1925, p. 1.

28 *Correio Paulistano*, 27/12/1923, p. 9. A notícia também é veiculada no jornal *O Combate* (14/12/1923, p. 3). A criança faleceu na Santa Casa de Misericórdia para onde foi levada após o acidente. Em 1928 Oswaldo, que morava na Rua Joaquim Antunes e tinha 11 anos, estava brincando na Theodoro quando foi atropelado por um caminhão

29 *Diário Nacional*, 19/01/1930, p. 1.

Rua e casas eram preenchidas por homens, mulheres e crianças que de formas plurais ocupavam estes lugares borrando as fronteiras entre casa e trabalho, público e privado, papéis e atribuições de gênero. Esta algaravia estava presente em muitos lugares da cidade configurando modos de vida não cindidos como apregoavam os manuais de bem viver e as posturas normativas da sociedade burguesa.

Mas na Theodoro encontraremos, como em toda a cidade, de forma acentuada uma pluralidade de grupos étnicos. Impossível pensar a rua e o bairro sem a presença dos estrangeiros. Mas também é impossível pensá-la a partir da predominância de alguma etnicidade. Era uma experiência diversa da encontrada no Bexiga, no Brás ou no Bom Retiro. A expansão da ocupação da rua e seu entorno ocorreu em momento onde a grande imigração dava sinais de arrefecimento. A chegada dos japoneses era marcadamente rural. A Theodoro será ocupada, vivida ou negociada, por muitos dos descendentes de primeira ou segunda geração de imigrantes. Já vimos que estes tendiam a realizar casamentos interétnicos, que buscavam seus espaços de morte e formação, criavam suas instituições e locais de acolhimento. Mas é inegável que as experiências paulistas e paulistanas marcam diferenças entre os "oriundi" e seus descendentes.

A presença de italianos, portugueses e brasileiros é, evidentemente, majoritária nos registros pesquisados. Eles eram os grupos imigrantes majoritários e suas presenças eram expressivas por toda a cidade. Mas os documentos indicam a presença de sírios, turcos, gregos, russos, lituanos. Em 1927, a jovem Lydia Lipsthal, estoniana, 22 anos, saía de seu trabalho como garçonete no restaurante Petisqueiras localizado no Largo do Paissandú. Dirigia-se para o ponto do bonde quando o chauffeur de táxi João Pedroso Camargo, morador da Theodoro, ofereceu--lhe carona. Chegando próximo à avenida Paulista o motorista faz propostas amorosas. A moça foi encontrada desacordada e toda machucada no rosto e corpo no dia seguinte. Ela dizia que fora atacada, o motorista que ela se jogara para fora do carro.[30]

Com frequência pouco usual para outros espaços da cidade eram registradas a presença de negros e pardos.[31] Os registros permitem reconhecer a permanência dos mesmos discursos e práticas excludentes e racializadas que vigoravam nos anos finais do século XIX. Mesmo o jornal *O Combate*, órgão progressista que defendia as lutas sociais e sindicais dos trabalhadores, noticia assim a presença de negros no bairro:

> **Tudo Preto**
>
> Alguns quadros que escaparam à revista "Carvão Nacional".
>
> Os moradores da Rua Theodoro Sampaio no trecho que falta iluminação reclamam providências a quem de direito sobre a reunião ali até altas horas da noite de pretos e pretas desocupados que perto de um botequim existente em frente a sede da Hípica se entregam a prática de atos pouco "olhá-

---

30 *Diário Nacional*, 11/12/1927, p. 5.

31 Não se trata de realizar um levantamento quantitativo sobre estas presenças nem na região da rua Theodoro Sampaio e muito menos em um comparativo com outras regiões de São Paulo. Pretendo apenas indicar que as notícias e documentos permitem reconhecer estas presenças de forma muito distinta daquela possível, com o mesmo corpo documental para a rua 13 de maio ou mesmo para a Avenida Angélica estudada por Pedro Beresin ou a Avenida Celso Garcia analisada por Philippe Arthur dos Reis ou o Bom Retiro de Stephanie Guerra, em seus artigos também publicados neste livro, ou ainda a Paulista de Paulo Garcez (MARINS, 2019) e de Pedro Beresin e Joana Mello (SILVA, FERREIRA et al., 2015).

> veis" em plena rua sem se incomodarem com a passagem dos bondes ali repletos de famílias".[32]

O título da matéria remetia, em seu título, a uma Companhia Teatral criada no Rio de Janeiro e que se apresentara em São Paulo com tremendo sucesso. Era a Companhia Negra de Revista que tinha como ator principal o baiano, com passagem por Paris, De Chocolat e apenas atores negros e pardos. Os espetáculos eram intitulados Tudo Preto, Preto, Preto no Branco, Carvão Nacional e Café Torrado. As reações, do público branco e letrado, aos espetáculos eram variáveis. O primeiro número da *Revista do Brasil* trouxe uma apreciação entusiasmada de Prudente de Moraes Neto: "Extraordinário sucesso artístico e de bilheteria da peça. Os negros dessa companhia fazem não arte negra, mas arte brasileira da melhor. Arte mestiça. E, por isso, são admiráveis". Tarsila do Amaral, que foi ver a peça, censurou o nome De Chocolat, que considerava pedante, assim como puro pedantismo seu desempenho no palco. Mário Filho, que tanto gostara de *Tudo preto*, a ponto de convidar os leitores para assisti-la, no final não pôde aplaudir a Companhia, porque, segundo ele, a própria não se dava ao respeito: "Ah! Meu bom amigo [...] eles ainda não compreenderam o valor da sua raça [...]. E procuram ridicularizá-la [...] para agradar aos brancos [...] senhores da orbe" (BACELAR, 2007).

No ano de 1929 o jornal *A Gazeta* informava que o Clube Caveira de Ouro comemoraria o dia de Reis em sua sede na rua Theodoro Sampaio, realizando um pomposo baile.[33] Sabemos que passados cinco anos, a Frente Negra Brasileira organizaria, pela

32 *O Combate*, 11/03/1927, p. 3.

33 *A Gazeta*, 07/01/1929, p. 3.

primeira vez festejos carnavalescos associados a tradições africanas com desfiles de blocos, cordões e ranchos. O cordão Clube Caveira de Ouro esteve presente nas sucessivas realizações destes desfiles (SILVA, 2012). Em 1930 um baile carnavalesco foi organizado no Salão Arco Verde, sede social do Jardim America F. C. Também aí a presença de uma população negra era predominante. A sede social ficava no número 71, próxima à Rua Oscar Freire. O campo de futebol ficava próximo à Rua João Moura.[34]

Japoneses e espanhóis eram ausentes nos registros de jornais. Nos registros de obras também estão ausentes e igualmente nas cobranças de impostos sobre serviços e censo industrial. Os espanhóis, importante grupo migratório, operou em silenciamento profundo de suas marcas originárias (CANOVAS, 2009). Os japoneses ainda iam emergir e deixar suas marcas. Em 1929, aparece anunciado, como lazer, uma inédita luta de jiu-jitsu que ocorria no Circo Pinheiros, localizado na Theodoro Sampaio esquina com Cristiano Viana. Os lutadores eram Eduardo e Geo Omori, conhecidos campeões locais.[35]

Os japoneses presentes sobretudo no Largo da Batata como comerciantes agrícolas que iam e vinham, moradores dos arrabaldes e/ou outras cidades. Em 1928, criam entreposto da Cooperativa Agrícola de Cotia em área lindeira ao mercado. A cooperativa totalmente constituída por nipo-brasileiros teve, durante as décadas seguintes, papel fundamental no abastecimento de hortifrutigranjeiros para a cidade de São Paulo. A recente chegada ao Brasil e a ida quase exclusiva para as lides agrícolas explica porque até o início dos anos 1930 estavam ausentes dos registros documentais consultados. De meados dos anos 1930 a 1945, se-

34 *A Gazeta,* 13/02/1930, p. 8.

35 *A Gazeta,* 30/04/1929, p. 7.

rão, explicitamente, alvo de políticas e preconceitos. Mais do que qualquer outro grupo étnico, incluindo aí italianos e alemães. Os japoneses sofreram com as políticas nacionalistas e racializadas do Estado Novo. Não poderem falar sua língua ou ler o jornal em japonês era, para grande parte deste grupo, um corte profundo na sua identidade. Os bens confiscados e a proibição de livre circulação incidiam pesadamente sobre japoneses e seus descendentes. Mas mais que qualquer outro, aos japoneses foi atribuída a incapacidade da adaptabilidade. Naqueles anos, de ditadura estadonovista, de consolidação de um modernismo com forte viés nacionalista, de experiência de guerra e avanço de políticas de estado racistas e eugênicas, a adaptabilidade era o termo pseudo-científico utilizado para excluir e perseguir aqueles que não se miscigenavam com a cultura local. A "ausência de adaptabilidade" era a forma pela qual as marcas racistas foram mobilizadas nas múltiplas exclusões e perseguições infligidas a diversos grupos étnicos, notadamente os orientais (CYTRYNOWICZ, 2000). O Ministro da Justiça do governo Vargas dava voz a todas as práticas discriminatórias ao afirmar, em 1941, que os japoneses eram "foco de infecção anti-americana"; que eles nunca seriam assimiláveis; que língua, cor e religião os distanciavam inescapavelmente da cultura ocidental; que eram desprezíveis, ególatras e fisicamente distintos (CYTRYNOWICZ, 2000, p. 150-151). Nos anos 1950, sua presença é significativa, e em 1962, respondem por 6,5% da população do bairro, sendo os italianos o maior grupo étnico do bairro (7%) (PETRONE, 1963).[36]

Como afirma Paulo Garcez, "durante muitas décadas, letreiros em japonês povoaram as principais ruas comerciais, es-

36 Na pesquisa do autor são considerados imigrantes tanto os nascidos no país estrangeiros quanto seus descendentes.

pecialmente em torno do Largo da Batata, centro da CAC em Pinheiros. Dentistas, cabeleireiras, tintureiros, fotógrafos e lojistas nipo-brasileiros eram uma marca do bairro" (MARINS, 2008).

Nesta rua tão plural, que conectava bairros, ofícios, grupos étnicos e problematizava as fronteiras entre público e privado, expressavam-se também os processos gerais de construção da cidade, com a presença inquestionável da Light, retificando, construindo, ocupando e definindo possibilidades para a cidade moderna.

Mas também, e por fim, encontramos na Theodoro práticas sociais e de lazer que nos informam sobre esta cidade que se fazia moderna. Não localizamos nem confeitarias nem salões de chá. Não apareceram registros de lugares de encontro públicos ou privados relacionados aos gostos das elites. O cinema do bairro não se confundia com a ida metropolitana à "Cinelândia" na área central. Inimá Simões lembra que:

> Os cinemas de bairro sempre se definiram pela presença massiva de crianças e adolescentes que aproveitam a ocasião para troca de gíbis. uma cena inexistente nos cinemas elegantes da Cinelândia (SIMÕES, 1990, p. 102).

Em Pinheiros, também não se ouviam vozes reivindicando para a região essa urbanidade burguesa. Para o bairro do Brás, eram muitos os escritos que expressavam a reivindicação de uma urbanidade similar à da área central. Proprietários de padarias e confeitarias faziam suas a escrita de Baptista Cepelos, que afirmava:

> O bairro [do Brás] é como uma cidade. [...] Não é ajuntamento de casinholas [...] É um centro de vida e opinião própria e aparelhado brilhante-

> mente de tudo que necessita uma cidade moderna, habitáculo de homens civilizados.[37]

Ao longo da Theodoro apareciam lugares associativos e lazeres associados aos setores médios urbanos. Botequins e bares eram lugares frequentes de encontros. Associados a eles temos, muitas vezes, ligas e clubes esportivos. Em 1921 ainda havia na Avenida Municipal um campo de futebol. O jornal *O Combate* conta de crime que levou à morte o jovem Antonio Guastelli, irmão do capitão do time União de Minas que disputava animada partida com o time local Hélio Futebol Clube. Na briga João Pécora, o pai do zagueiro do time dono do campo, enfiou uma faca em Guastelli. João era empreiteiro, tinha por volta de 50 anos e era morador da Theodoro Sampaio. Na outra extremidade da rua, quase na várzea do rio haviam os campos do Clube Jardim América (cuja sede ficava em Cerqueira César, na Theodoro esquina com Alves Guimarães, acima de um botequim, o Bar dos Esportistas) e o do Ítalo-Lusitano Futebol Clube. Este último publicava, com alguma regularidade nos jornais esportivos da cidade, a programação dos jogos. Em um sábado qualquer de 1924 haveriam três jogos: às 14h, Vila Americana x Oriental; às 16h, E.C Sorocabana X Botafogo F.C.; e, às 18, o grande jogo Ítalo-Lusitano x Lusitano F.C. Todos os times estavam relacionados a organizações de trabalhadores, não necessariamente fabris.[38]

---

37 *O Comércio de São Paulo,* 28/06/ 1908, p. 1. Notícias veiculadas frequentemente sobre a Padaria e Confeitaria Siciliana reiteravam esta mesma leitura e faziam parte do mesmo esforço de qualificar o espaço do bairro. Tratava-se de dissociar o Brás de uma compreensão estritamente fabril e operária, associada ao trabalho e à precariedade

38 *O Combate,* 28/06/1924, p. 4.

O cinema também marcava sua presença na rua. Ali, como por toda a cidade, inauguravam-se salas de projeção que também serviam como locais de reunião para partidos políticos e outras manifestações. O Cine Brasil, construído em estilo *art déco*, ficava entre a Rua Cunha Gago e a Sebastião Gil, quase no Largo da Batata. Logo após a II Guerra, a cidade de São Paulo tinha mais de cem cinemas.

A maioria deles – cerca de 80% – fica nos bairros, e até nos pontos mais distantes do centro há uma sala funcionando. A área de prestígio, a Cinelândia, é reservada para as ocasiões mais solenes, quando se quer impressionar a namorada, presentear a mãe aniversariante, ou pelo menos passear pelo centro, um programa especial para quem mora longe e vem de ônibus ou bonde compartilhar um pouco da grandeza dos prédios, da elegância dos restaurantes e dos cinemas:

> Nos bairros, onde a oferta de diversões públicas é bem menor que no centro da cidade, os cinemas ganham destaque supremo e sua localização geralmente identifica o ponto central ou "nobre" da região. O cinema e a paróquia local são os pólos de confluência da população e, como símbolos de emancipação da comunidade, por vezes exigiram esforços e mobilização coletiva para sua edificação (SIMÕES, 1990, p. 69).

Cine Brasil tinha capacidade para 1800 pessoas e exibia sobretudo os grandes sucessos hollywoodianos. Era a expressão do lazer de massa e da presença, cada vez mais decisiva, da cultura norte-americana.

Figura 12 – Cine Brasil, rua Theodoro Sampaio, Pinheiros nos anos 1940. Fonte: http://saopaulo-40s-50s-60s.blogspot.com/2012/05/pinheiros-cinemas.html.

A ausência de instituições como escolas ou hospitais associadas a grupos étnicos ou mesmo de indústrias de grande e médio porte completam um desenho, ainda que borrado pelo tempo, de um bairro que configurava a cidade moderna com seus ofícios, porosidades e convivências de diversidade tensionadas pelo cotidiano, pela política e pela cultura.

Residências e serviços ocupados por Maria Ignácia, José Boccato, Fortunata, Adolph Herman, Salvador de Tal, Manoel Figueiredo, Paulo e Colomba Morelli, Manoel e Francisca Rodrigues, Maria Capriva e mais tarde Kazuo, Shimomoto e tantos outros faziam aquela cidade.

Referências bibliográficas

BACELAR, Jeferson. Resenha A história da Companhia Negra de Revistas (1926-1927). *Revista de Antropologia*, v. 50, n.1. São Paulo, jan/jun, 2007. Disponível em: https://www.scielo.br/scielo.php?script=sci_arttext&pid=S0034-77012007000100012. Acesso em: 05/10/2021.

BRESCIANI, Maria Stella. Melhoramentos entre intervenções e projetos estéticos: São Paulo (1850-1950). In: BRESCIANI, Stella (org.). *Palavras da cidade*. Porto Alegre: Ed. da UFRGS, 2001, p. 343-366.

CASTRO, Ana C. V. de. *A São Paulo de Menotti del Picchia: arquitetura, arte e cidade nas crônicas de um modernista*. São Paulo: Alameda, 2008.

CANOVAS, Marília. *Imigrantes espanhóis na Paulicéia*. São Paulo: Edusp, 2009.

CONCEIÇÃO, Silvano da. *Imigração e casamentos:* o caso de São Carlos (1890 a 1939). Dissertação (Mestrado), Centro de Educação e Ciências Humanas, UFSCAR, 2004.

CYTRYNOWICZ, Roney. *Guerra sem guerra*. São Paulo: Edusp/Geração Editorial, 2000.

DAECTO, Marisa M. *Comércio e vida urbana em São Paulo*. São Paulo: SENAC, 2002

GENNARI, Luciana A. *As casas em série do Brás e da Mooca: um aspecto da constituição da cidade de São Paulo*. Dissertação (mestrado). FAUUSP, São Paulo, 2005.

MARINHO, Maria Gabriela S. M. C., MOTA, André (Orgs.). *Medicina, Saúde e História:* textos escolhidos e outros ensaios. São Paulo: Faculdade de Medicina da USP, 2014.

MARINS, Paulo César Garcez "Cem anos de imigração japonesa no Brasil: horizontes de convivência". *Catálogo da Exposição comemorativa do Centenário da Imigração Japonesa "O Japão em cada um de nós"*. São Paulo, 2008.

MARINS, Paulo C. G. São Paulo Avenida Paulista elites em disputa. In: PEIXOTO, Fernanda A. e GORELIK, Adrián (Org). *Cidades sul-americanas como arenas culturais.* São Paulo: SESC, 2019.

SILVA, Joana M. C., FERREIRA, Pedro B. S. et all. A Residência Franco de Mello em três tempos: da domesticidade belle époque ao Centro de Cultura, Memória e Estudos da Diversidade Sexual do Estado de São Paulo. *Revista CPC,* n. 20, 2005. Disponível em: https://doi.org/10.11606/issn.1980-4466.v0i20p36-77. Acesso em: 05/10/2021.

MONSMA, Karl; TRUZZI, Oswaldo; VILLAS BOAS, Silvia K. "Entre a paixão e a família: casamentos interétnicos de jovens italianos no oeste paulista, 1890-1914". *Anais do XIV Encontro Nacional de Estudos Populacionais,* ABEP. Caxambú, Minas Gerais, 2004. Disponível em: http://www.abep.org.br/publicacoes/index.php/anais/article/viewFile/1329/1293.

PETRONE, Pasquale. *Pinheiros estudo geográfico de um bairro paulistano.* São Paulo: EDUSP, 1963.

REALE, Ebe. *Brás, Pinheiros, Jardins:* três bairros, ares mundos. São Paulo: Pioneira/EDUSP, 1982.

SAMPAIO, Maria Ruth A. *Habitação e cidade.* São Paulo: FAUUSP/Fapesp, 1998.

SIMÕES, Inimá. *Salas de cinema em São Paulo.* São Paulo: Secretaria Municipal de Cultura, 1990.

SEVCENKO, Nicolau. *Orfeu extático na metrópole São Paulo.* São Paulo: Companhia das Letras, 1992.

SILVA, Zélia Lopes da. A memória dos carnavais afro-paulistanos na cidade de São Paulo nas décadas de 20 e 30 do século XX. *Diálogos - Revista do Departamento de História e do Programa de Pós-Graduação em História,* v. 16, supl. Espec., dez., 2012. Disponível em: https://www.redalyc.org/pdf/3055/305526888003.pdf.

Continua no 34

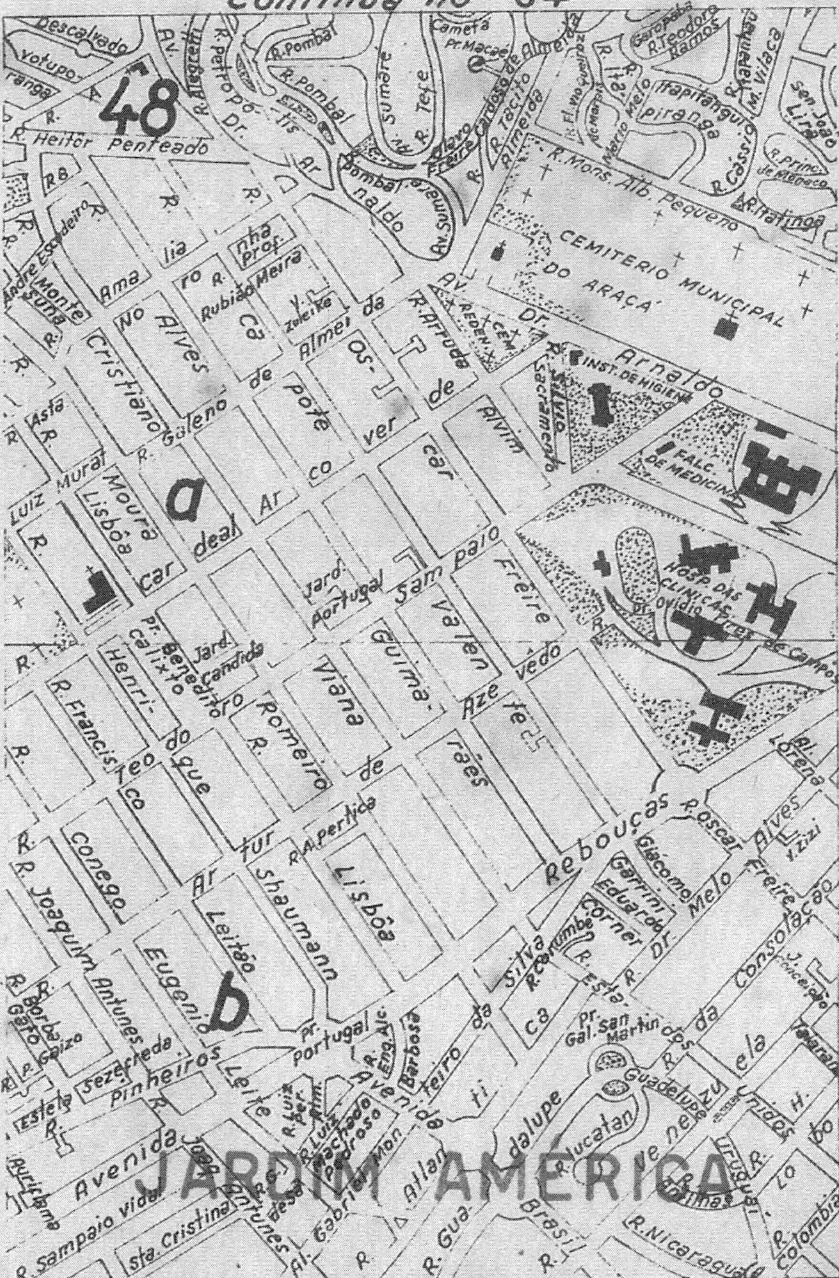

Continua no 49

Continua no 61

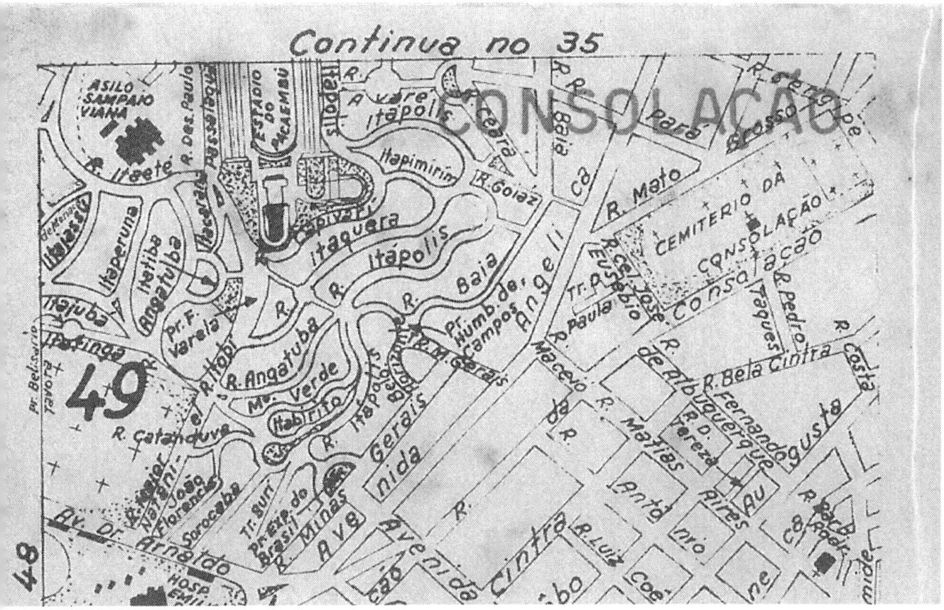
Continua no 35
CONSOLAÇÃO
ASILO SAMPAIO VIANA
ESTADIO DO PACAEMBU
CEMITERIO DA CONSOLAÇÃO
R. Mato Grosso
R. Goiaz
R. Bela Cintra
49
R. Catanduva

Capítulo 6

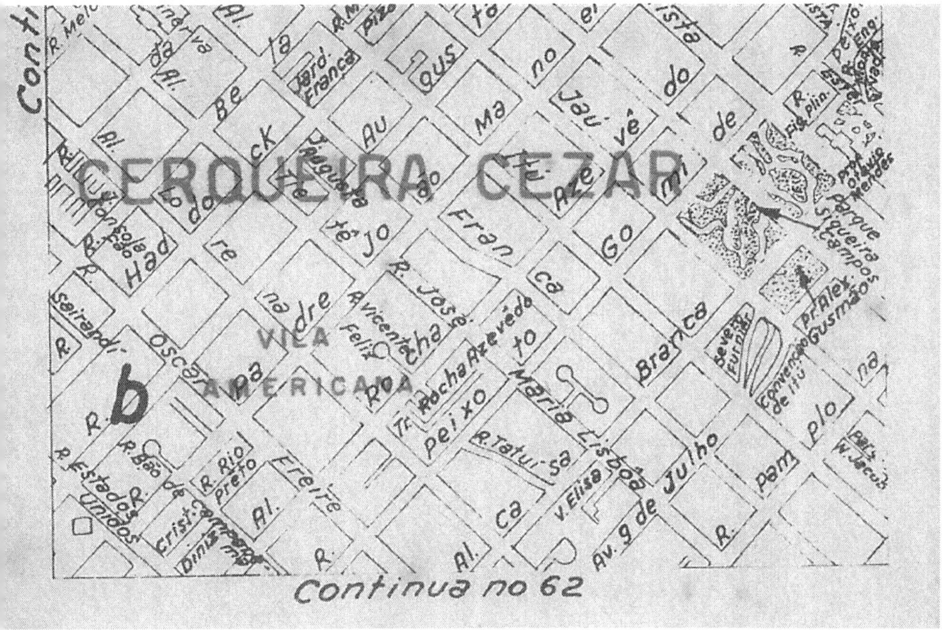
CERQUEIRA CEZAR
VILA AMERICANA
b
Av. 9 de Julho
Continua no 62

As casas em série no bairro de Pinheiros: um olhar para a Vila Cândida

Elisa Zocca Carneiro[1]

Uma reportagem publicada no *Correio Paulistano* no ano de 1900 noticia um pedido de moradores do bairro de Pinheiros para a instalação de uma linha de bondes elétricos.[2] Nela, o "futuroso bairro" era apresentado como uma localização "próspera" para "aqueles que desejam estabelecer residência fora do centro da cidade". Eram exaltados o clima da região, a proximidade ao rio Pinheiros, com a condição de que para o completo desenvolvimento do bairro apenas faltaria uma conexão fácil com outras partes da cidade, já que em Pinheiros já existiam "muitas edificações, importantes casas comerciais".[3]

A conexão de Pinheiros com a malha urbana da cidade de São Paulo só se configura a partir do início do Século XX, desde

1 Elisa Zocca Carneiro é graduanda na Faculdade de Arquitetura e Urbanismo da Universidade de São Paulo. O presente capítulo é um desdobramento da pesquisa de iniciação científica *Vilas particulares de casas em série: um estudo da Vila Cândida*, desenvolvida na mesma instituição com apoio do CNPq.

2 As reportagens de jornais utilizadas neste artigo foram retiradas da Hemeroteca Digital da Biblioteca Nacional.

3 *Correio Paulistano*, 05/01/1900.

a transformação das chácaras da região em loteamentos privados, além da implantação do bonde elétrico em 1902 na Rua Teodoro Sampaio. A malha quadriculada que existe atualmente no bairro foi loteada por José Oswald de Andrade – influente político da virada do século XX – que, a partir da compra de chácaras da região, formou o loteamento "Villa Cerqueira César" (ZANETTI, 1988).

Outros loteamentos construídos na região também foram importantes no processo de inserção de Pinheiros na cidade, como o Jardim América em 1915, e o loteamento de Alto de Pinheiros, aberto pela Cia. City em 1924. Durante esse período, a legislação urbana que vigorava apenas estabelecia as larguras mínimas para ruas e definia alinhamentos para as edificações. Dessa forma, o parcelamento do solo, e o desenho das quadras e da malha urbana ficavam a critério dos donos de terras, que se tornavam empreendedores e loteadores dos bairros (ZANETTI, 1988).

Por se localizar fora da área central, segundo o Código Arthur Saboya vigente a partir de 1929, Pinheiros deveria ter edificações de no mínimo três metros de frente, se não fossem destinadas para habitação; já a altura máxima das edificações deveria equivaler a uma vez e meia a largura da rua (MUNICÍPIO DE SÃO PAULO, 1929). Ao se analisar as dimensões das ruas do bairro, é possível perceber dois padrões predominantes:

- ruas de dez metros de largura: são exemplos as ruas Teodoro Sampaio, Cardeal Arcoverde e Arthur de Azevedo. Segundo a legislação, seus gabaritos máximos seriam de quinze metros, aproximadamente "cinco pés direitos".
- ruas de seis metros de largura: são exemplos as ruas João Moura, Cristiano Vianna, e praticamente todas as perpendiculares às ruas do item anterior. Segundo a legislação,

seus gabaritos máximos seriam de nove metros, aproximadamente "três pés direitos".

Essas definições podem explicar a predominância de gabaritos baixos no bairro, dado que pelos mapas, até os anos 1950, a maioria dos lotes e construções possuíam as áreas mínimas estabelecidas pela legislação.

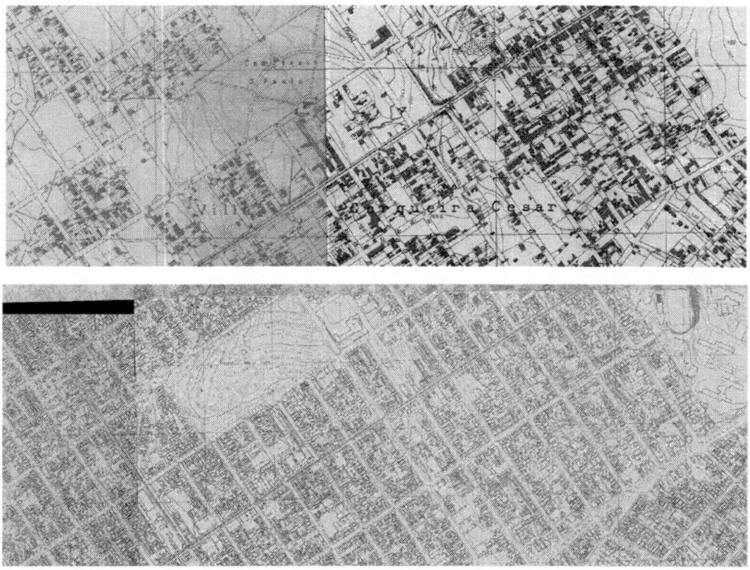

Figuras 1 e 2 – Recortes da mesma área do bairro de Pinheiros dos levantamentos SARA-Brasil, 1930, e VASP-Cruzeiro, 1954. Fonte: Portal Geosampa.

Comparando os mapas SARA-Brasil (1930) e VASP-Cruzeiro (1954), é possível perceber o processo de adensamento do bairro ocorrido no intervalo entre os dois levantamentos cartográficos. No mapa de 1930 pode-se observar a existência de quadras em Pinheiros completamente desocupadas – como ao lado do "Cemitério S. Paulo" na Rua Cardeal Arcoverde – e muitas quadras com poucos lotes construídos. Observando o mapa de 1954, 24 anos depois, praticamente todas as quadras estão densamente ocupadas, e pode-se observar com maior clareza a predominância dos lotes alongados de cinquenta metros de fundo e cinco metros de frente, nos quais geralmente eram construídos sobrados. É possível perceber como, desde 1930, o bairro já apresentava essa tipologia característica da região existente até hoje.

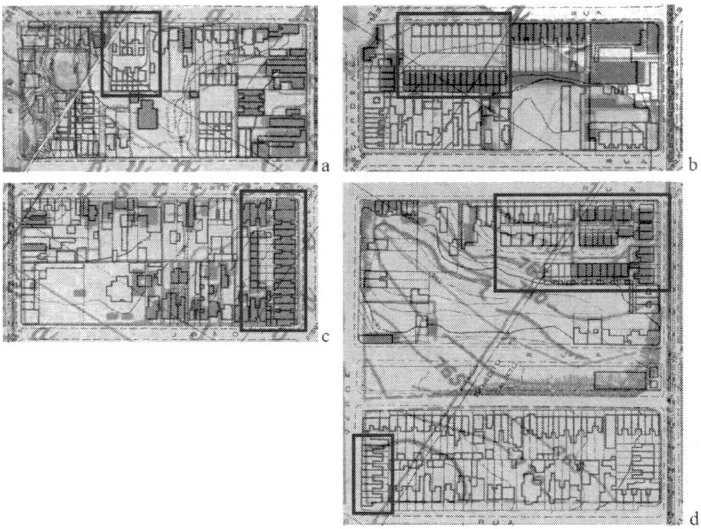

Figura 3 – Recortes de quadras do bairro de Pinheiros que cruzam a Rua Teodoro Sampaio, resultado da sobreposição dos levantamentos SARA-Brasil, 1930, e VASP-Cruzeiro, 1954. Fonte: Portal Geosampa.

Nas quadras analisadas acima, foram sobrepostos os mapas Sara Brasil (1930), e Vasp Cruzeiro (1954). Dessa forma, as construções que estão presentes nos dois mapas (quadriláteros em cinza mais escuro) são construções que antecedem 1930, enquanto que as construções desenhadas com fundo cinza claro correspondem a edifícios construídos entre 1930 e 1954.

É possível perceber a predominância de casas em série nos mapas, dado o formato repetitivo em diferentes lotes da mesma tipologia, e ao fato de estarem geminadas, conectadas umas às outras. Em algumas dessas casas em série, nota-se a existência de passagens e casas voltadas a ruas internas, configurando vilas. Na quadra "c" por exemplo, na Rua Cristiano Vianna, vemos em destaque um conjunto de casas em série construídas antes de 1930; na quadra "a" da Rua Alves Guimarães vemos destacada uma vila com rua interna construída depois de 1954; na quadra "b" da Rua Cônego Eugênio Leite vemos em destaque uma vila com casas construídas tanto antes quanto depois de 1930. Por fim, na quadra "d" da Rua João Moura, vemos a Vila Cândida e seus dois períodos de construção (1929 e após 1935), assim como a praça Benedito Calixto e outra quadra inteira construída após 1930.

A Vila Cândida, como outras vilas, seria caracterizada no Código Arthur Saboya como um conjunto de "casas populares" (MUNICÍPIO DE SÃO PAULO, 1929). Procurando maior aproveitamento dos lotes, uma série de empreendedores imobiliários buscaram outras opções para a ocupação dos lotes com cinquenta metros de fundo. Uma solução amplamente utilizada foi a criação de uma "passagem" por meio da criação de ruas particulares com casas voltadas para ela e para as ruas adjacentes (GENNARI, 2005).

A criação de uma vila através de uma "passagem" é evidenciada no artigo 519 do Código Arthur Saboya: as vias de "casas populares" deveriam ser denominadas "passagens" e obrigatoriamente deveriam ter uma largura mínima de quatro metros. Além disso, para a abertura das passagens, deveriam ser apresentados à Prefeitura para aprovação um "projeto de arruamento" das passagens a serem abertas, de acordo com a legislação, além de um "memorial descritivo" do arruamento e do retalhamento das quadras e edificações (MUNICÍPIO DE SÃO PAULO, 1929). Ou seja, a legislação reconhecia essa forma de construção existente na cidade e categorizava vilas como a Vila Cândida como "casas populares" a partir de critérios como a existência de vias de "passagem".

Para viabilizar as novas construções, era necessário entregar à Prefeitura as plantas das edificações e dos arruamentos, a exemplo das plantas de ampliação da Vila Cândida utilizadas neste artigo (Figura 4). Essas plantas da Vila Cândida definem o número do processo aberto para possibilitar o processo de ampliação, e substituem plantas provavelmente enviadas à Prefeitura anteriormente. Essa multiplicidade de plantas para um mesmo processo indica possíveis dificuldades e demoras nas aprovações de projetos junto à Prefeitura da época.

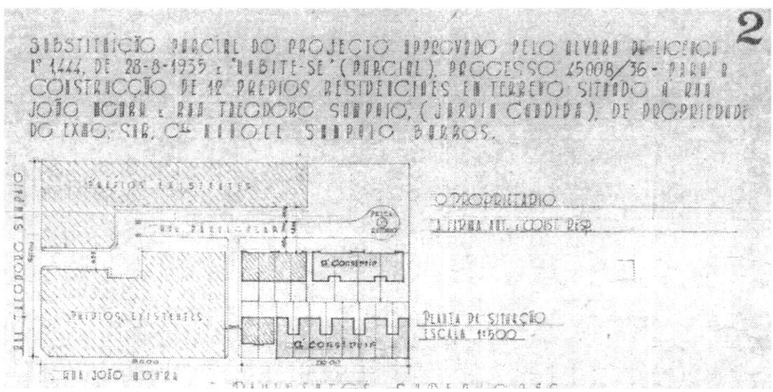

Figura 4 – No recorte da planta é possível observar as duas fases de construção da Vila e as medidas da via interna de cinco metros de largura e 4,5 metros de recuo até a frente das casas. Fonte: SEHAB-Prefeitura de São Paulo.

A largura mínima das vias de passagens de quatro metros aparece definida no código no item "Abertura de passagens e outras disposições para a construção de casas populares", largura verificável nas plantas da Vila Cândida. Além disso, é definida a necessidade de uma praça de manobras de no mínimo doze metros de diâmetro para passagens que não atravessassem os lotes de uma rua a outra, como é o caso da vila em questão. Nela, a praça de manobras tem um diâmetro de aproximadamente dez metros, menor que o exigido pela legislação (MUNICÍPIO DE SÃO PAULO, 1929). Também é descrito no artigo 535 como o escoamento de águas superficiais deveria ser assegurado por sarjetas no meio fio e, que se necessário, deveriam ser construídas "bocas de lobo, galerias e boeiros".[4]

A Vila Cândida serve, portanto, como um estudo de caso de um padrão de moradia reproduzido no bairro de Pinheiros na primeira metade do século XX e abarcado pela legislação do período.

As tipologias das casas de aluguel

Foram utilizadas para análise plantas da ampliação da Vila Cândida, ocorrida nos anos 1940. Nesta ampliação, foram identificadas duas tipologias: a tipologia um, de casas voltadas para a Rua João Moura, e a tipologia dois, de casas voltada para a via interna da vila. As casas são compostas por sala de visitas, sala de jantar, cozinha, dispensa, hall, três dormitórios, sala para banho e compartimento para latrina. Os cômodos possuem dimensões e configurações que diferem de uma tipologia para outra.

4 Segundo entrevistas com moradores atuais da vila, existe um sistema de recolhimento de águas pluviais, também possível de ser visto pelos bueiros ainda preservados.

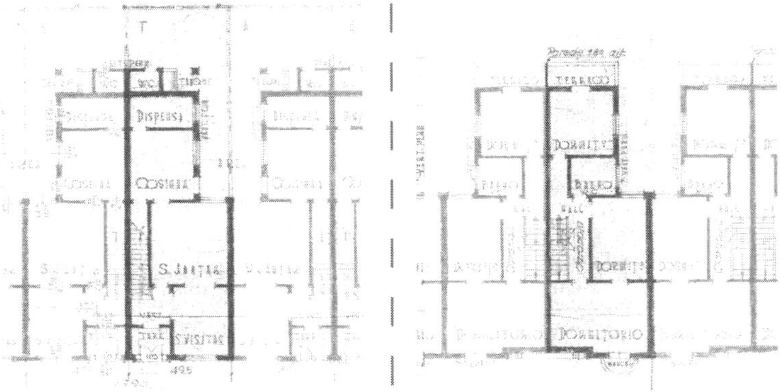

Figura 5 – À esquerda planta térrea da tipologia um, e à direita planta do primeiro pavimento. Fonte: SEHAB-Prefeitura de São Paulo.

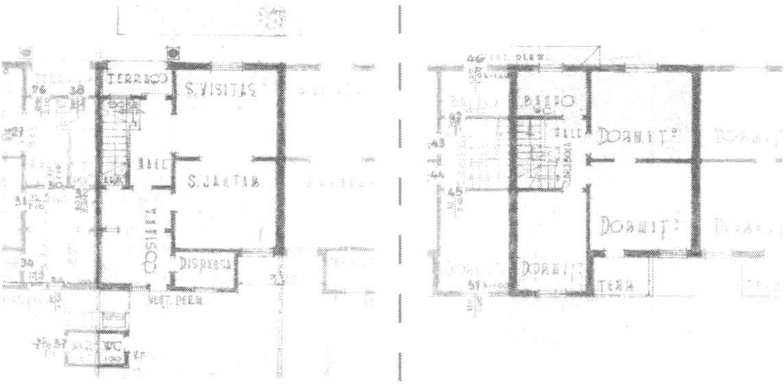

Figura 6 – À esquerda planta térrea da tipologia dois, e à direita planta do primeiro pavimento. Fonte: SEHAB- Prefeitura de São Paulo.

Nos primeiros artigos do Código Arthur Saboya, os dois tipos de habitações particulares são definidos através dos cômodos existentes e de suas respectivas metragens. Na "habitação popular", segundo o código, existe no mínimo um aposento, uma cozinha, compartimento para latrina e banheiro; e no máximo duas salas, três aposentos, cozinha, copa, dispensa e compartimento para latrina e banheiro. Já a "habitação residencial" é definida pelo número de cômodos e pelas dimensões, que deveriam ser maiores do que as requeridas para a habitação popular. Analisando apenas os cômodos, as casas das tipologias um e dois se enquadram dentro das disposições de uma "habitação popular" (MUNICÍPIO DE SÃO PAULO, 1929).

O mesmo código define metragens específicas mínimas para os diversos cômodos das residências. Na tabela abaixo, são comparadas as metragens dos cômodos de cada uma das tipologias com os mínimos exigidos pela legislação do código para habitação popular.

Cômodo	**Tipologia 1 (m^2)**	**Tipologia 2 (m^2)**	**Mínimo da legislação para "habitação popular" (m^2)**
Sala jantar	14,40	12,73	8
Sala de visitas	8,97	12,73	8
Cozinha	10,69	9,62	5
Dispensa	4,65	3,30	– (não informado)
Vestíbulo/hall	3,80	–	–
Banheiro (latrina)	1,40	1,20	2
Terraço	3,40	2,76	-
Dormitórios	9,61 10,40 16,04	9,62 12,73 12,73	10 (pelo menos um) e 8 (outros aposentos)
Banho	4,07	4,42	3,20

Tabela 1 – Metragens dos cômodos de cada uma das tipologias, comparados aos mínimos da legislação do código para "habitação popular" (tabela realizada pela autora com informações do Código Arthur Saboya).

Para a "habitação residencial", os aposentos e salas deveriam ter no mínimo dez metros quadrados, o que não se aplica ao caso da Vila Cândida (Tabela 1). Mas deve ser destacado o fato dos dormitórios apresentarem metragens bem maiores do que o mínimo estabelecido para a "habitação popular", assim como as salas de visita e jantar – talvez em busca de atingir alguns dos padrões estabelecidos para as residências. Parece, portanto, que as casas da vila se configuraram como um certo híbrido dentre as duas possibilidades apresentadas pelo código. Esse fato demonstra como a habitação apresentava diversas formas, além das estabelecidas pela legislação, e como essa pluralidade respondia às necessidades dos moradores que ali viviam.

A legislação definia que cada compartimento deveria ter pelo menos uma porta ou janela; além disso, os dormitórios deveriam dispor, nas folhas das janelas, de "meios próprios para provocar a circulação ininterrupta de ar". As janelas com folhas externas de madeira com venezianas, que permitem a circulação permanente de ar, requisito para o projeto das casas, estão presentes nas elevações das duas tipologias. (MUNICÍPIO DE SÃO PAULO, 1929).

Figuras 7 e 8 – A casa da moradora Lanita Jubilut em foto atual da vila, na qual é possível ver as janelas venezianas originais. A planta da mesma fachada, com as mesmas janelas. Fonte: Fotografia da autora e SEHAB-Prefeitura de São Paulo.

Por fim, vale ressaltar a riqueza de detalhes das fachadas da vila, que, assim como os detalhes internos da casa de Lanita Jubilut, contribuem para a construção da ideia de vilas de setores médios. Na imagem anterior, as venezianas de madeira são acompanhadas de uma floreira na abertura do primeiro andar e de relevos geométricos ao redor de duas das janelas da fachada, ambos elementos decorativos já previstos no projeto original. Cada duas casas geminadas partilham uma arquitrave sustentada com capitéis jônicos simplificados que era utilizada como uma espécie de varanda, um local de encontro da vizinhança (Figura 9). Também é possível identificar, nas fotos e nos desenhos, os falsos silhares que dividem algumas casas, e as entradas com pisos desenhados em pedra portuguesa (ARAGÃO, 2000).

Figura 9 – Meninas se reúnem para foto no dia da primeira comunhão da moradora Sonia do Amaral Brito. Ao fundo, homens reunidos abaixo de uma arquitrave. Fonte: Acervo pessoal Sônia do Amaral Brito.

A Vila Cândida: proprietários, construtores e moradores

Figura 10 – Detalhe do portal da Vila Cândida, com a data de construção inicial e o brasão com as iniciais de Manuel Sampaio Barros. Fonte: Fotografia da autora.

Na planta dos projetos de ampliamento da Vila Cândida, o nome do "*Exmo. Snr. Coronel Manuel Sampaio Barros*" aparece como proprietário do terreno em que os doze prédios residenciais seriam construídos. Suas iniciais – MSB – também estão marcadas em um brasão detalhado nos portais das duas entradas da vila. Segundo seu bisneto Fernando Aranha, morador de uma das casas na vila, Manuel Sampaio Barros foi um fazendeiro de café com terras na região de São Manuel, interior do estado de São Paulo.[5] Barros se mudou para a cidade de São Paulo, vivendo em um casarão na Rua Bahia no bairro de Higienópolis durante grande parte de sua vida. Fez fortuna comprando terrenos grandes, loteando e

5 Entrevista concedida à autora em 19/10/2018. As demais informações referentes a Manuel Sampaio de Barros e José Alves Aranha também foram obtidas na entrevista.

vendendo terras.[6] Junto a Manuel Sampaio Barros participava dos negócios José Alves Aranha, engenheiro e genro de Manuel. José era responsável por terras da família e pelos loteamentos de Manuel em São Paulo.

José Alves Aranha também foi responsável pelo projeto inicial da vila, que data de 1928, ano que aparece nas inscrições dos portais. José havia se formado como engenheiro nos Estados Unidos, e foi por certo período administrador da fazenda do sogro em São Manuel. Ele também ajudou na fiscalização da construção da vila, apresentando soluções como a rede elétrica que passa por dutos subterrâneos (Figura 11) – repertório adquirido no período em que viveu fora do país.

Figura 11 – À esquerda, crianças em frente a casas da vila. À direita, detalhe da foto em que é possível ver próximo ao portal da vila a iluminação da rua interna na fachada da casa. Fonte: Acervo pessoal de Sônia do Amaral Brito.

6 Sobre a construção da imagem de Higienópolis como um bairro de elite, ver o texto "As fronteiras da cidade" de Pedro Beresin, neste livro.

Nas plantas do ampliamento da Vila Cândida realizado nos anos 1940, consta o selo do escritório Arnaldo Maia Lello, LTDA. ARCHITECTOS", além da assinatura de "Lamartine Maia Rosa" como responsável pela construção.[7] A partir de informações obtidas em entrevista com Maria Lúcia de Camargo, sobrinha de Lamartine Maia Rosa, foi possível construir a árvore genealógica da família que formou o escritório. De origem italiana, Salvador Maia e Maria Magdalena, junto de sua filha mais velha Francisca, vieram ao Brasil no início do século XIX, e aqui tiveram outros quatro filhos. Netos do casal, os irmãos Alvaro, Armando, Arlindo e Arnaldo Maia Lello se uniram ao primo Lamartine Maia Rosa para formar o escritório de construção e arquitetura.

Figuras 12 e 13 – Os integrantes da Arnaldo Maia Lello em frente aos edifícios de luxo da Rua São Luís; na segunda imagem vemos (da esquerda para a direita) Armando, Arnaldo, Arlindo e Álvaro Maia Lello. Fonte. Acervo pessoal de Maria Lúcia de Camargo.

7 Planta *"Substituição parcial do projecto aprovado pelo alvará no 1444 de 28.8.1935 e "habite-se" (parcial), processo 75008/36 - para a construcção de 12 prédios residenciais em terreno situado a Rua João Moura e Rua Theodoro Sampaio, (Jardim Candida) de propriedade do Exmo. Snr. Cel. Manuel de Sampaio Barros".* Fonte: SEHAB-Prefeitura de São Paulo.

Em diversos momentos, a construtora é apresentada como influente dentro do mercado da construção civil em São Paulo, dos anos 1920 até os anos 1940, sendo responsável pela construção de três edifícios de luxo na Rua São Luís, no centro da cidade. Em publicação do *Correio Paulistano* de 1930, a Construtora Arnaldo Maia Lello aparece nas relações de profissionais "Registrados de acordo com o Código 'Arthur Saboya' [...] e que foram licenciados para exercerem a profissão de construtores, encanadores, eletricistas, durante o primeiro semestre do corrente ano".[8] A Arnaldo Maia Lello é também citada anos depois como "empresa construtora que goza de maior prestígio", por votos dos leitores do *Jornal de Notícias*.[9]

Os jornais noticiavam a aprovação de plantas da "Diretoria de Obras e Viação", e a construtora apresenta inúmeras aprovações nesse período, como modificações de construções, rebaixamento de guias, aumentos e construções de edifícios - além de aberturas de ruas, vias e passagens. É importante perceber como se deu a influência desses construtores na formação da malha urbana, questão que pode ser exemplificada com o pedido arquivado em 1926 para "ampliação da zona central", feito pelo "sr. Arnaldo Maia Lello".[10] Apesar de não ter sido aprovado, a tentativa do pedido feito por um dos integrantes da construtora já demonstra a influência que esses personagens tinham na construção da cidade e na expansão dos seus limites.

Assim como o escritório, o proprietário Manuel Sampaio Barros é colocado nos jornais como um personagem que atua em diversas frentes na cidade, desde o mercado imobiliário até a es-

8 *Correio Paulistano*, 03/04/1930.

9 *Jornal de Notícias*, 17/08/1949.

10 *Correio Paulistano*, 07/02/1926.

fera política. Foram muitas aquisições de terrenos, incluindo um pedido de "redução das tarifas" da estrada Sorocabana, feito por Manuel em 1903, quando era vereador da cidade de São Manuel.[11]

Em 1935, o *Correio Paulistano* publicou o "Edital de citação de Armando Lussac, com o prazo de trinta dias". O trecho descreve como Manuel Sampaio Barros "proprietário do prédio n.o 198 da Rua Teodoro Sampaio" solicita ao locatário do edifício que ele desocupe o imóvel dentro de trinta dias, por estar em atraso com o aluguel.[12] Hoje, o endereço de uma das entradas da Vila Cândida é Rua Teodoro Sampaio 927, mas no memorial descritivo da ampliação da vila, é possível ver que este número no período correspondia ao número 200.

Dessa forma, o endereço citado no *Correio Paulistano* provavelmente corresponde a uma das oito casas de frente para a Rua Teodoro Sampaio. Esse fato sugere que as casas da Vila Cândida já eram destinadas ao aluguel nesse período, o que vai de acordo com a informação de que as casas da vila já teriam sido construídas com o objetivo de serem de aluguel. Além disso, se mostra clara a relação presente do proprietário dos edifícios com a administração e cobrança dos aluguéis das casas da vila.

Outra entrevistada, Lanita Jubilut, é moradora da vila desde seus oito anos de idade, quando a família era inquilina de uma das casas. Nascida em Santos, se mudou para São Paulo nos anos 1950, quando seu pai conseguiu um trabalho no Banco Moreira Salles, e sua mãe, uma vaga de professora em Osasco. Sua tia já vivia na casa treze da vila, antes de sua família alugar a casa vinte

11 Trecho do *Correio Paulistano*, 02/01/1903. Nele, é possível ver o pedido de redução de tarifas da estrada Sorocabana, tendo Manuel Sampaio Barros como um dos assinantes.

12 *Correio Paulistano*, 20/12/1935.

e seis – agora própria. Dos sete irmãos, cinco viveram com os pais na casa vinte e seis – onde Lanita vive ainda hoje – e dois viveram na casa de sua tia na mesma vila. De família de imigrantes alemães e portugueses, ela conta sobre como foi sua infância na vila.

> [...] acho que naquela época [...] a gente ficava muito protegido aqui na vila, brincava todo mundo aqui, por isso que eu digo que hoje tem um bando de criança brincando aqui. E tinham aquelas coisas, aquela época de balão, de quadrado, papagaio, bolinha de gude, a gente andava de bicicleta toda por aqui, patinete [...] (JUBILUT, 2019).

Ela descreve como viver nos anos 1950 na vila significava estar protegido. As crianças brincavam todas juntas naquele espaço, moradoras ou não. Em conversa com Lanita, sua irmã Lilia Graziela Silva Rzezak e sua amiga de infância Sônia do Amaral Brito – que também viveram na vila no mesmo período – as memórias são de inúmeras brincadeiras, festas e da vila como sempre cheia de crianças.[13] Elas contam como não precisavam sair da vila para brincar, já que crianças da vizinhança faziam partidas de futebol ali mesmo:

> E pra nós [crianças que moravam na vila], não era fechado assim, mas para a gente não precisava sair na rua. Porque o pessoal dali da rua vinha brin-

13 Sociabilidades semelhantes são descritas na Vila Itororó, conjunto de edificações para fins residenciais construído ao longo do século XX, entre os bairros da Liberdade e Bela Vista. As crianças moradoras, parentes e vizinhas brincavam nas áreas comuns da vila, criando uma sociabilidade intensa entre os moradores, a qual era facilitada pelo arranjo arquitetônico (FELDMAN e CASTRO, 2017).

car aqui conosco. Daí tinha uns jogos que a gente fazia com o pessoal da Cristiano [Rua Cristiano Vianna], lembra? Os meninos jogavam futebol, era a vila contra a [Avenida] Henrique Schaumann. Então, nós ficávamos tudo aqui, a gente não precisava sair nem nada, e éramos protegidos desse jeito. Foi uma infância maravilhosa, porque nós sabíamos tudo [...] (RZEZAK, 2020).

Fica claro que por ser uma rua interna à quadra, criava-se um ambiente interno de proteção que não era utilizado apenas por quem vivia nas casas da vila. Lanita conta como seu tio ou seu pai iam até a janela, assobiavam e as crianças entravam de volta para as casas. Parece, portanto que a forma em que a vila foi construída possibilitou a criação de um espaço que mantinha as crianças sob controle de seus pais.

Figura 14 – Crianças reunidas na rua interna da vila. Fonte: acervo pessoal de Sônia do Amaral Brito.

Sônia do Amaral Brito nasceu na vila em 1945 e viveu lá até os quinze anos de idade, quando a família se mudou para o bairro do Brooklin, em sua primeira casa própria.[14] Sônia viveu na casa número dezessete da vila com seus dois irmãos mais velhos e com seu pai, representante de firmas e sua mãe, professora. Sônia conta como, na época em que chegou, famílias com crianças ainda não eram permitidas na vila – sua família foi uma das primeiras a serem aceitas. Nessa época, a vila era mantida por um zelador muito rígido. Sônia conta:

> [...] então, minha mãe disse que uma vez ela fez uma festinha, e um convidado, fumando, jogou a cinza de cigarro assim fora da janela. Ele [o zelador] veio reclamar dizendo que não podia. Ela dizia que era impecável! [...] (BRITO, 2019).

Diante desse relato, é possível supor que tenham existido dois momentos na vila: um primeiro, quando, segundo Sônia, não eram admitidas família com crianças, e o espaço era mantido muito organizado por um zelador rígido; e um segundo momento, em que o espaço da vila era ocupado por crianças, moradoras ou não. O depoimento de Sônia indica, entretanto, certa contradição – dado que as casas foram projetadas com três dormitórios, e que por essa razão, possivelmente previam famílias com crianças. Essa questão pode indicar que talvez não fossem proibidas as crianças, mas que, em um primeiro momento, o controle das áreas livres da vila não permitisse que elas fossem utilizadas como áreas de lazer pelos mais novos.[15]

14 Entrevista concedida à autora em 19/10/2018.

15 A figura do zelador também é evidenciada na Vila Itororó. Duas mulheres – Tercina e Angelina – eram responsáveis por garantir que as crian-

Essa mudança pode ser explicada pela figura do zelador, ou por moradores diferentes em cada um dos períodos, questão que as entrevistadas não souberam precisar. Segundo Lanita, o zelador era responsável por manter os jardins da vila e vivia em uma das primeiras casas ao entrar pela Rua Teodoro Sampaio, hoje demolida. Segundo as entrevistas, como não existia uma taxa de condomínio, provavelmente o zelador era pago pela administradora da vila. Elas contam como "Seu Correia" e "Dona Afra" eram os administradores, que viviam em uma das casas voltadas para a Rua João Moura, onde recebiam os aluguéis mensais.

Lanita conta que como não eram permitidos carros dentro da vila, os lugares que hoje são utilizados como garagens eram grandes jardins com gramados e arbustos podados cuidadosamente. Para regar o jardim, existiam torneiras douradas em partes da vila - que hoje não existem mais -, e as construções eram sempre elogiadas pelos moradores e visitantes, em relação aos seus materiais de qualidade. Ela relata muitos detalhes de sua casa, como corrimão de Pinho de Riga, soleiras da porta de mármore, e sancas detalhadas nas salas, que concediam à habitação características refinadas para o período (Figuras 15 a 18).

ças respeitassem as áreas comuns, e, diferente da Vila Cândida, exerciam um controle dos horários das brincadeiras: "Uma delas, em troca do trabalho dos meninos no jardim, cortando a grama e podando os arbustos, dava-lhes pirulitos e doces que ela mesma fazia" (FELDMAN e CASTRO, 2017, p. 104). Fica claro como no caso da Vila Cândida, a figura do zelador é responsável pelo zelo das áreas comuns, como manter os jardins, o que pode indicar mais uma vez a presença de setores médios com maior poder aquisitivo, quando comparados às famílias residentes na Vila Itororó.

Figuras 15, 16, 17, 18 – Detalhes da casa de Lanita Jubilut. Ornamentação da área próxima a lâmpada do teto da sala e das sancas. Escadas originais da casa, com corrimão de Pinho de Riga, e ao lado escadas da entrada e tijolos originais. Fonte: Fotografias da autora.

Essas características confirmam mais uma vez que a vila abrigava também setores mais abastados das chamadas classes médias do período. Lanita confirma que lá viviam médicos, professoras, vendedores de seguros, secretárias de firmas, corretores da bolsa de valores. Lilia Rzezak lembra como alguns dos moradores tinham melhores condições de renda, por bancarem um estilo de vida que na época era caro:

> [...] eu acho que de médio [classe média] pra cima, por que [..] a classe média daquela época é diferente da atual. Era uma classe média mais alta do que hoje em dia, era quase classe alta. As mulhe-

> res tinham chapéu, iam pra cidade tomar chá no Mappin [famosa loja de departamentos no centro], com luvas, e a tia ainda que não tinha pouco cabelo usava aqueles turbantes com uma pérola [...] (RZEZAK, 2019).

Elas contam que naquele período iam a pé ou de bonde até o cinema da Rua Augusta, e que em Pinheiros só havia pequenos mercados, quitandas e alguns ambulantes, como vendedores de leite de cabra na praça Benedito Calixto, ou furgões que vendiam pães e doces para o lanche da tarde. Lanita Jubilut lembra do bairro cheio de casas em série, todas iguais, como as da vila, e de espaços verdes onde duas vezes por ano eram realizadas quermesses que reuniam todos do bairro.

Nas lembranças de Lanita, Lilia e Sônia, Pinheiros se assemelhava a uma cidade no interior na sua forma de viver – ao mesmo tempo em que convivia com grandes mudanças como o bonde que passava pela Rua Teodoro Sampaio, conectando o bairro com o centro da cidade.

Para cuidar dos espaços da vila, além da figura do zelador, as entrevistas deixam claro como os setores médios que ali habitavam tinham um poder aquisitivo suficiente para contratar empregadas domésticas, responsáveis também pelo cuidado das crianças. Os relatos dos moradores deixam claro que essas funcionárias eram mulheres negras descendentes de escravos, que buscavam no ambiente urbano melhores oportunidades de trabalho. Lanita conta que a família de sua tia teve uma empregada chamada Tina, quem ela descreve com muito carinho; Sônia, por sua vez, afirma que os empregados em muitas casas da vila eram negros. Ela conta como em sua infância via traços da escravidão no seu dia-a-dia:

> Os meus irmãos dizem que nós tínhamos preconceito contra pretos, mas a gente estava... [era] muito próximo de nós a escravatura. Se o meu avô tinha escravo, então tinha aquela divisão. Eu conheci "ex-escravo" que ia na casa do meu avô [em Santos] todo dia de manhã tomar café e ele tratava a gente como pirralho mesmo, a gente era criança, mas [chama as crianças] como senhora, dona, entrava [na casa] por fora, pelo quintal. E a gente dava uma canequinha de café pra ele [...] (BRITO, 2019).

Figura 19 – Sônia do Amaral Brito com a babá que trabalhava em sua casa.
Fonte: Acervo pessoal de Sônia do Amaral Brito.

*

Durante o século XX, as vilas de casas em série emergiram como uma forma de morar na cidade de São Paulo. O poder público, por meio de legislações, como o Código Arthur Saboya, reconheceu esse tipo de moradia e criou disposições que buscaram regularizar e enquadrar as casas em modelos com predisposições de áreas, iluminação e ventilação definidas. Assim, o Código definiu tipologias como as moradias "popular" e "residencial" tratadas neste artigo. A Vila Cândida nos mostra como essas disposições entram em conflito quando comparadas ao que é de fato construído, sendo portanto a convergência das atuações dos agentes estudados – proprietários, moradores e construtores, entre outros – com as disposições do poder público que produziram as formas de morar das vilas de setores médios do bairro de Pinheiros.

A pesquisa sobre a Vila Cândida possibilitou a compreensão de como em um mesmo espaço conviviam diversos atores sociais, como os fazendeiros de café que investiram na construção das casas feitas pelos arquitetos; as professoras e contadores que ali conseguiram uma habitação para criar seus filhos; as crianças das redondezas que brincavam no lugar; e as empregadas e zeladores que ali trabalhavam. Os setores médios que viviam na Vila Cândida e em outras casas em série do bairro assistiram durante o período a inúmeras transformações na região que se expandia, e ao mesmo tempo estabelecia conexões com outras áreas da região. Pinheiros, através de ruas como a Teodoro Sampaio, ao mesmo tempo em que se desenvolvia, se conectava com o centro de São Paulo por meio de seus moradores que se deslocavam para o trabalho no centro, ir ao cinema, ou para as tardes de chá no Mappin.[16]

16 Ver neste livro o artigo "Teodoro Sampaio, conectando a cidade", de Ana Lanna, onde ficam explicitadas as conexões que a rua realizava no

Compreendendo esses estudos, São Paulo se desenha cada vez mais como plural e diversificada durante o seu processo de metropolização. Fica claro através do estudo da Vila Cândida como sobreposições, entrelaçamentos, conflitos e transformações sucessivas de todos os personagens que atuavam no espaço foram responsáveis pela construção da cidade.

Referências bibliográficas

ARAGÃO, Solange M. L. de. *Da persistência do ecletismo nas vilas paulistanas.* Dissertação (Mestrado). FAU USP, São Paulo, 2000.

BONDUKI, Nabil. *Origens da Habitação social no Brasil: Arquitetura Moderna, Lei do Inquilinato e Difusão da Casa Própria.* São Paulo: Estação Liberdade, 2011.

BORIN, Monique F. "Acervos históricos e estudos da urbanização: o cruzamento de fontes urbanísticas e judiciárias como recurso metodológico". In: CABRAL, Claudia C. & COMAS, Carlos E. (Orgs.). *Anais do IV Encontro Nacional de Pesquisa e Pós-Graduação em Arquitetura e Urbanismo.* PROPAR UFRGS, Porto Alegre, 2016. Disponível em: http://www.anparq.org.br/dvd-enanparq-4/SESSAO%2042/S42-01-BORIN,%20M.pdf. Acesso em: 23/09/2018.

BRESCIANI, Maria Stella. "Sanitarismo e configuração do espaço urbano". In: CORDEIRO, Simone L. (Org.). *Os cortiços de Santa Ifigênia: sanitarismo e urbanização (1893).* São Paulo: Imprensa Oficial do Estado de São Paulo. Arquivo Público do Estado de São Paulo, 2010, p. 15-33.

CORREIA, Telma de B. *A Construção do Habitat Moderno no Brasil (1870-1950).* São Carlos: RiMa, 2004.

---

período da primeira metade do século XX, em um movimento de crescimento da cidade de São Paulo.

FELDMAN, Sarah e CASTRO, Ana C. V. de. *Vila Itororó: uma história em três atos*. São Paulo: Instituto Pedra/ SMC PMSP, 2017.

FUNDAÇÃO BIBLIOTECA NACIONAL (Brasil). *BNDigital*. Acervo da Hemeroteca Digital. Disponível em: https://bndigital.bn.gov.br/. Acesso em: 20/09/2018.

GENNARI, Luciana A. *As casas em série do Brás e da Mooca: um aspecto da constituição da cidade de São Paulo*. Tese (Doutorado). FAUUSP, São Paulo, 2005.

LEFÈVRE, José E. de A. *A História da Rua São Luiz*. São Paulo: Edusp, 2006.

MUNICÍPIO DE SÃO PAULO. Lei 3.427, de 19 de Novembro de 1929. *Código Arthur Saboya*. São Paulo, 1929. Disponível em: https://leismunicipais.com.br/a/sp/s/sao-paulo/lei-ordinaria/1929/342/3427/lei-ordinaria-n-3427-1929-codigo-de-obras-de-arthur-saboya. Acesso em: 12/09/2018.

PORTAL GEOSAMPA (São Paulo). *Foto do Levantamento aerofotogramétrico da Cidade de São Paulo em 1954*. São Paulo: Prefeitura Municipal de São Paulo, 1954. Escala 1:2.000. Disponível em: http://geosampa.prefeitura.sp.gov.br/PaginasPublicas/_SBC.aspx. Acesso em: 12/08/2017.

PORTAL GEOSAMPA (São Paulo). *Mapa topográfico do município de São Paulo*. São Paulo: Sara Brasil, 1930. Escala 1:5.000. Disponível em: http://geosampa.prefeitura.sp.gov.br/PaginasPublicas/_SBC.aspx. Acesso em: 12/08/2017.

ROLNIK, Raquel. "Para além da lei: legislação e cidadania (São Paulo 1886-1936)". In: SOUZA, Maria Adélia *et all*. (Orgs.). *Metrópole e globalização: conhecendo a cidade de São Paulo*. São Paulo: Ed. Cedesp, 1999.

ZANETTI, Valdir Z. *A produção da forma urbana: Pinheiros, São Paulo (1890-1980)*. São Paulo: Ed. O Autor, 1988.

Continua no 24

Continua no 38

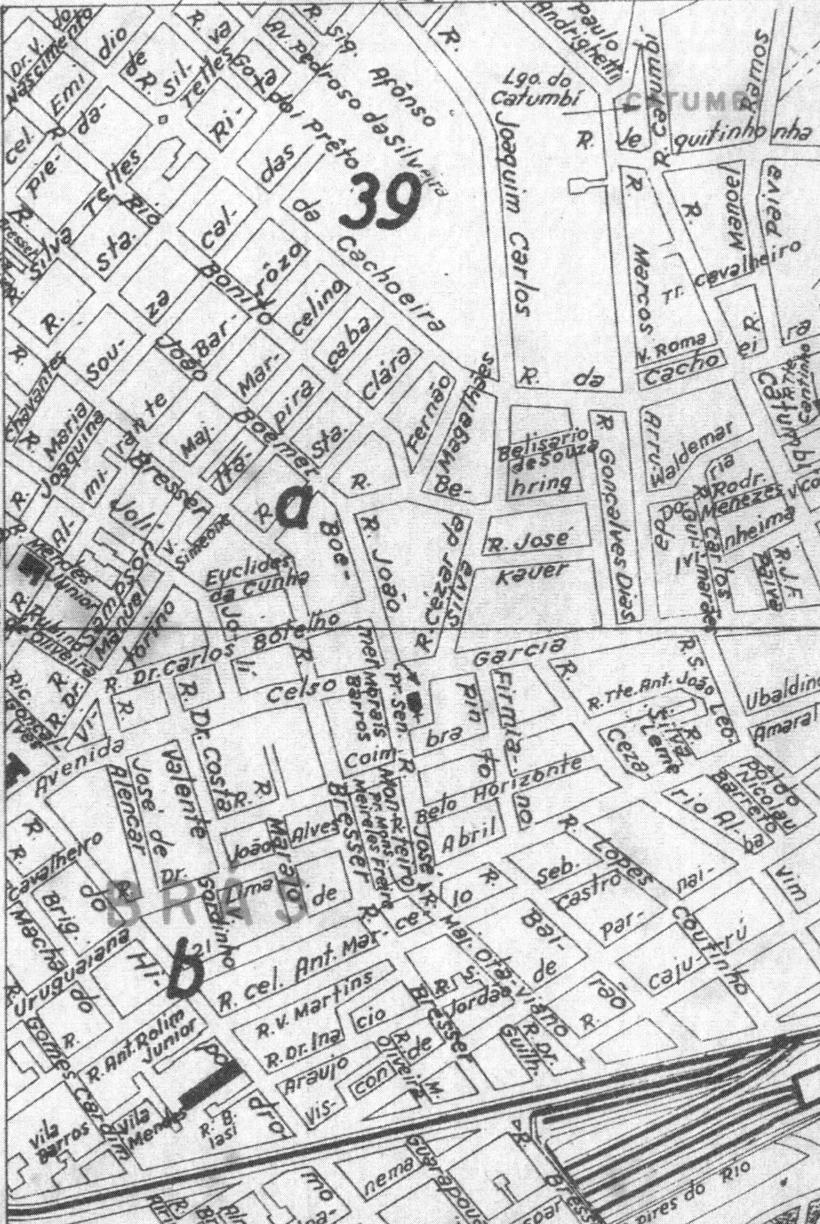

Continua no 53

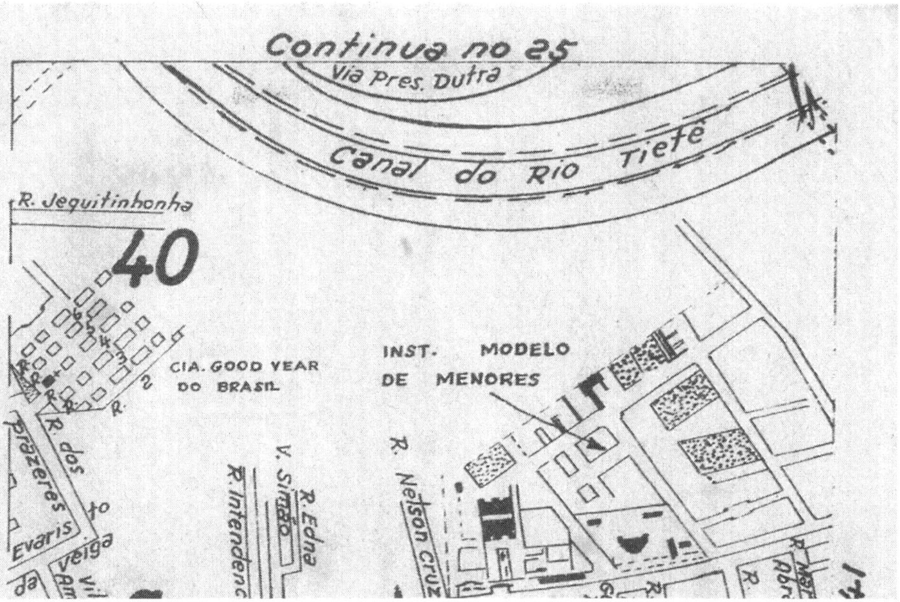
Continua no 25
Via Pres. Dutra
Canal do Rio Tietê
R. Jequitinhonha
40
CIA. GOOD YEAR
DO BRASIL
INST. MODELO
DE MENORES
R. Nelson Cruz
R. Edna

Capítulo 7

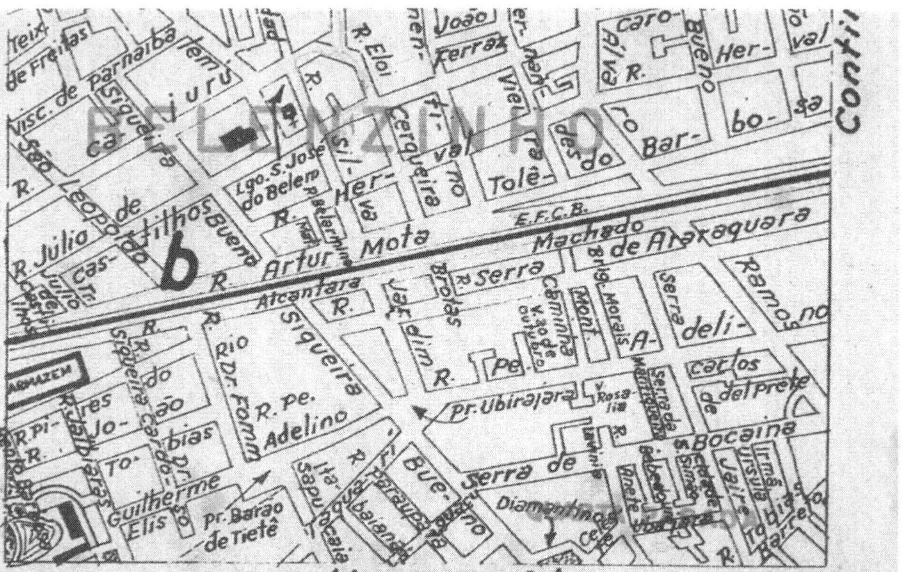
BELENZINHO
Lgo. S. José
do Belem
E.F.C.B.
R. Artur Mota
de Araraquara
Pr. Ubirajara
Pr. Barão
de Tietê
R. Pe.
Adelino
Serra de Bocaina
Continua no 54

Deambular pela cidade: histórias da construção e dos usos da Avenida Celso Garcia (1893-1915)

Philippe Arthur dos Reis[1]

Abrigo de vagabundo

Eu arranjei o meu dinheiro trabalhando o ano inteiro
Numa cerâmica, fabricando potes e lá no alto da Mooca
Eu comprei um lindo lote dez de frente e dez de fundos
Construí minha maloca
Me disseram que sem planta não se pode construir
Mas quem trabalha tudo pode conseguir

João Saracura que é fiscal da Prefeitura
Foi um grande amigo, arranjou tudo pra mim
Por onde andará Joca e Matogrosso
Aqueles dois amigos
Que não quis me acompanhar
Andarão jogados na avenida São João
Ou vendo o sol quadrado na detenção

1 Philippe Arthur é doutorando em História na Universidade Estadual de Campinas (UNICAMP), e este artigo é um dos desdobramentos de sua pesquisa *Ideários, tensões e acordos urbanos: os setores médios e a política habitacional na cidade (São Paulo, 1893-1915)* que conta com apoio da Fundação de Amparo à Pesquisa do Estado de São Paulo (2018/17990-7).

Minha maloca, a mais linda que eu já vi
Hoje está legalizada, ninguém pode demolir
Minha maloca, a mais linda deste mundo
Ofereço aos vagabundos
Que não têm onde dormir

Saudosa maloca é uma das principais composições de Adoniran Barbosa, escrita em 1951, e gravada quatro anos depois com os *Demônios da Garoa,* composição que narra a lembrança da demolição do antigo palacete assobradado em que ele morava com seus amigos Matogrosso e o Joca, e em que no mesmo lugar foi erguido um "adifício arto". Em 1959, os mesmos personagens retornaram em outra música de Adoniran, *Abrigo de vagabundo,* canção que retrata as dificuldades do indivíduo no processo de construção de sua casa, quando passa pelas normas e regulamentos legais, mas também a clara solidariedade entre os amigos antigos. Ao contrário de Matogrosso e Joca, de quem que não se sabia do paradeiro – podiam estar jogados na Avenida São João ou até mesmo presos em uma cadeia –, no início da canção, Adoniran ironizava o perfil de trabalhador que a sociedade moderna construíra, como disciplinado, meritocrático e apegado ao próprio trabalho. Com o dinheiro conquistado depois de um ano, ele adquirira o lote onde viria a construir sua casa, e não precisaria mais se preocupar com a fiscalização municipal ou com a derrubada da edificação, já que esta estaria legalizada.[2]

Em uma sociedade como a paulista(na), que notadamente a partir da segunda metade do século XIX encarou o trabalho como um devir, questão associada sobretudo ao processo de transição da

2 Sobre esse aspecto, ver o artigo desta coletânea, "Os sentidos da rua em João Antônio: três malandros na noite de São Paulo", de Ana Castro, que analisa os sujeitos que não se enquadravam nos ditames da ordem moderna.

mão de obra negra cativa para o trabalho assalariado, diversos agentes buscaram se colocar como protagonistas desse processo, muitos dos quais tentavam a sua sobrevivência nas cidades que se urbanizavam e cresciam industrial e demograficamente. Muitos desses agentes compunham parte significativa dos setores médios, grupos heterogêneos com distintas quantias de bens e de capital, e que tiveram um importante papel no processo de edificação das cidades.

Explorando as mais diversas frentes de trabalho, os setores médios ganharam visibilidade na cidade de São Paulo pelo investimento de seus capitais em bens de raiz,[3] sobretudo residências destinadas para aluguel. Além disso, tiraram vantagem financeira pela criação de uma rede de pequenos e médios comércios, como mercearias, quitandas, farmácias, escolas particulares, fabriquetas e lojas de roupas espalhadas por diferentes ruas e avenidas da capital paulista.[4] A busca por esses indivíduos que procuravam se alinhar à modernidade e sobreviver às transformações que ocorriam se dá pela análise combinada de diferentes fontes, sobretudo aquelas em que podem ser evidenciados aspectos do cotidiano e das relações sociais vividas por tais agentes no começo do século XX.

Um dos espaços de atuação desse grupo foi a Avenida Celso Garcia, importante via da cidade de São Paulo, que atra-

3 Importante destacarmos que há um gradual processo de interesse em bens imóveis, pois, até o início do último quartel do século XIX, ao menos em São Paulo, grande parte dos investimentos de capitais dos seus moradores estava concentrado na posse de negros escravizados. Com a paulatina campanha abolicionista e seus desdobramentos, muitos desses proprietários passaram a investir no mercado imobiliário, alforriando ou vendendo a liberdade de seus cativos. Ver Oliveira, 2005; e Reis, 2017.

4 Tal aspecto de diversidade comercial presente nas ruas pode também ser conferido nos artigos deste livro sobre as ruas Augusta, José Paulino e Teodoro Sampaio.

vessa os bairros do Brás, Belenzinho, Tatuapé e alcança a Penha. Essa avenida que já foi conhecida como caminho para o Rio de Janeiro, rua do Brás, estrada e avenida da Intendência, recebeu a atual nomenclatura em 1908.[5] Apesar de tradicionalmente estar ligada à memória operária e fabril, a Avenida Celso Garcia foi um dos espaços de disputa e protagonismo dos setores médios, e, a partir dos vestígios de suas atividades urbanizadoras, pluralizamos a incidência desse grupo no *fazer-se* da cidade, e, logo, de suas experiências como agentes políticos e sociais da passagem do século XIX para o XX.[6]

5 Affonso Celso Garcia da Luz (1869-1908) foi um vereador, jornalista e advogado com intensa atuação política na cidade de São Paulo a partir do final do século XIX, sobretudo como editor do jornal *A Gazeta de São Paulo*. Como político, teve um importante papel na construção de uma rede de agentes que se envolveram no debate da construção de casas para a população pobre e operária da cidade, e, uma semana após o seu falecimento, em 30 de maio de 1908, os vereadores paulistanos debateram a proposta de batizar uma das vias paulistanas com seu nome. A disputa memorial se acirrou quando o vereador Álvaro Gomes da Rocha Azevedo disse que "muitos cidadãos fazem por meu intermédio, dirigindo uma representação a esta Câmara, no sentido de se dar à avenida da Intendência o nome querido e popular de Celso Garcia", fala que foi seguida do discurso do vereador Arthur Guimarães, o qual tinha uma "representação dos moradores do Bom Retiro" interessados em alterar o nome da rua dos Imigrantes. Após as divergências, o nome de Celso Garcia passou a batizar a Avenida da Intendência, e em 1916, a então rua dos Imigrantes passou a se chamar José Paulino. Ver Centro de Memória da Câmara Municipal de São Paulo (CMSP), *Atas da Câmara Municipal de São Paulo* (ACSP), 19ª Sessão Ordinária da Câmara Municipal de São Paulo, de 06 de junho de 1908, p. 137–138.

6 Parto das acepções do *fazer-se* de Edward Thompson (2011), em torno do processo ativo e construído pelos humanos, sobretudo pelas experiências de classe tidas ao longo do tempo. Assim, traçamos o protagonismo desses agentes a partir dos requerimentos e plantas da Série *Obras Particulares* (OP) do Arquivo Histórico Municipal de São Paulo (AHMSP) conjuntamente aos anúncios do *Almanack Laemmert*, disponíveis na Hemeroteca Digital Brasileira da Biblioteca Nacional.

Do aproveitamento dos lotes às oportunidades da difícil mobilidade social

No começo do século XX, aquele que cruzasse a porção leste da cidade de São Paulo, teria que, inevitavelmente, passar pelas avenidas Rangel Pestana e Celso Garcia, passeando por um caminho com edifícios predominantemente térreos, às vezes um ou outro sobrado, e mais raramente, algum mais alto, como uma fábrica de grande porte ou as torres da Igreja do Bom Jesus do Brás, concluída em 1903. Fosse a pé, pelo bonde, em carroças ou charretes, o trajeto do caminho pelos bairros além da Várzea do Carmo evidenciava uma constante transformação dos lotes que estavam vazios ou reformas dos prédios existentes. Se o conjunto desses imóveis, em um primeiro momento, evidenciava em suas fachadas uma unicidade e padronização visual, o mesmo não ocorria em seus interiores. Conforme as possibilidades de investimento surgiam, seus proprietários ampliaram cômodos, transformavam salas de estar em comércios, construíram cocheiras nos fundos dos lotes, atuando assim em diferentes frentes de trabalho que envolviam um ou mais imóveis.

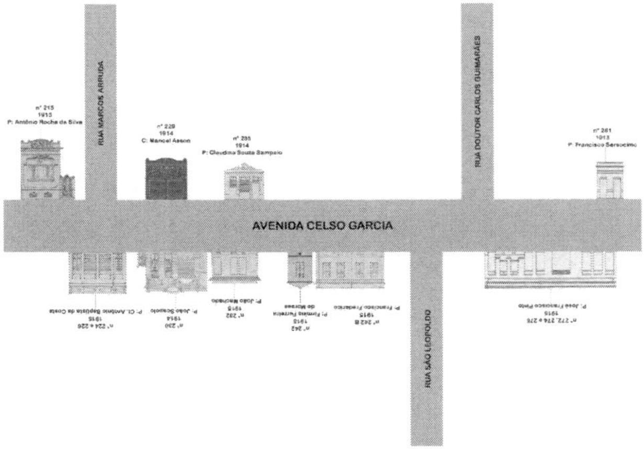

Figura 1 – Aspecto visual das fachadas de um dos trechos da Avenida Celso Garcia construídos entre 1906 e 1915. Fonte: REIS, 2017.

Em 1910, Angela Cocco contratou os serviços do empreiteiro Joaquim Cavalheiro para a construção de uma casa. Três anos depois, foi a vez de recorrer aos trabalhos de outro mestre da construção civil, Benedicto Bettoy,[7] dessa vez para a construção de um forno e de um "laboratório", ou seja, de um espaço dedicado ao preparo de pães nos fundos de sua casa. A padaria seria instalada no cômodo da frente, onde anteriormente funcionava uma farmácia, e naquele mesmo ano de 1913, a proprietária já anunciava seu comércio nas páginas do *Almanack Laemmert:* "Angela Cocco, padaria, av. Celso Garcia, 142" (Figura 2), indicando que o preparo e a venda dos pães ocorriam paralelamente às obras no edifício. Já no Almanaque de 1931, a comerciante reaparece como dona de um armazém de secos e molhados na rua Maria José, 98. Teria Angela Cocco

7 Uma análise sobre a atuação construtiva destes agentes pode ser vislumbrada em PARETO Jr., 2017; além do artigo de Camila Souto Maior, sobre a trajetória do empreiteiro José Vitrone, presente nesta coletânea.

se mudado da região do Belenzinho para o Bixiga? Sua dedicação ao comércio e produção de pães estava em consonância com os novos hábitos e costumes que a cidade adquiria, bem como ao fato de que a mobilidade era um aspecto comum a muitos residentes e trabalhadores da São Paulo das primeiras décadas do século XX.

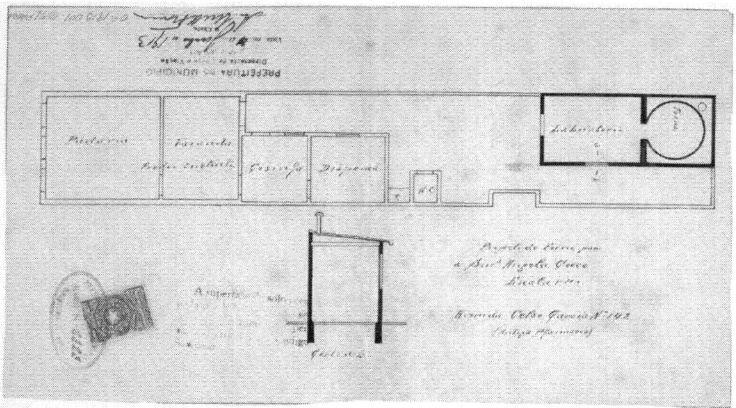

Figura 2 – "Projecto de forno para a Snrª Angela Cocco" Fonte: AHMSP-OP 1913.001.355.

A casa de Angela Cocco não fugia do perfil de outras residências da Avenida Celso Garcia: o lote, de frente exígua, mas fundo, permitiu que fosse construída uma casa que, além do cômodo que serviria para a padaria, contava com varanda, cozinha e despensa, além de um tanque e um banheiro. Um corredor ligava o laboratório diretamente à varanda, facilitando a comunicação com a padaria, pois assim não haveria necessidade de cruzar o interior do imóvel. A solução do empreiteiro Benedicto Bettoy, expressa na planta de 1913, não era um fator isolado ou uma exclusividade do seu escritório, mas sim uma prática de aproveitamento do lote adotada por uma série de empreiteiros que buscavam atender às crescentes solicitações de pedidos dos proprietários da Avenida Celso Garcia e de outras vias da cidade.

Outro caso nos chama a atenção: desde 1901, Francisco Frederico se dedicou a diversas ocupações: vendeu frutas no Mercado da rua 25 de Março; possuiu um comércio de gêneros alimentícios e massas na então Avenida da Intendência; e se dedicou ao comércio de ferragens, louças e tintas.[8] Na véspera do Natal de 1907, protocolou, na Diretoria de Obras e Viação, um pedido de construção de uma casa e de uma cocheira, com projeto assinado pelo construtor José Kanz (Figura 3).[9] Os negócios foram prósperos, pois, em 1915, Francisco solicitou a construção de mais uma cocheira, além da "construção de dois prédios nos fundos de um já existente", possivelmente casas destinadas a aluguel, ocupando assim todo o espaço disponível no lote e respeitando os ditames da legislação edilícia, como o *Código de Posturas Municipal* de 1886 e o *Código Sanitário* de 1894.

8 *Almanack Laemmert*, edições de 1901, 1908 e 1909.

9 AHMSP-OP 1907.000.065.

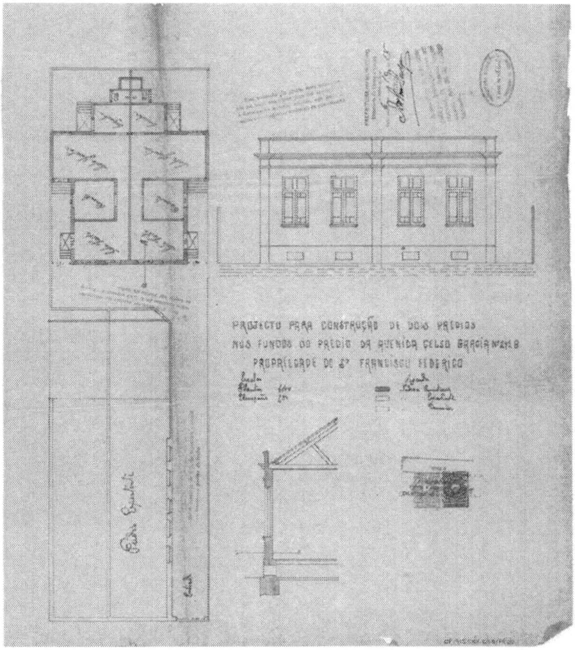

Figura 3 – "Projecto para construção de dois prédios nos fundos do prédio da Avenida Celso Garcia nº 242B. Propriedade do Sr. Francisco Frederico". Fonte: AHMSP-OP 1915.001.065.

Outra pessoa de destaque na produção da Avenida Celso Garcia foi Raphael Avino, agente que passou a investir em diferentes frentes comerciais, especialmente no mercado imobiliário. Em 1906 solicitou a construção de duas casas no lote "em seguida ao [número] 115", com projeto assinado pelo construtor Joaquim Cavalheiro.[10] Em 1909, Avino era dono de outros dois imóveis, um no número 11, com maior dinamismo comercial, pois estava próximo do Largo da Concórdia e de uma série de equipamentos de

10 AHMSP-OP 1906.000.826.

uso social do Brás;[11] e outro entre os números 167 e 169, na região do Belém. Assim como Angela Cocco e Francisco Ferdinando, Raphael Avino investiu seus capitais no processo de máxima ocupação e aproveitamento dos lotes na Avenida Celso Garcia, pois, no imóvel de número 11 pediu para que o construtor Joaquim Cavalheiro fizesse "um aumento em um 'puxado', cozinha e um quarto",[12] que seriam integrados à sua padaria e armazém, como indica a planta (Figura 4).

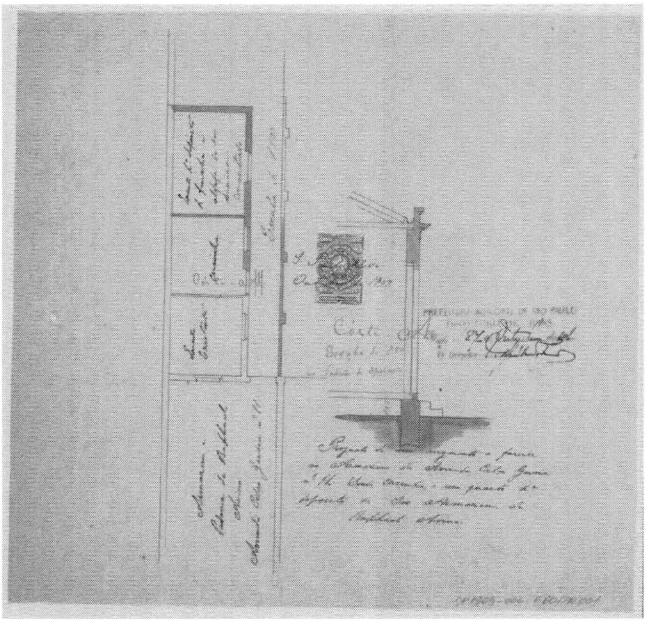

Figura 4 – "Projecto de um aumento a fazerse no Armazem da Avenida Celso Garcia nº 11. Sendo cosinha e um quarto pª deposito de Seo Armazem, de Rapahel Avino". Fonte: AHMSP-OP 1909.000.660.

11 Uma análise mais aprofundada em torno dos usos comerciais de ruas do Brás, notadamente aqueles voltados ao vestuário, pode ser observada em REIS, 2018.

12 AHMSP-OP 1909.000.660.

Quatro anos se passaram, quando Raphael Avino solicitou a construção de um sobrado sobre o seu armazém, "reforçando as paredes com cimento armado e vigas de ferro".[13] A solicitação indica não apenas o emprego de materiais que ganhavam espaço e confiabilidade pelos meios técnicos da época, mas também sua demarcação simbólica no processo de verticalização da cidade, dado o papel que os sobrados possuíam como representação social e de enriquecimento no começo do século XX.[14] Chama a atenção o espaço que seria ocupado pelo puxado, cozinha e quarto de farinha na planta de 1909, pois, comparando-a com uma planta de 1913, tratava-se de uma pequena casa, com quarto, sala de jantar e cozinha, que possivelmente já fora utilizada. Avino também era proprietário do lote vizinho, o de número 9, e seu caráter empreendedor de reforma dos imóveis foi levado adiante, pois em seguida solicitou autorização para a instalação de mais uma porta na casa,[15] tratando-se possivelmente do aumento de um dos cômodos no fundo do armazém. Um ano depois, em 1913, sempre contratando os serviços do construtor Joaquim Cavalheiro, Raphael Avino solicitou autorização para a demolição da parede do centro do imóvel de número 11, ampliando o armazém de secos e molhados e conferindo uma nova fachada ao edifício da Avenida Celso Garcia (Figura 5). As intensas reformas promovidas por Raphael Avino não se encerraram: além de ser o proprietário dos lotes número 9 e 11, era também dono do imóvel do lote de

13 AHMSP-OP 1913.001.339.

14 Sobre as relações da ascensão social dos pequenos e médios proprietários de imóveis com o ideário de verticalização da cidade, do mesmo autor e no prelo "Diversidade e riqueza: o imigrante e a construção de sobrados em São Paulo (1906-1915)".

15 AHMSP-OP 1912.001.173.

número 7 (Figura 6), onde solicitou a construção de uma casa nos fundos de um armazém, que dividia espaço com a chapelaria de Agostinho Antonucci, como observado em anúncio do *Almanack Laemmert* de 1914.

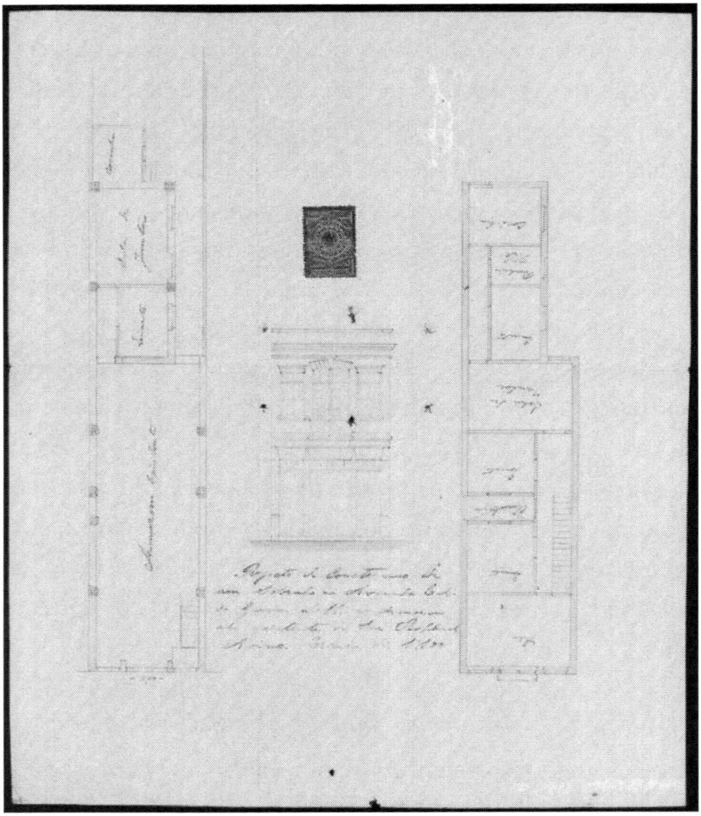

Figura 5 – "Projecto de construcção de um sobrado na Avenida Celso Garcia nº11 no Armazém ali existente do Sr Raphael Avino. Escala de 1:100". Fonte: AHMSP-OP 1913.001.339.

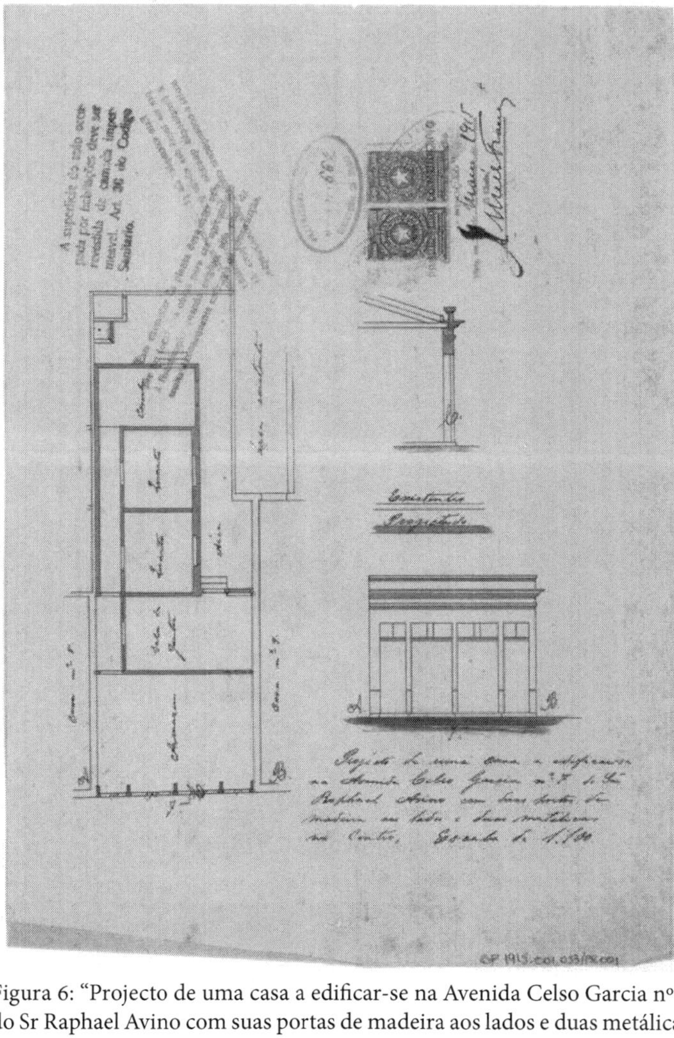

Figura 6: "Projecto de uma casa a edificar-se na Avenida Celso Garcia nº 7 do Sr Raphael Avino com suas portas de madeira aos lados e duas metálicas do centro, Escala de 1:100". Fonte: AHMSP-OP 1915.001.033.

Esse processo de diversificação econômica, observado a partir das ações orquestradas pelos proprietários de imóveis da Avenida Celso Garcia, exprime as tentativas de mobilidade social a que estavam sujeitos, uns crescendo com maior facilidade, outros demorando anos para alcançar melhores condições de vida, sobretudo a partir de múltiplas frentes de trabalho, que iam da abertura do comércio na frente de sua casa à construção de habitações voltadas para o aluguel. Ao menos 120 pedidos de reforma e construção na Avenida Celso Garcia, expedidos entre 1908 e 1915, estão atrelados às transformações de imóveis para uso misto, número expressivo quando comparado à análise dos 605 processos daquela via, o que revela a sua diversidade de usos em um curto período temporal. Muitos são os pedidos de reforma de casas em que geralmente o cômodo da frente era planejado para se tornar um armazém de secos e molhados, uma padaria, ferraria, açougue, bar, alfaiataria, ou mesmo pequenas fábricas, que variavam da produção de biscoitos, licores e cigarros, a perfumes, escadas e explosivos. José Sanz Duro, por exemplo, começou com um armazém de secos e molhados no número 14, em 1901, e dez anos depois, era dono dos lotes 44, 46 e 48 da Avenida Celso Garcia, sendo que desses, no primeiro e terceiro solicitou a construção de um salão e de uma casa nos fundos.[16] Já no lote do meio, houve a construção de dois cômodos e cozinha com um armazém na frente, com projeto assinado por Benedicto Bettoy, em 1914 (Figura 7). Três anos depois, o armazém do número 48 viria ganhar um número de telefone, o 364, contudo, esse mesmo espaço foi também compartilhado com outros dois comerciantes: Antonio Lammanat, que possuía uma chapelaria, camisaria

16 AHMSP-OP 1911.000.935; AHMSP-OP 1911.000936. Dados que também demonstram os limites de pesquisa das numerações que constam nos documentos, pois, muitas vezes, podem se tratar de lotes divididos por seus proprietários e, portanto, serem retalhados ou ligados uns aos outros.

e perfumaria, e Luiz Garguille, dono de uma sapataria, ambos anunciantes do almanaque do ano de 1914. À primeira vista, pode parecer um erro de publicação do *Almanack Laemmert*, visto que os números anunciados se referem ao mesmo espaço, contudo, a análise dos desenhos arquitetônicos demonstra que o edifício foi dividido em seu interior, como uma espécie de galeria. Ou seja, os lucros de José Sanz Duro não se davam apenas em decorrência das vendas do seu armazém de secos e molhados (em que persistiu trabalhando ao menos até o ano de 1931), mas também do aluguel de espaços contíguos que podiam ser utilizados por outros comerciantes.

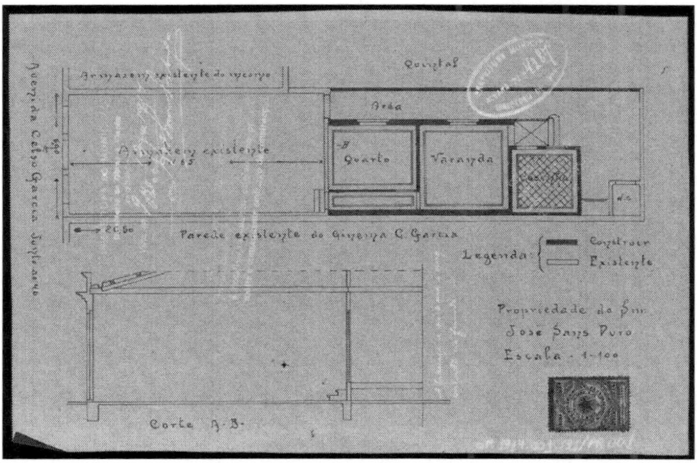

Figura 7: "Propriedade do Sr José Sans Duro". Fonte: AHMSP-OP 1914.001.191.

Assim, a ocupação da via não se dava apenas pelo caráter individual dos proprietários dos imóveis, mas por uma relação conjunta com inquilinos que também compunham parcela significativa de investidores da Avenida Celso Garcia. Aspecto muito parecido pode ser verificado no perfil da Avenida Rangel Pestana captado pelas lentes de Aurélio Becherini a partir do

Largo do Brás, em 1915 (Figura 8). Na imagem, diversas pessoas cruzam a avenida cortada por trilhos de bondes, que disputam o espaço com charretes e carroças que passam defronte aos inúmeros comércios com seus toldos anunciando seus produtos.

Figura 8 – Pormenor de fotografia de Aurélio Becherini tomada a partir do Largo do Brás, em 1914. Fonte: Acervo Fotográfico do Museu da Cidade de São Paulo.

A Avenida Celso Garcia representava uma oportunidade ímpar de novos rendimentos aos seus proprietários, principalmente se seus lotes estivessem mais próximos da Avenida Rangel Pestana, via que congregava comércios e edifícios mais requintados na região do Brás.[17] Porém, tal aspecto não se estendia a todos os proprietários, pois a ascensão social se fazia com muitos custos para boa parte dos setores médios que investiam no mercado imobiliário.

Angelo Niery conseguiu construir sua própria propriedade em 1914. Tratava-se de um pequeno sobrado em que no

17 É importante destacar o papel simbólico que a Avenida Rangel Pestana desempenhava no plano urbanístico da cidade de São Paulo no começo do século XX, visto que, em 1913, passou a contar com uma legislação própria sobre suas novas construções, a lei municipal nº 1.706, a qual delimitava que só seriam permitidas novas edificações que tivessem pelo menos três pavimentos, medida que foi revogada dois anos depois.

térreo funcionava sua oficina de carroças, e, no andar superior, seu espaço de morada, com cinco cômodos divididos em dois dormitórios, sala de visitas, sala de jantar e cozinha, além dos equipamentos sanitários (Figura 9). Entretanto, seu percurso não havia sido fácil, como demonstra a diversidade de ocupações que havia exercido anteriormente em imóveis da via. Em 1901, se anunciou como consertador de carroças no número 185; Nos anos de 1906, 1908 e 1909, como profissional de carroças no número 242; em 1913 e 1914, como carpinteiro e dono de uma oficina de carroças no número 262; até finalmente contar com sua fábrica de carroças no número 467, publicando anúncios contínuos desta localidade entre os anos de 1917 a 1922.

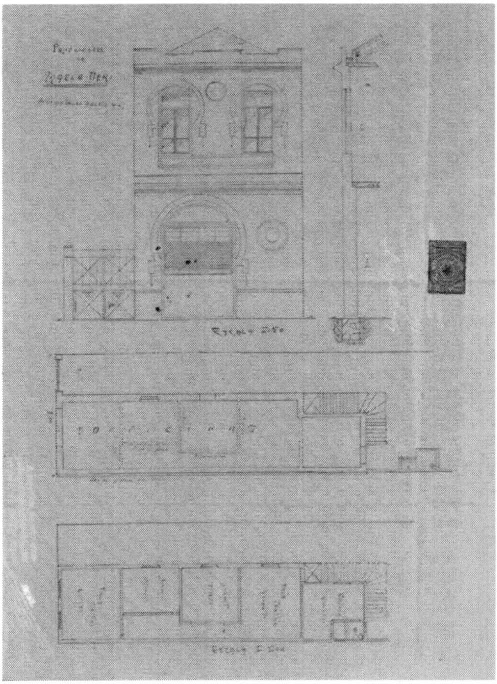

Figura 9 – "Propriedade de Angelo Neri". Fonte: AHMSP-OP 1914.001.178.

Os serviços de transporte realizados por carroças eram dos mais solicitados na São Paulo do começo do século XX, ainda que houvesse uma série de tentativas de barrar sua oferta em determinados espaços como os das ruas centrais, por meio da criação de dispositivos legais, devido à concorrência dos bondes da Light, que também distribuíam mercadorias. A empresa de capital canadense São Paulo Tramway, Light and Power Company possuía na esquina da Avenida Celso Garcia com a rua José de Alencar sua garagem de bondes, e o cuidado com a via e seu entorno nunca foi dos melhores, uma vez que a instalação dos trilhos não permitia um leito carroçável para os carros puxados por burros, cavalos e mulas, pois havia o risco das patas desses animais ficarem presas nos trilhos. Segundo Marco Antônio Sávio, "o estado dos trilhos em avenidas importantes como a Celso Garcia, onde quase não havia calçamento e a empresa utilizava trilhos menores, causava grandes complicações, tanto aos carroceiros quanto ao serviço de transportes da própria empresa", o que dentre outras questões foi motivo de uma greve dos carroceiros da cidade em 1903 (SÁVIO, 2007, p. 141-142).

Os ecos da greve dos carroceiros certamente estavam na memória de muitos dos proprietários de oficinas de carroças e dos diversos carroceiros que possuíam cocheiras na Avenida Celso Garcia, os quais formavam uma extensa rede de agentes que dependiam do trabalho ligado ao transporte na cidade. Em 10 anos, quase 50 solicitações de requerentes pediam autorização para a construção ou reforma de cocheiras em seus terrenos, número que permaneceu estável entre 1906 e 1914, e, em 1915, alcançou o número de 12 solicitações. Em geral, grande parte desses pedidos estavam atrelados a uma unidade de produção no mesmo terreno, quase sempre pequenas fábricas de produtos alimentícios, localizadas na região do Tatuapé, o que pode ser denotado a partir da numeração dos lotes e das referências à região contidas nos desenhos das *Obras Particulares*, como o pedido de José Pereira da Silva, proprietário do lote que ficava "enfrente ao nº 316 (Maranhão 6ª Parada)",[18] em referência ao bairro que ficava entre o Tatuapé e a Penha, além da estação de trens e de bondes que ficava nas proximidades da rua Antônio de Barros.

1906	1907	1908	1909	1910	1911	1912	1913	1914	1915
4	3	4	5	5	4	5	3	2	12

Tabela 1 – Solicitações de construção e reforma de cocheiras na Avenida Celso Garcia entre os anos de 1906–1915. Elaboração do autor.

Outro agente que aproveitou as oportunidades de venda e distribuição de gêneros alimentícios foi a figura de Paschoal Zimbardi, que, desde 1901, anunciava seus trabalhos no item de comércios, indústria e profissões do *Almanack Laemmert*. Em 1911, solicitou a construção de sua pequena casa com dormitório, varanda, cozinha e a latrina nos fundos do terreno.[19] Um ano depois, solicitou a construção de uma cocheira nos fundos do mesmo terreno,[20] onde, comparando com a planta anteriormente apresentada, havia um outro prédio, existente na frente do terreno, indício de uma ocupação rápida da avenida e que fugiu dos olhares da fiscalização da Diretoria de Obras e Viação, órgão que não acompanhava a totalidade de obras executadas no perímetro urbano da cidade. Os servi-

18 AHMSP-OP 1910.000.668.

19 AHMSP-OP 1911.000.967.

20 AHMSP-OP 1912.001.207.

ços de transportes ligados à sua cocheira prosperaram, e, em 1913, Zimbardi solicitou a construção de uma nova casa em um terreno contíguo, com um açougue instalado no primeiro cômodo do imóvel de número 137,[21] prosseguindo na venda de carnes até pelo menos o ano de 1922.

O decreto 2.141 de 1911, que reorganizou o Serviço Sanitário do Estado de São Paulo, era taxativo em seu capítulo XV, dedicado aos "estábulos e estrebarias", frisando a necessidade de se manter a limpeza e recomendando a distância dos espaços públicos e das habitações. A tensão entre o poder público e o privado se tornou tão grande que, em 16 de maio de 1914, os vereadores paulistanos trouxeram à tribuna a necessidade de regulamentação da construção de cocheiras na cidade, visto que o único dispositivo que tratava minimamente do assunto era a lei 603 de 1902, sobre a proibição do plantio de capim no perímetro urbano paulistano. De acordo com o projeto 88 de 1913, do vereador Oscar Porto, a construção de novas cocheiras só seriam aprovadas caso se situassem fora do perímetro urbano da cidade, atendendo assim aos chamados "reclamos da saude publica, que não pode mais tolerar a quantidade de moscas que infectam a cidade, [e] não se deve conceder o prazo tão longo de dois anos"[22] para a extinção das existentes no perímetro urbano de São Paulo.

Se considerarmos que o número de cocheiras da Avenida Celso Garcia atingiu seu pico em 1915 por conta da demanda de transportes existente na cidade, cabe uma atenção à localização espacial das mesmas, como desdobramento das medi-

21 AHMSP-OP 1913.001.387.

22 CMSP-ATCSP, 20ª Sessão Ordinária da Câmara Municipal de São Paulo, de 16 de maio de 1914, p. 253.

das legislativas adotadas a partir de 1914. Não é fortuito que grande parte das cocheiras instaladas a partir deste ano situavam-se no perímetro suburbano da Avenida Celso Garcia, ou seja, a leste da Rua Catumbi.[23] Os números e a menção às localidades ficam evidentes nos pedidos de construção e reforma: "em frente ao 316 Maranhão";[24] "617 Maranhão";[25] "esquina Travessa Saldanha Marinho";[26] "após o ribeirão Tatuapé";[27] "à beira da linha de bondes, na rua da Fábrica de fogos S. João, no final da rua na 5ª Parada".[28]

A parte suburbana da Avenida Celso Garcia possuía uma ocupação mais esparsa e com atividades ligadas ao uso do solo no começo do século XX, quando comparada à região do Brás e do Belenzinho, como apontado pela *Planta Geral da Cidade de São Paulo* de 1914 (Figura 10). Em função da proximidade com os meandros do rio Tietê, muitas chácaras e sítios desta porção da avenida passaram a instalar olarias, aproveitando as várzeas ricas em argila e a exploração de areia, o que dialogava com o aumento da demanda por tijolos e outros materiais de construção, visto o aumento do número de obras da cidade. Uma das olarias que mais se destacou na região foi a de Elias Quartim do Albuquerque, que se localizava em um amplo ter-

23 Uma análise mais criteriosa com relação aos números das propriedades teria sido efetuada se tivéssemos tido acesso aos *Livros de Emplacamento* do Arquivo Histórico Municipal de São Paulo, pesquisa não realizada em decorrência da pandemia de COVID-19, fonte que permitiria uma melhor análise sobre as mudanças das numerações da avenida em questão, material basilar para análise de outras vias da cidade.

24 AHMSP-OP 1910.000.668.

25 AHMSP-OP 1914.001.187.

26 AHMSP-OP 1915.001.066.

27 AHMSP-OP 1915.001.105.

28 AHMSP-OP 1909.000.656.

reno à beira do córrego do Tatuapé, onde ele também residia em uma casa do século XVII.[29] Segundo Lia Mayumi, tomando como referência o inventário do proprietário, morto em 1943, o imóvel era:

> [...] um prédio antigo, construído de taipas e revestido de tijolos, em parte, coberto de telhas, em máu estado de conservação, com séte cômodos acimentados, sem forro", indicando, além dos encamisamentos de tijolos que iam sendo apostos às paredes prejudicadas pelo tempo, que Elias de Albuquerque não se preocupou em modernizar a casa a fim de torná-la mais confortável (MAYUMI, 2008, pp. 207-208).

A modernização citada por Lia Mayumi pode ser evidenciada a partir dos vários pedidos de reforma do imóvel solicitados por Elias Quartim do Albuquerque: em 1907 construiu uma cocheira, além de uma cozinha para moradia de empregado;[30] cinco anos mais tarde, construiu outra casa, agora de frente à Avenida Celso Garcia, com dois quartos, cozinha, despensa, salas de jantar e de visita, e um escritório, possivelmente seu novo lugar de morada e de administração da olaria; já em 1915, um novo pedido de edificação foi remetido para aprovação da

29 Trata-se da casa-museu *Casa do Tatuapé* (PASCOAL, 2017, p. 59).

30 AHMSP-OP 1907.000.838. Empregado que provavelmente cuidaria da chácara, o que também revela uma prática disseminada pelos setores médios e altos de residir juntamente com seus criados. Sobre o assunto, ver TELLES, 2013.

Diretoria de Obras e Viação, entre os lotes de número 611 e 617, não muito distantes do referido córrego.[31]

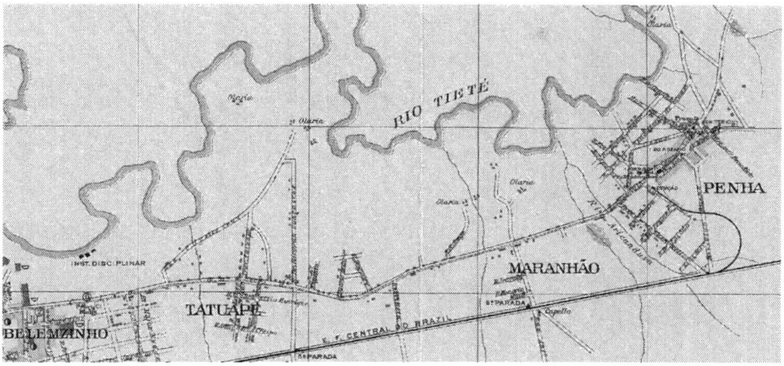

Figura 10 – Pormenor da *Planta Geral da Cidade de São Paulo*, com destaque para a avenida Celso Garcia entre o rio Tietê e a Estrada de Ferro Central do Brasil, de 1914. Fonte: AHMSP.

Outro sujeito que aproveitou as oportunidades que o rio Tietê podia lhe oferecer foi Pedro Campanella, que, em 1901, anunciou sua olaria na região do Maranhão. O imigrante italiano aproveitou o boom imobiliário da cidade e produziu tijolos e telhas, como seu colega Elias Quartim do Albuquerque. Os recursos advindos de sua olaria possibilitaram a solicitação dos serviços do construtor José Kanz para aumentar sua

31 AHMSP-OP 1915.001.099. São informações locais, como a referida menção ao córrego do Tatuapé, que auxiliam no processo de localização da área e sistematização dos agentes envolvidos. Assim, quando não contamos com os números dos lotes para inferir uma localização aproximada de uma extensa via como a Avenida Celso Garcia, recorremos às referências sobre esquinas, ruas lindeiras, a proximidade com equipamentos de uso comunitário (estação de bondes e de trens, prédios e repartições públicas, escolas, hospitais), ou de relação com o meio ambiente (hidrografia, relevo, a proximidade com morros, a menção a uma subida ou descida), ou o mais comum, a identificação a partir da relação com construções particulares como casas, fábricas, comércios, etc.

cozinha,[32] bem como da construção de uma cocheira no ano seguinte,[33] e de uma reforma na sua casa, que ele indicou ser na "continuação da avda. R. Pestana".[34] Tal indicação pode ter ocorrido devido ao fato de que naquele ano, 1908, a via onde se situava o seu lote havia mudado de nome, deixando de ser a Avenida da Intendência para ser denominada Avenida Celso Garcia, o que indica que o processo de mudança dos nomes das vias não era apreendido pela população com rapidez, o que pode ser verificado em outros pedidos de construção e reforma da série *Obras Particulares*. Já em 1915, Pedro Campanella também passou a investir em bens de raiz, construindo duas casas geminadas, cada uma com sala, dois quartos, varanda, cozinha e banheiro (Figura 11).[35] No ano de 1921, seu nome estava associado ao item "carroças" do *Almanack Laemmert*, além de fabricante de tijolos, anúncios que se replicaram até 1925. Seu último anúncio encontrado chegou ao ano de 1931, quando informava que a olaria funcionava no número 1309 da Avenida Celso Garcia, quando ela passou por um novo emplacamento numérico.

32 AHMSP-OP 1907.000.817.

33 AHMSP-OP 1908.000.506.

34 AHMSP-OP 1908.001.874.

35 AHMSP-OP 1915.001.101.

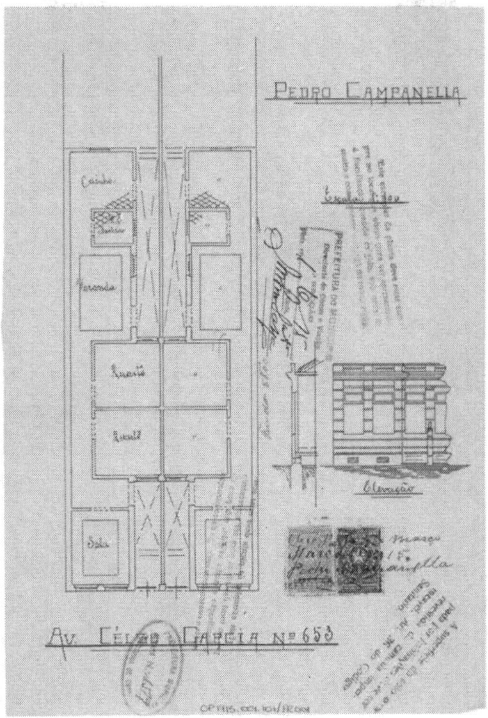

Figura 11 – "Pedro Campanella". Fonte: AHMSP-OP 1915.001.101.

Considerações finais

Destrinchar os meandros que envolveram as estratégias de sobrevivência e enriquecimento dos setores médios, tomando como foco os proprietários da Avenida Celso Garcia entre finais do século XIX e o início do XX, nos permite uma melhor compreensão do processo de modernização da cidade de São Paulo, construída por meio das conexões, conflitos e acordos de diferentes agentes. Os desenhos e pedidos de construção e reforma, expedidos para aprovação da Diretoria de Obras e Viação, fornecem subsídios que extrapolam a simples análise formal do que a legislação ou a fiscalização municipal colocavam como preceitos higiênico-sanitários. Esses documentos ressaltam os caminhos que diferentes proprietários tiveram em uma mesma via, prática que pode ser observada em outros cantos da cidade. Combinados com essa fonte, os anúncios do *Almanack Laemmert* evidenciam outros agentes, que ligados aos proprietários, emergem como uma rede de indivíduos que cruzaram experiências do *fazer*, produzir e viver na cidade.

Investir no mercado imobiliário, bem como fazer uso misto de muitos desses imóveis, foi uma estratégia bem-sucedida para aqueles que podiam investir na construção de edificações em grandes vias como a Avenida Celso Garcia. Aquele que cruzava seus mais de seis quilômetros, no começo do século XX, percebia uma avenida que estava por se fazer, mas que apresentava um dinamismo muito além do que as fachadas podiam estampar com seus toldos, inscrições e anúncios de venda dos mais diversos produtos e serviços. Logo, os agentes envolvidos no processo de construção da Avenida Celso Garcia simbolizam não apenas um grupo de investidores que procuravam tão somente tirar proveito daqueles que passavam pela via, pois suas trajetórias evidenciam uma mobilidade social que demandava anos de trabalho (muitas vezes em uma mesma área de atuação), para que, enfim, pudessem construir suas edificações, seja para uso próprio, seja para aluguel.

Os proprietários de imóveis da Avenida Celso Garcia estiveram em diálogo com outros sujeitos que também investiam em bens de raiz pela cidade no começo do século XX, constituindo uma rede de agentes que efetivamente construíram a cidade de São Paulo. Logo, tais proprietários, conjuntamente aos construtores que assinaram seus pedidos de construção e reforma, e mesmo seus inquilinos, que dividiam espaço nos diferentes armazéns, salões e lojas, são parte constitutiva da história da edificação paulistana, não compondo um grupo uniforme ou homogêneo, mas plural e diverso, assim como as mais amplas atividades de trabalho que podiam ser tanto a de uma Angela Cocco vendendo seus pães, como a de um Raphael Zimbardi, proprietário de um açougue e de uma cocheira.

Referências bibliográficas

BRESCIANI, Maria Stella. "A cidade e o urbano: experiências, sensibilidades, projetos". *URBANA Revista Eletrônica do Centro Interdisciplinar de Estudos da Cidade*, v. 6, 2014, p. 64-95.

BRESCIANI, Maria Stella. "Melhoramentos entre intervenções e projetos estéticos: São Paulo (1850-1950)". In: BRESCIANI, Maria Stella . *Da Cidade e do Urbano:* experiências, sensibilidades, projetos. São Paulo: Alameda, 2018.

CERASOLI, Josianne F. *Modernização no plural:* obras públicas, tensões sociais e cidadania em São Paulo na passagem do século XIX para o XX. Tese (Doutorado). IFCH Unicamp, Campinas, 2004.

MAYUMI, Lia. *Taipa, canela-preta e concreto.* São Paulo: Romano Guerra, 2008.

OLIVEIRA, Maria Luiza F. de. *Entre a casa e o armazém: Relações sociais e experiência da urbanização: São Paulo, 1850-1900.* São Paulo: Alameda, 2005.

PARETO Jr., Lindener. *O cotidiano em construção:* os "práticos licenciados" em São Paulo (1893-1933). São Bernardo do Campo: EdUFABC, 2017.

PASCOAL, Paola. "Casa do Tatuapé: Esconderijo de uma casa bandeirista". In: REIS, Philippe A. dos (Org.). *Passeando pelas Ruas:* Reflexões sobre o patrimônio paulistano. São Paulo: Passeando pelas Ruas, 2017.

REIS, Philippe A. dos. *Construir, morar e viver para além do centro de São Paulo: os setores médios entre a urbanização e as relações sociais do Brás (1870-1915).* Dissertação (Mestrado), São Paulo: FAUUSP, 2017.

REIS, Philippe A. dos. "Os fios e os rastros da moda: comércio e sociabilidade em São Paulo no começo do século XX". *Anais do Museu Paulista.* São Paulo, v. 26, 2018.

SÁVIO, Marco A. C. "Economia moral e revolta: o caso dos bondes em São Paulo". *Projeto História,* n.34, São Paulo, jun. 2007, p. 133-146.

TELLES, Lorena F. da. *Libertas entre sobrados:* mulheres negras e trabalho doméstico em São Paulo (1880-1920). São Paulo: Alameda, 2013.

THOMPSON, Edward P. *A formação da classe operária inglesa. A* árvore da liberdade V. 1. São Paulo: Paz e Terra, 2011.

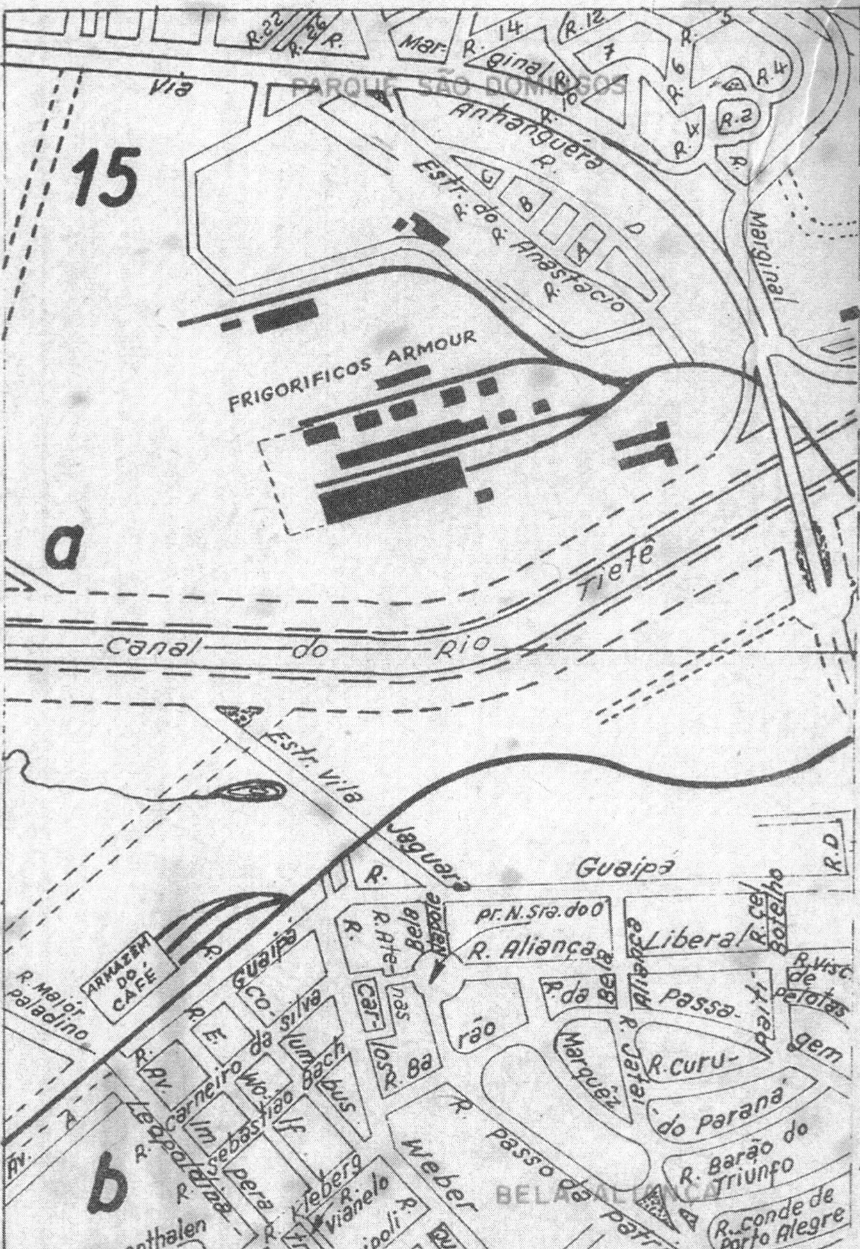

15
a
b
PARQUE SÃO DOMINGOS
Via Anhanguera
Marginal
Estr. do R. Anastacio
FRIGORIFICOS ARMOUR
Canal do Rio Tietê
Estr. Vila Jaguara
Guaipá
ARMAZEM DO CAFÉ
R. Major paladino
R. Aliança
Liberal
Passagem
R. Curu-
do Paraná
R. Barão do Triunfo
R. conde de porto Alegre
R. passo da pátria
Weber
R. Tripoli
R. Vianelo
R. Kleberg
R. Mergenthalen
Leopoldina
Pr. N. Sra. do Ó
BELA ALIANÇA

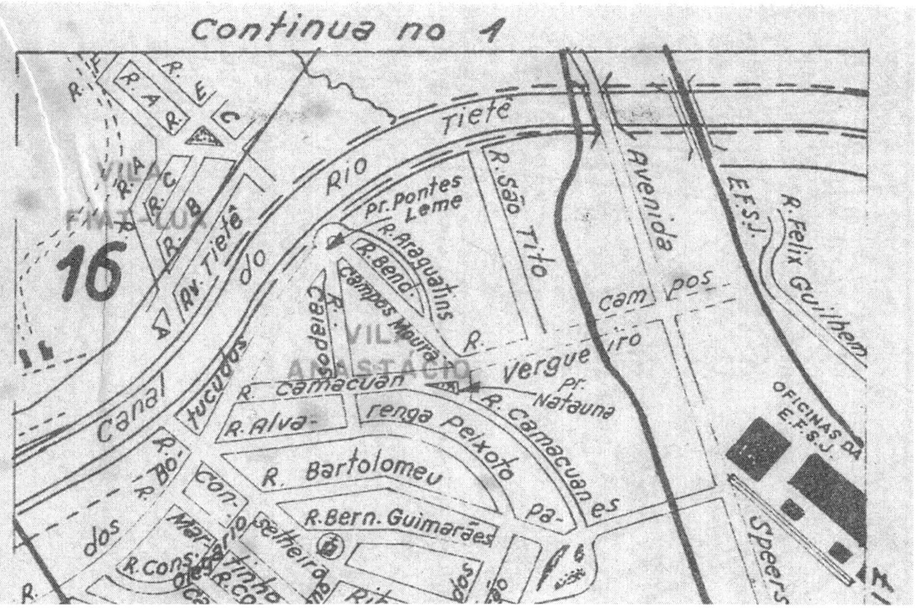

Continua no 1
Rio Tietê
Canal do
Av. Tietê
16
Pr. Pontes Leme
R. Araguatins
R. São Tito
Avenida
E.F.S.J.
R. Felix Guilhem
Campos Vergueiro
R. Camacuan
Pr. Nataúna
R. Camacuan es
R. Alva- renga Peixoto
R. Bartolomeu
R. Bern. Guimarães
OFICINAS DA E.F.S.J.
Speers

Capítulo 8

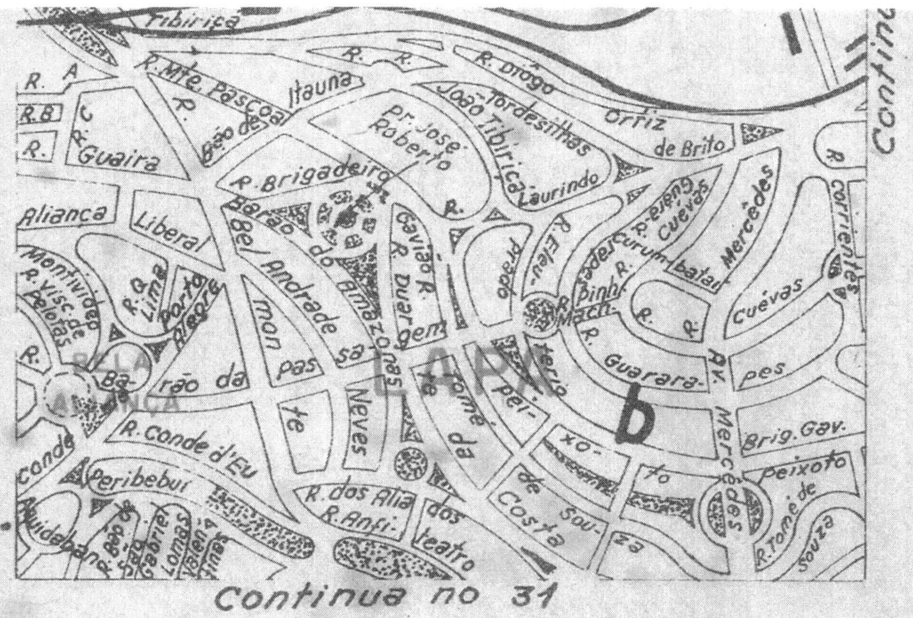

Tibiriçá
R. Mte. Pascoal
Itauna
R. Diogo
Tordesilhas
Ortiz de Brito
João Tibiriçá
Pr. José Roberto
Guaira
R. Brigadeiro
Laurindo
Aliança Liberal
Mercêdes
R. Corrientes
Cuévas
Andrade
Neves
R. Guarara- pes
b
Brig. Gav.
Peixoto
R. Conde d'Eu
Peribebuí
R. dos Aliados
R. Anfi- teatro
Costa
R. Tomé de Souza
Continua no 31

Avenida do Anastácio: de caminho na colônia à rua da metrópole

Deborah Sandes de Almeida[1]

Os territórios considerados além-rios na cidade de São Paulo, ou seja, aqueles locais compreendidos após os limites hidrográficos estabelecidos pelos rios Tietê e Pinheiros – que cortam a cidade no sentido leste-oeste e em direção ao sul – salvo engano são pouco evidenciados em relação às suas origens, inserção e participação no processo de desenvolvimento territorial, urbano e econômico da cidade de São Paulo, principalmente a partir da segunda metade do século XIX.[2]

1 Deborah Sandes de Almeida é doutoranda na Faculdade de Arquitetura e Urbanismo da Universidade de São Paulo (FAUUSP). O presente capítulo é um desdobramento de sua pesquisa de mestrado *Companhia City além-rios: os bairros-jardins na Zona Norte de São Paulo e a trajetória empresarial (1950-2000)*, desenvolvida na mesma instituição entre 2018 e 2020, com apoio da CAPES.

2 Grande parte dos estudos sobre a evolução histórica da cidade de São Paulo dá ênfase à região central e seu entorno imediato, sem grandes desdobramentos para os demais territórios que compõem a cidade, como por exemplo, as regiões situadas além-rios, sejam elas ao norte do rio Tietê ou a oeste do rio Pinheiros. No geral, estas áreas são pouco estudadas em relação à sua participação no processo de crescimento e expansão da cidade, sendo na maioria das vezes, analisadas principalmente pelo viés da precarização e da periferização, por estarem situadas nas franjas da cidade, sem

Neste sentido, é importante trazer à luz dos estudos urbanos estes territórios que deram suporte e estão intrinsecamente ligados ao processo de expansão e metropolização da cidade, que ocorreu a partir das conexões do núcleo urbano central, com seus arredores suburbanos e rurais – além de outras porções do Estado, como o interior e o litoral – para elucidar como essas dinâmicas ocorreram em paralelo nestes locais, ao mesmo tempo que articuladas ao processo de transformação e expansão do núcleo central da cidade.

À medida que a estrutura fundiária foi sendo convertida de agrária para urbana, houve a incorporação destas áreas ao perímetro urbano da cidade, através do parcelamento e desmembramento das propriedades em diversas glebas que passaram a abrigar os loteamentos residenciais e industriais implantados a partir do final do século XIX, não só nestas regiões, mas por toda a cidade.

É no intuito de realçar estes territórios pouco evidenciados que o texto busca explicitar o processo de desenvolvimento

considerar a importância que estas áreas tiveram desde a fundação da vila de São Paulo, quando abrigavam pequenos núcleos populacionais isolados. A caracterização destes territórios aparece de forma breve nos estudos de Azevedo (1958), Langenbuch (1968) e Monbeig (2004), por exemplo, que buscaram entender a evolução das dinâmicas territoriais, econômicas e urbanas da cidade de São Paulo como um todo, na qual todos estes lugares – núcleo central, área urbana, área suburbana e área rural – fazem parte de uma única engrenagem, onde cada autor a partir de sua especificidade de pesquisa, busca enfatizar estas relações em diversas escalas de aproximação e abordagem, mas sempre dentro de um contexto centralizador. Ainda assim, estes territórios continuam sendo pouco explorados em suas particularidades, carecendo de estudos que os evidenciem e permitam que novos olhares sejam lançados sobre estas áreas, evitando desta forma as visões cristalizadas e generalistas sobre como cada região da cidade se desenvolveu ao longo do tempo.

territorial além-rios, a partir de uma das conexões no sentido do interior do Estado: o Caminho para Jundiaí, atualmente conhecido como Avenida do Anastácio, na Zona Norte de São Paulo. Busca-se aqui evidenciar suas transformações a partir do século XIX e sua consolidação como logradouro público na segunda metade do século XX, impulsionadas pela ocupação desta localidade por setores das classes médias urbanas, que passaram a habitar os diversos bairros residenciais implantados em seu entorno neste período.

Graças à sua posição geográfica, situada nas proximidades do entroncamento dos rios Tietê e Pinheiros, após a travessia da várzea do Tietê em direção ao norte, este trecho da Zona Norte é uma das portas de entrada da cidade de São Paulo, principalmente por promover a conexão com a porção oeste do interior do Estado e de grande parte da porção noroeste da cidade, através da Rodovia Anhanguera (SP-330). Esta rodovia, que se consolidou como um dos principais caminhos ao interior paulista e de outras partes do Brasil, é fruto de antigas trilhas indígenas que cortavam e cruzavam as diversas propriedades rurais ali existentes desde os tempos coloniais.

Através da análise da cartografia histórica desta região associada a outras fontes bibliográficas, o texto destaca a importância da utilização daquele tipo documental para evidenciar territórios ainda pouco estudados e contribuir para embasar a construção das narrativas sobre a cidade e seus espaços construídos em diferentes temporalidades, principalmente quando não há estudos anteriores sobre o tema, como é o caso desta porção da Zona Norte da cidade, mais especificamente a Avenida do Anastácio e a Fazenda Anastácio.

A Estrada do Anastácio

Situada nesse território além-rios, tido como suburbano e/ ou rural até meados do século XX, a atual Avenida do Anastácio está presente na estrutura fundiária da cidade de São Paulo desde os tempos coloniais, quando do núcleo central da vila partiam caminhos radiais em direção ao interior e ao litoral, que se cruzavam com outros numerosos caminhos nos arredores paulistanos, e propiciaram o surgimento de novos núcleos populacionais independentes ao longo de seus percursos (LANGENBUCH, 1968).

Foi a partir da metade do século XIX que esta rua ganhou notoriedade, não só por promover a conexão dos sítios e fazendas existentes na região – as quais abrigavam uma diversificada produção agrícola, tanto de subsistência quanto de abastecimento da cidade – mas também por integrar a continuidade a oeste, sentido Jundiaí, da Estrada da Boiada, fator que acelerou o processo de transformação fundiária local, e que reproduziu ao longo de seu percurso, as transformações urbanas e de espraiamento territorial que já estavam em andamento no núcleo central da cidade e que foi dinamizada na região com a chegada da ferrovia ligando Santos à Jundiaí, e a posterior implantação do Frigorífico Armour do Brasil.

Diferentemente dos demais caminhos que surgiram a partir da região central de São Paulo no período, que seguiam uma estrutura radioconcêntrica, a Estrada da Boiada (Figura 1) era um caminho perimetral derivado da Estrada para Sorocaba e Itu. Partia do núcleo de Pinheiros,[3] seguia pelas bordas do território, em paralelo às áreas de várzea do rio Pinheiros, atravessando algumas pro-

---

3 Para um maior detalhamento do desenvolvimento do núcleo de Pinheiros e sua conexão com a área central da cidade através da Rua Teodoro Sampaio, a partir do início do século XX, ver o texto de Ana Lanna, "Teodoro Sampaio, conectando a cidade", reunido nesta publicação.

priedades rurais pouco habitadas, localizadas no perímetro suburbano da cidade, até alcançar a várzea do rio Tietê, na altura do Sítio do Emboaçava (atual bairro da Lapa). A partir daí fazia a travessia pela ponte de madeira construída no início da Fazenda Anastácio, de propriedade do Coronel Anastácio de Freitas Trancoso,[4] e seguia adiante, mata adentro, rumo às terras férteis e às oportunidades de negócios agrícolas no interior da província.

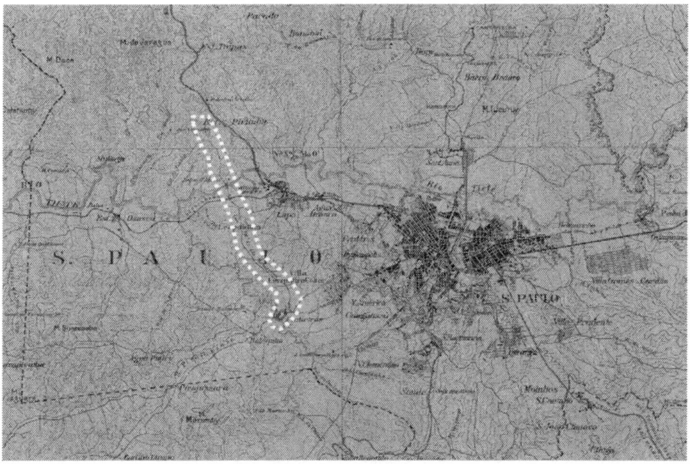

Figura 1 – Detalhe da Estrada da Boiada e da Estrada do Anastácio no mapa da cidade de São Paulo elaborado pela Commissão Geographica e Geológica para a Secretaria de Segurança Pública em 1908. Fonte: Arquivo Público do Estado de São Paulo - Memória Pública, 2019. Elaborado pela autora.

4 Coronel Anastácio de Freitas Trancoso, homem notável em seu tempo, que tomou parte ativa nos acontecimentos que em São Paulo antecederam à proclamação da Independência nos campos do Ipiranga e se desenrolaram após ela. [...] Natural de Paranaguá (1752), constituiu família em São Paulo [...] sendo ele o tronco da atual família Rego Freitas na capital. [...] Após a proclamação da Independência, foi aclamado comandante de uma nova organização militar, devido a seu prestígio, quer militar, quer político. Eleito como membro do 4º Governo Provisório, tomou posse como deputado em 9 de janeiro de 1823. Em setembro do mesmo ano a organização comandada pelo Coronel foi dissolvida, cabendo a ele o exílio em Guaratinguetá. Faleceu em São Paulo no ano de 1839 (FREITAS, 1935, p. 81-82).

Logo após a travessia do rio Tietê, o trecho inicial da Estrada para Jundiaí ficou conhecido como Estrada do Anastácio, já que este caminho cortava as terras do Coronel Anastácio (Figura 2) em direção ao interior e também às demais propriedades existentes na Freguesia de Nossa Senhora do Ó, situadas a leste de sua sede, além de possuir uma bifurcação a oeste que conectava São Paulo à vila de Parnaíba. Cabe ressaltar que neste território além-rios, os principais caminhos estruturadores são derivados dos poucos pontos de travessia existentes sobre o rio Tietê, que de forma linear e com poucas conexões, penetram no interior destas localidades, em oposição à malha radioconcêntrica que já se anunciava no núcleo central da cidade.

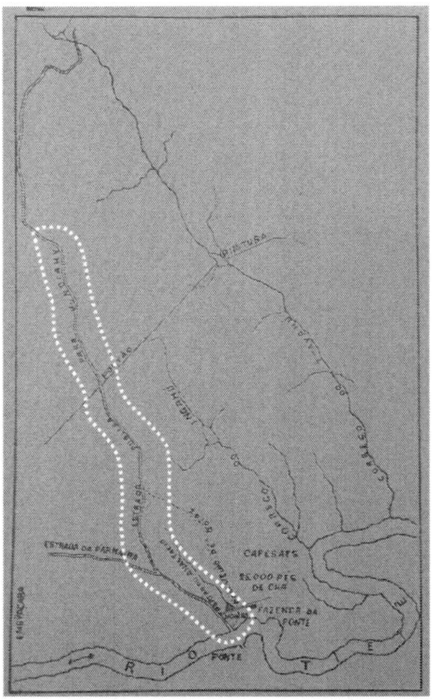

Figura 2 – Fragmento da planta da Fazenda Anastácio levantada pelo Cel. Pinto do Rego Freitas, em 1825, com destaque para a Estrada do Anastácio. Fonte: FREITAS, 1929, p. 150. Elaborado pela autora.

O cinturão de chácaras (Figura 3) que se desenvolveu ao redor do centro da cidade consolidou a apropriação destes territórios por personagens influentes na administração urbana, grande parte deles formada por militares e/ou descendentes das famílias portuguesas que aqui chegaram durante a colonização e que conquistaram novos territórios através de confrontos, aprisionamento e escravização dos nativos destes arredores, criando desta forma uma rede suburbana de caminhos e propriedades rurais que apoiariam o crescimento e expansão territorial da cidade no decorrer dos séculos XIX e XX (BARRO, 1977; LANGENBUCH, 1968; MONBEIG, 2004).

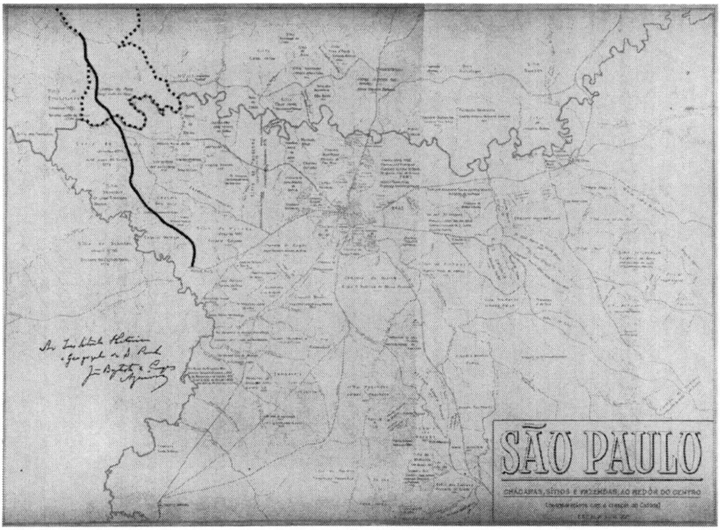

Figura 3 – Chácaras, Sítios e Fazendas ao redor do Centro desaparecidos com o crescer da cidade, com destaque para a Estrada do Anastácio e a Fazenda do Anastácio (em tracejado). Fonte: Arquivo Público do Estado de São Paulo, 2019. Elaborado pela autora.

A presença de famílias de destaque da sociedade paulistana que moravam em terras além-Tietê, ou que possuíam propriedades secundárias no local, é mencionada em crônicas que retratam passagens cotidianas do século XIX, e que identificam alguns destes personagens, como nesta passagem na qual Nuto Sant'anna, em sua coluna para o jornal *Correio Paulistano* no ano de 1940, menciona o festejo da Cavalhada ocorrido em 1817, no Largo dos Curros (atual Praça da República), em homenagem ao príncipe Dom Pedro I, no período em que ele estava em São Paulo aguardando a chegada de sua futura esposa, a Princesa Leopoldina:

> Além das festas votivas que se lhe renderam, outras se efetuavam à sua majestade. Toda a aristocracia, o clero, as classes militares, o povo, a plebe, todos afluíam aos templos e à grande praça do largo dos Curros, em que se iam realizar, com solenidade e pompa, corridas de touro e cavalhadas. [...] As altas patentes das armas estão presentes, em suas fardas empetecadas de galões. Os varões da governança, bem como todas as pessoas gradas, acomodam-se rumorosas, em torno do anfiteatro. *Entre as damas, vêm-se representantes das principais famílias da cidade – as Anastácio, as velhas meninas da Casa Verde, a Maria Benedita do Arouche, a menina Maria Luisa* que, daí a anos, seria a mãe de Álvares de Azevedo. E outras, e outras. Há sorrisos e cochichos. Chama a atenção uma criatura buliçosa, que se abana com um largo leque, atirando olhares em todas as direções. É a Domitila, a filha do coronel João de Castro. Já estava casada com o alferes Felício Pinto. [...] *Entre os homens, lá estavam o general José Arouche de Toledo Rondon, o Coronel Trancoso, o Rafael Tobias, o Bernardo Gavião, [...] tudo o que havia, enfim, de representativo na sociedade paulistana...*

> Nem era para menos. Cavalhadas, touros, bailes de máscaras e óperas, eram a única expressão real predileta dos júbilos da nossa cidade naqueles ingênuos tempos coloniais.[5]

Neste período, a Estrada da Boiada começou a ser utilizada também como rota de acesso provisório para a vila de Itu, já que em meados do século XIX o caminho anterior, que passava por Pinheiros, foi danificado pelas chuvas e demorou a ser consertado (BARRO, 1977). Assim, a estrada passou a receber todo o movimento das tropas que vinham e iam para o interior. "Esta mudança deu-se em virtude das excelentes condições do 'sítio da Ponte do Anastácio', cujo próprio nome já enunciava a existência de uma boa ponte, porquanto até esse tempo, servia de uso particular para a propriedade" (SANTOS, 1980, p. 34). A bifurcação se dava logo após a travessia da ponte do Anastácio, que à esquerda seguia para as regiões de Parnaíba e Itu, e à direita seguia pela Estrada do Anastácio, para Jundiaí.

Com isso, surgem os primeiros registros de propriedades rurais na região, localizadas às margens desta estrada, que além de concentrar atividades agropecuárias, serviam como pontos de parada e descanso para os viajantes, comerciantes, boiadas e tropas de mula rumo a São Paulo. Isso fez com que o caminho para Jundiaí "[...] fosse adequadamente aparelhado. Daí a importância que nesta época passaram a ter os ranchos e pousadas na região, bem como as pastagens para os animais. Cuidava-se de dar guarida aos homens, animais e cargas" (SANTOS, 1980, p. 32).

Aos poucos, a margem direita do rio Tietê, na altura da Ponte do Anastácio, foi atraindo tropeiros e população migrante para ha-

5 *Correio Paulistano*, 31/7/1940, p. 5 (grifos meus).

bitar e trabalhar no cultivo de cereais, frutas, café, cana-de-açúcar e chá, nos diversos sítios e fazendas existentes na região - como as Fazendas Anastácio,[6] Barreto[7] e Jaraguá – todas elas conectadas pela Estrada para Jundiaí e seus caminhos derivados, numa expansão do núcleo populacional da Freguesia de Nossa Senhora do Ó, da qual faziam parte. Além da produção de subsistência, os produtos ali cultivados conquistaram prestígio no mercado, sendo inclusive produzidos para exportação, em complemento à produção já existente no oeste paulista (BARRO, 1977), o que destacou ainda mais esta região em relação aos demais arredores da cidade.

A atividade agrícola se intensificou e exerceu grande poder econômico não só neste território, mas em toda a cidade, fazendo com que a produção fosse comandada por algumas famílias influentes à época, como as famílias Pinto do Rego (vinculada ao Coronel Anastácio) e Pereira Barreto (vinculada ao médico e político Dr. Luiz Pereira Barreto), diretamente ligadas à administração da província paulista.

6 O coronel Anastácio e seus descendentes mais próximos cultivaram, além de cereais e café, do qual faziam exportação, também chá, mantendo em suas terras plantação superior a 25.000 pés (FREITAS, 1935, p. 83).

7 Luiz Pereira Barreto (RJ, 1840 - SP, 1923) comprou a primeira parte do sítio Santa Carolina, em Pirituba, que, após várias transações, totalizou 110 alqueires de terras, com 40 mil pés de café e um vinhedo de 10 mil videiras de diversas qualidades para mesa e vinho; um pomar com árvores frutíferas e, o restante, em bosque de eucaliptos, capoeiras, mata e pasto. [...] Depois da repercussão internacional como viticultor, Pereira Barreto voltou ao café, cultivando-o, desta vez, em Pirituba. O seu intuito era tornar o produto mais barato e facilitar sua exportação pelo porto de Santos. Mandou vir então sementes de todos os países produtores, experimentando-as até encontrar a que melhor se adaptasse ao clima paulistano. Formou assim, em Pirituba, uma soberba lavoura. Acusado, porém, de pretender transformar São Paulo num imenso cafezal, com prejuízo de outras culturas, e, temente, por sua vez, com os perigos de uma superprodução, desgostou-se e deixou perecer sua florescente lavoura, que chegou a contar com 40 mil pés (BEGLIOMINI, 2020).

O crescimento da produção demandou a ampliação de mão-de-obra nestas terras - para trabalhar não só nas áreas de plantio, mas também em novas atividades, como a fabricação de telhas e tijolos nas olarias situadas às margens do Tietê - já que grande parte dos moradores - da ordem de 1.739 habitantes no ano de 1836 (BARRO, 1977, p. 52) - era formada pelos herdeiros destas famílias, por descendentes dos chamados bandeirantes (que escravizaram boa parte dos nativos da região) e por alguns miscigenados e descendentes das populações indígenas e negras que habitavam este território (ANTUNES, 2013), sendo estes os responsáveis por desenvolver as atividades relacionadas à agricultura e à pesca, além das demais necessárias à manutenção das propriedades rurais ali existentes (incluindo o trabalho doméstico) e também da própria Estrada do Anastácio.

Um exemplo destas atividades foi recuperado através de uma correspondência publicada no periódico *A Phenix*, em 22 de maio de 1839, enviada por Francisco Antonio de Miranda - empreiteiro[8] que cuidava das obras de calçamento e manutenção de algumas pontes no Rio Tietê - na qual descreve, dentre outros serviços realizados, as obras de reparo que comandou na Estrada do Anastácio neste período:

8 Cabe ressaltar que este tipo de prática profissional - no qual um profissional particular era recomendado e contratado pela administração pública para promover os reparos necessários nas vias urbanas da cidade - já existia em São Paulo desde o início do século XIX e foi se especializando ao longo do tempo, principalmente na primeira metade do século XX. Esta atuação profissional pode ser melhor compreendida no texto de Camila Souto, nesta publicação, onde a autora aborda a trajetória do empreiteiro José Vitrone, demonstrando como este profissional atuou em grande parte da área central da cidade, tanto em obras particulares quanto em obras públicas, através de editais e contratos de prestação de serviços junto à municipalidade.

> Verdade é que para isso concorreram ter um honrado agricultor prestado os serviços dos seus escravos dias inteiros sem horas de descanço, sustentando-os a sua custa, e fornecendo a ferramenta pelo diminuto preço de 400rs. diários por cada um, e não terem percebido alguma gratificação por muitos dias, que perdi n'este serviço e por ferramentas que fiz preparar em minha fabrica, seguindo entam meo antigo costume de servir sem gratificação o paiz que adoptei por minha pátria [...].[9]

A intensificação do movimento de viajantes a cavalo ou com carros de boi e tropas de mula (que faziam o escoamento da produção de açúcar advinda do interior, rumo a Santos) por esta Estrada e pela Ponte do Anastácio, levou a inúmeras solicitações de reparo junto à Câmara de São Paulo, devido às más condições em que se encontravam, sendo estas obras ora custeadas pelos proprietários do entorno – como o próprio Coronel Anastácio – e ora pelo Conselho criado pela Câmara para administrar a cobrança de pedágio nas pontes da cidade (SANTOS, 1980, p. 34). Há relatos de que esta ponte foi reconstruída por pelo menos duas vezes, sendo a primeira em 1822 e a segunda em 1860:

> Em 7 de março de 1860 indicava-se com urgência a necessidade de mandar consertar novamente a "estrada de Campinas, próximo a Freguesia do Ó, por onde se faz presentemente o trânsito de todas as tropas e carros [de boi], visto ter caído a ponte denominada do Anastácio e acha-se aquela estrada

9 *A Phenix*, 22/05/1839, p. 4.

> em estado deplorável". Tal conserto foi providenciado dois meses depois (SANTOS, 1980, p. 42).

Neste momento, além das obras que estavam sendo realizadas neste trecho da Estrada do Anastácio e em seu entorno imediato, através de negociações entre os moradores e a Câmara, cabe destacar que as fazendas da região e a própria estrada estavam inseridas nas discussões sobre a oficialização de terras devolutas da municipalidade, localizadas em áreas de campo e várzeas, que deveriam ser reservadas para a oficialização de logradouros públicos, preservando desta forma, alguns caminhos existentes em todas as direções da cidade e evitando problemas futuros de circulação entre o centro e seus arredores[10] (SÃO PAULO, 1859, p. 190-194).

Pode-se dizer que este parecer foi o início da oficialização desta estrada como logradouro público municipal (que veio a se consolidar apenas na segunda metade do século XX), já que de acordo com as regras estabelecidas para a Estrada de Jundiaí– "pela estrada das tropas, 'nos campos do alto do Anastácio', deliberou-se, a reserva para logradouro público até a máxima extensão de um quarto de légua quadrada ou meia-légua em perímetro de campos e várzeas" (SANTOS, 1980, p. 42) – esta extensão corresponde nos dias atuais, aos aproximadamente 2,55 km de extensão da Avenida do Anastácio.

Apesar de todas as intervenções realizadas nesta estrada e na travessia sobre o rio Tietê, que inseriram e comunicaram

10 Centro de Memória da Câmara Municipal de São Paulo, *Atas da Câmara Municipal de São Paulo*, Sessão ordinária de 18 de novembro de 1859: Pareceres – Dispõe sobre a reserva de áreas para a oficialização de logradouros públicos. 21ª Sessão Ordinária da Câmara Municipal de São Paulo, V. XLV, p. 190-194, ano de 1859, p. 190-194.

cada vez mais esta localidade com as transformações urbanas que estavam se desenvolvendo na área central da cidade, estes processos demoraram a se concretizar na região. Grande parte das propriedades rurais ainda estava sob administração de seus herdeiros diretos, que deram continuidade aos negócios familiares, sem promover grandes modificações, o que contribuiu para a preservação das características rurais e suburbanas desta localidade até meados do século XX. Isso fez com que a maioria de seus moradores continuasse reproduzindo suas práticas agrárias e manufatureiras locais, à exceção de alguns que se deslocavam até o núcleo central da cidade para comercializar seus produtos e abastecer suas propriedades com o que não era produzido ou comercializado na região.

Mesmo com o censo realizado na Freguesia de Nossa Senhora do Ó em 1872, nos informando que residiam nesta localidade 2.023 habitantes,[11] distribuídos em 319 residências, sendo 1.026 homens e 997 mulheres, este número ainda era inferior em relação às demais freguesias da cidade, como a Sé, por exemplo, onde existiam 9.213 habitantes (BARRO, 1997, p. 55-56) no mesmo período. Esta constatação se sucede nos demais censos realizados entre 1872 e 1893, pois as populações das freguesias da Sé, Consolação, Santa Efigênia e Brás tiveram aumento significativo, mais do que dobrando seus habitantes, e as freguesias do Ó e da Penha, praticamente mantiveram seus moradores, como explicita a Tabela 1 a seguir.

11 Em relação ao campo profissional e de outras ocupações, havia: o padre, 2 professores, 1 pescador, 10 manufatureiros, 2 comerciantes, 94 costureiras, 2 calceteiros, 1 especialista em metais e 7 em madeiras, 1 mestre de obras, 422 lavradores, 217 criados, 114 domésticos e 1.149 habitantes sem profissão. Entre os moradores, predominavam os brancos, no total de 1.046, seguidos pelos pardos com 718 pessoas e pelos pretos que somavam 248 habitantes (BARRO, 1997, p. 55), evidenciando que grande parte destas ocupações permanecia relacionada às atividades agrícolas e ao trabalho doméstico.

Freguesia	1872	1886	1890	1893
Sé	9.213	12.821	16.395	29.518
Consolação	3.357	8.269	13.337	21.311
Santa Efigênia	4.459	11.909	14.025	42.715
Braz	2.308	5.998	16.807	32.387
Penha	1.883	2.289	2.209	1.128
Nossa Senhora do Ó	2.023	2.750	2.161	2.350
São Miguel	–	–	–	1.366

Tabela 1 – População residente em cada freguesia da cidade entre os Censos de 1872 e 1893. Fonte: BARRO, 1977, p. 56. Elaborado pela autora.

A propriedade da Fazenda Anastácio é um exemplo deste processo de manutenção e preservação da estrutura fundiária e das atividades econômicas locais. Após a morte do Coronel Anastácio em 1839, a fazenda ficou sob os cuidados de seus herdeiros[12] até 1856, quando a venderam para Domitila de Castro Canto e Melo – a Marquesa de Santos[13] (1797-1867) e seu segun-

12 No inventário de Maria Angélica de Ribeira Freitas, datado de 1849, a grande propriedade que herdara de seu progenitor era: "sítio que se acha situado na estrada de Campinas, distrito de Nossa Senhora do Ó, margem do rio Tietê, com casas de vivenda de quatro lanços de telhas, edificadas em parte de pilão e mão e com terras lavradas e campos de casas e porteiras, currais, gramados e cercados com cinquenta mil pés de chá, com extrato de fábrica, seiscentos pés de café. Principia na ponte edificada sobre o rio Tietê na estrada que desta Capital segue para a cidade de Campinas no lugar denominado Ponte do Anastácio..." (SANTOS, 1980, p. 40)

13 "Quanto à dona Domitila de Castro Canto e Melo, Marquesa de Santos, quem quer que se interesse pela sua vida, nela descobrirá, anos mais tarde, uma mulher renovada. Já então casada com o Brigadeiro Tobias de Aguiar, ei-la toda voltada à educação dos filhos, ei-la contribuindo generosamente para obras pias e para a educação e cultura de estudantes pobres. [...] E a patentear também, em várias circunstâncias, que é brasileira dotada de elevados sentimentos cívicos. Durante a Guerra do Paraguai [1864-1870], por exemplo, a Marquesa agasalha, durante algum tempo, na Fazenda Anastácio, de sua propriedade, o 7° Batalhão de Voluntários da Pátria que

do marido, o Brigadeiro Rafael Tobias de Aguiar – líder político e militar paulista (1793-1857), onde passaram a residir juntamente com seus filhos, e deram continuidade à produção de chá, café e demais culturas na fazenda.

Com o falecimento de seu marido, Domitila passou a residir em seu casarão localizado no centro da cidade – o atual Solar da Marquesa na pequena rua lateral ao Pátio do Colégio – deixando a administração da fazenda a cargo de seus filhos, que a mantiveram como propriedade da família até o início do século XX, quando em 1903 venderam parte das terras para a São Paulo Tramway, Light and Power Company e depois, em 1917, comercializaram o restante da fazenda para a Companhia Armour do Brasil (O SOLAR, 1930; ALMEIDA, 2020; ANTUNES, 2013).

A chegada da ferrovia e o desenvolvimento urbano da localidade

A chegada da ferrovia nas últimas décadas do século XIX alterou de modo definitivo as dinâmicas econômicas da região, levando a uma significativa redução da circulação de viajantes, comerciantes e suas tropas por vias terrestres, que passaram a utilizar os trilhos do trem como meio de circulação e escoamento da produção do interior para o litoral. Não precisando circular com tanta frequência pela Estrada para Jundiaí, também pouco se utilizava da estrutura oferecida pelos pousos de tropa ao longo deste percurso, levando a sua progressiva desativação.

A primeira ferrovia a cortar este território além-rios foi a São Paulo Railway Company, entre 1862 e 1867, que promoveu a liga-

---

um sério obstáculo impedia de prosseguir avante" (*Correio Paulistano*, 07/07/1957, p. 8-9).

ção de Santos à Jundiaí, e dividiu as terras da Fazenda Anastácio em duas partes: a mais próxima ao Tietê conservou a denominação de Anastácio, e a outra passou a se chamar Anastácio-Capuava.

Em 1885, foi implantada a Estação de Pirituba, posicionada para facilitar o escoamento da produção de chá e café da Fazenda Anastácio e das demais existentes na região, graças à notória influência de seus proprietários na vida pública paulistana (ANTUNES, 2013; ROCHA, 2020), enquanto esta atividade ainda tinha relevância na localidade. Além da Estrada de Ferro Santos-Jundiaí, em 1875, na margem esquerda do rio Tietê, nos arredores da Lapa, passou a funcionar também a Estrada de Ferro Sorocabana, responsável por fazer a ligação de São Paulo à Sorocaba.

A implantação das ferrovias impulsionou a transformação deste território, que passou a se inserir na dinâmica de crescimento e industrialização da cidade no início do século XX, na medida em que este extrapolava o perímetro urbano já consolidado, estendendo-se em direção aos eixos ferroviários e às áreas de várzea dos rios Tietê e Pinheiros. Ocorria nesse momento a substituição gradativa da atividade econômica preponderante da cidade, que passou da agrícola para a industrial, movida não mais apenas pelos interesses dos proprietários de terra que com a renda adquirida em suas produções passaram a investir em novos negócios, mas agora também por investidores e capitalistas interessados em promover transformações urbanas principalmente a partir do crescimento dos setores imobiliários e de serviços que ocorreu concomitantemente à industrialização.

Com estas transformações em curso, as famílias que ali viviam foram se desfazendo de suas propriedades para residir em outras áreas da cidade – deixando para trás o modo de vida suburbano e rural, para se inserir na vida urbana já anunciada pelos novos bairros residenciais das elites e classes médias que estavam surgindo na área central da cidade[14] – e rapidamente as terras da Fazenda Anastácio e das demais fazendas, sítios e chácaras da região foram desmembradas e comercializadas por seus herdeiros.

Este movimento atraiu diversos perfis de investidores para a área, desde grandes indústrias até pequenos empresários, que viram uma oportunidade de lucrar com a transformação destas terras, como ocorreu, por exemplo, com a Companhia Armour do Brasil, que adquiriu as glebas remanescentes desta fazenda, para a implantação das instalações de seu frigorífico às margens do rio Tietê e que posteriormente comercializou as demais glebas para outros investidores (ALMEIDA, 2020).

A partir da comercialização destas glebas a estrutura territorial se modificou completamente e as terras antes ocupadas por áreas de lavoura e pastagem e por pequenas construções isoladas nestas diversas propriedades – estruturadas pela Estrada do Anastácio e algumas outras vias, como por exemplo, a Estrada da Mutinga, a Estrada do Capuava e a Estrada do Fidelis – transformaram-se nos primeiros bairros residenciais e instalações industriais que surgiram nos arredores da estação de trem de Pirituba e do rio Tietê, atraindo novos moradores – em grande parte operários e imigrantes – movidos pela oferta de empregos existentes não só no Frigorífico, mas também em outras indústrias localizadas nos bairros vizinhos da Lapa e da Vila Anastácio, como a Refinações de Milho Brasil, a Fiat Lux, a Gessy Lever, entre outras.

14 Sobre estes bairros residenciais na região central da cidade, ver os textos de Gabriela Cesarino e Pedro Beresin que também fazem parte deste livro.

Nas décadas subsequentes, a concentração industrial na região incentivou uma ocupação por loteamentos destinados a classes sociais diversas, mas principalmente aos trabalhadores, que passavam a ter novas opções de emprego para além do núcleo central da cidade, sendo conectados a ele pela ferrovia e pelas linhas de bonde que chegavam até a Lapa e atravessavam o rio Tietê até a entrada do Frigorífico,[15] no início da Estrada do Anastácio.

Embora situados a pouco mais de dez quilômetros da Praça da Sé, os bairros da região de Pirituba mantiveram-se isolados por muito tempo, assim como tantos outros ao norte do Tietê. Afora a

15 A chegada do bonde na região e em alguns outros bairros localizados além-rios, foi descrita por K. Fico (1923, p. 11) em sua coluna para a revista *Vida Moderna*, na qual relatava algumas obras da Light na cidade e ao que tudo indica pela descrição apontada, se trata da inauguração do bonde na Vila Anastácio: "Que São Paulo está se estendendo automibilisticamente, como diria um futurista, por toda a vasta planície de Piratininga, é coisa que salta aos olhos de qualquer mortal. Só a Light, talvez por andar de bonde, não acompanhava o processo na mesma velocidade. Ultimamente criou um pouco de coragem, ou vergonha, e estendeu seus tentáculos até a Villa Anastácio, Casa Verde, Canindé, Villa Maria, etc. Ora, na inauguração de uma destas linhas, o enthusiasmo na população do bairro beneficiado, chegou às raias do delírio. Na véspera da inauguração, reuniram-se os habitantes do bairro na unica venda lá existente, onde entre copos de cerveja, sons de sanfona e estrondos de foguetes, esperaram impacientes que rompesse a aurora, e com ella surgisse, rugindo na curva da estrada, o ambicioso melhoramento. [...] O Chico-Chacareiro foi quem mais se excedeu no entusiasmo. [...] O homem não cabia na pelle de contente, e toda a sua gratidão elle atirava aos pés da Light. Ella bem o merecia porque o bonde era della, porque ella tinha posto os trilhos e porque finalmente tinha posto o bonde nos ditos. [...] Lá pela madrugada [...] ouvem o denden do bonde que se aproximava. Foi um reboliço. Cada qual sahiu a rua como poude, e depois eram chapéos jogados para o ar, gritos de jubilo, parecia que uma onda de loucura tivesse se apoderado de toda aquella gente. Mal o carro parou no ponto terminal, foi tomado de assalto por toda aquella multidão: todos queriam ser o primeiro a inaugura-lo".

> presença do rio, com sua planície de inundação mais ou menos larga, limitando as ligações com o sul aos poucos pontos de travessia, contribuiu muito, para a segregação, a topografia acidentada em que se estabeleceram esses loteamentos, marcada por colinas e córregos encaixados entre elas. Em uma descrição geográfica dos "bairros setentrionais de além-Tietê" [realizada por Aroldo de Azevedo em 1958] o estudo atribui ao isolamento causado por esses fatores a lentidão com que se processou a urbanização ali, bem como o preço mais baixo dos terrenos, atraindo a população operária e de classe média (BARTALINI, 2012).

Isso deu início à formação de uma população de classe média na região, para a qual boa parte dos empreendedores passou a destinar seus loteamentos. Estes bairros foram idealizados a partir da legislação urbana vigente à época, sendo constituídos por lotes de tamanho razoável – entre 125,00 e 250,00m^2, de custo mais baixo por conta da topografia acidentada e da distância em relação ao centro da cidade, mas que tinham facilidades para o pagamento, através do financiamento dos lotes diretamente com a empresa loteadora. Possuíam o mínimo de infraestrutura urbana necessária para seu funcionamento (sistema de abastecimento de água e coleta de esgoto; sistema de distribuição de energia elétrica; transporte público por ônibus e sistema de áreas verdes) e seu público-alvo era não só de operários, mas também os demais cargos administrativos daquelas empresas.

Com isso, a Estrada do Anastácio foi se consolidando como um importante eixo de conexão urbana e intraurbana na região. Num primeiro momento, entre as décadas de 1920 e 1950, ela seguiu sem grandes alterações em sua estrutura ou entorno – caracterizado como um grande vazio, ocupado apenas por áreas de pasto e plantio entre o Frigorífico Armour e a estação de Pirituba – sendo responsável por conectar a estação e alguns bairros já implantados em seu entorno, com as instalações do frigorífico (Figuras 4 e 5). Além disso, também era utilizada pela própria Armour como via de ligação entre as áreas de pasto e de cultivo de madeira para seu abastecimento (localizadas às suas margens), e também para a circulação de animais que se deslocavam para o abate (ANTUNES, 2013). Essas dinâmicas se repetiram até os anos 1940, quando esta atividade foi extinta pelo frigorífico, deixando grandes porções de terra abandonadas, sem qualquer tipo de uso ao longo de toda a extensão da via.

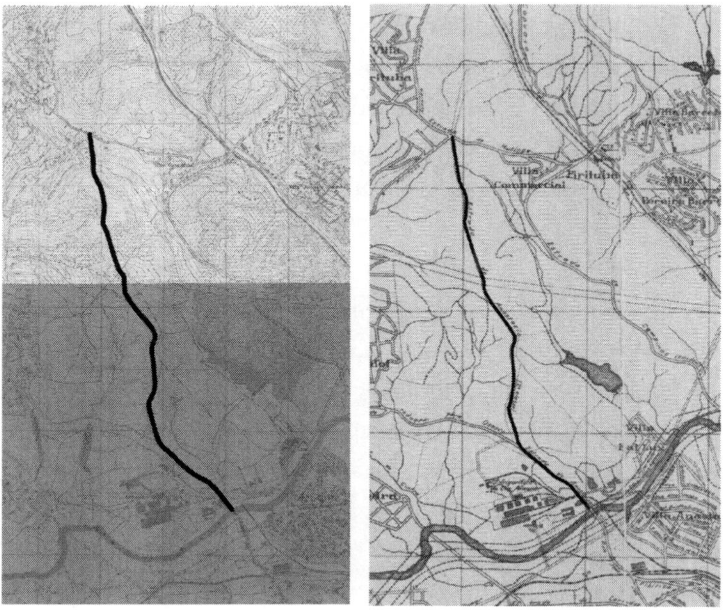

Figuras 4 e 5 – Detalhe da Estrada do Anastácio em 1930 no mapeamento realizado pela empresa Sara Brasil, e em 1943 no mapeamento realizado pela Light, demonstrando as áreas vazias às margens da Estrada do Anastácio. Fonte: Portal Geosampa, 2020 e Arquivo Público do Estado de São Paulo, 2019. Elaborado pela autora.

Foi apenas em meados dos anos 1950 que as áreas vazias abandonadas nas margens da Estrada do Anastácio começaram a ser ocupadas de forma planejada por novos bairros residenciais, após a comercialização destas terras pelo Frigorífico Armour do Brasil para novos investidores, como por exemplo, a empresa Novo Mundo Investimentos Ltda., que promoveu a implantação do bairro Parque São Domingos no local (Figura 6). Com a implantação deste bairro, que se deu em três fases (entre 1951 e 1958), esta via foi de fato consolidada e teve seu traçado aprovado pela municipalidade.

A sinalização da destinação de uso desta estrada como logradouro público efetivada desde 1859, como já mencionado, garantiu que seu traçado fosse preservado ao longo do tempo, não sendo apagado, sobreposto ou substituído por qualquer outro uso, enfatizando seu caráter de ligação e conexão territorial intraurbana na região. Sua oficialização como Avenida do Anastácio ocorreu anos mais tarde, em 27 de julho de 1978, através do decreto nº 15.177, que instituiu seus limites oficiais, começando na Rua dos Radialistas (à margem da Rodovia Anhanguera) e terminando na Avenida Mutinga. Vale mencionar que quando da abertura da Rodovia Anhanguera em 1948 (Figura 7), a Estrada do Anastácio foi dividida em dois trechos: o primeiro, ladeando as instalações do Frigorífico Armour, entre a Ponte da Anhanguera e a Rodovia; e o segundo, cortando as áreas de pasto, entre a Rodovia e a Estrada da Mutinga. A partir da oficialização por este mesmo decreto, o primeiro trecho passou a ser denominado Avenida Manoel Domingos Pinto e o segundo trecho foi alterado de Estrada para Avenida do Anastácio.

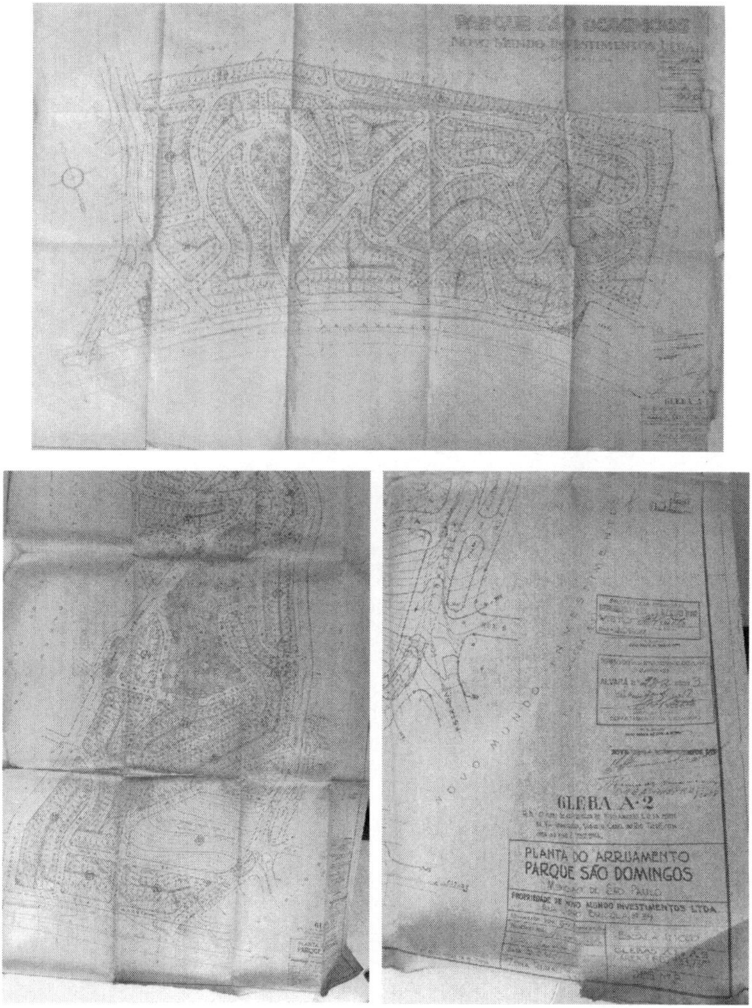

Figura 6 – Plantas de aprovação do loteamento Parque São Domingos, junto à Prefeitura Municipal de São Paulo. Fonte: Processo Administrativo do bairro Parque São Domingos. Arquivo Geral da Prefeitura de São Paulo, 2019.

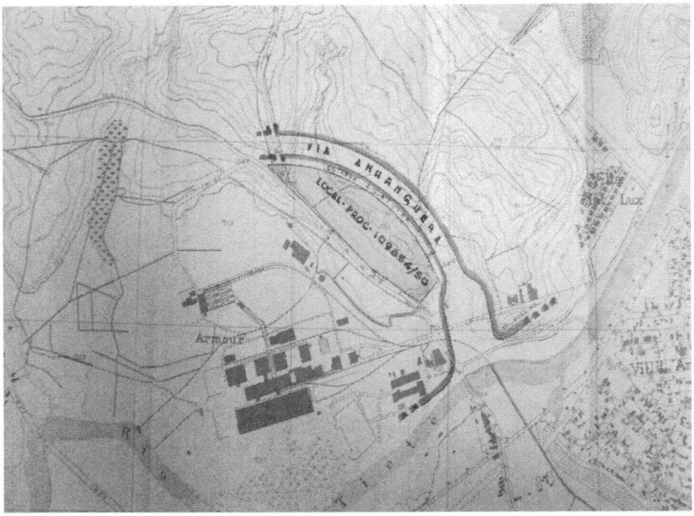

Figura 7 – Localização da gleba que deu origem ao bairro Parque Anhanguera, com destaque para o traçado da Via Anhanguera, que segregou a Estrada do Anastácio em dois trechos. Fonte: Processo Administrativo do bairro Parque Anhanguera. Arquivo Geral da Prefeitura de São Paulo, 2019.

Mesmo com a implantação do bairro residencial Parque São Domingos em seu entorno, grande parte das terras localizadas na margem direita da Estrada do Anastácio seguiu abandonada, sem destinação de uso, provocando uma mobilização popular na região, registrada pelo jornal *Voz Operária* em 1958, quando os moradores reivindicavam junto ao Frigorífico Armour uma solução para o problema das áreas vazias, alegando que estas terras abandonadas impediam o progresso da localidade e a distanciavam de seus bairros vizinhos em Pirituba e na Lapa: "[...] no meio disso tudo há um poço negro de paralização. Há a mataria da Cia. Armour que amarra o progresso, o quisto verde sujo que desafia a paciência do povo e dos trabalhadores, sem casa para morar e com transportes distantes, caros e incômodos".[16]

16 *Voz Operária*, 08/03/1958, p. 6.

Ainda segundo a reportagem, os moradores e vereadores envolvidos nesta mobilização alegavam que a região da Lapa cresceu até a margem esquerda do rio Tietê, alcançando o bairro Vila Anastácio, porém, ao atravessar o rio, o que se encontrava era uma área vazia de aproximadamente seis quilômetros de extensão até Pirituba - de propriedade da Armour - que impedia o desenvolvimento de benfeitorias (como a implantação de novos bairros residenciais e equipamentos públicos) e a continuidade da urbanização vinda da Lapa até aquela região:

> Para chegar até Pirituba, formando sua cadeia de progresso, a Lapa teve de criar o Piquiri, a Vila Bonilha, a Vila Pereira Barreto, etc., dando uma grande volta pelo lado direito da Estrada de Ferro Santos-Jundiaí. Do lado esquerdo da ferrovia há o quisto verde sujo da Cia. Armour. É lógico que a Armour, rica demais, apenas se interessa pela valorização dos seus terrenos, pouco lhe importando o progresso de São Paulo. Que São Paulo cresça em volta do latifúndio, diz ela, pois isso só pode dar mais valor aos terrenos e mais dinheiro aos donos. [...] A Lapa se expandiu até Pirituba pelo lado direito da ferrovia. Do outro lado, pelo caminho da Vila Leopoldina, o progresso estendeu um braço através de uma balsa sobre o Tietê e formou a Vila Jaguara, os Remédios, a Vila Mangalot. Lá para trás da Cia. Armour, formou-se a Vila São Domingos.[17]

Porém, mesmo com o desenvolvimento do bairro Parque Anhanguera, implantado em 1952 numa gleba próxima ao frigorífico e do surgimento do bairro Parque Maria Domitila em 1963,

17 *Voz Operária*, 08/03/1958, p. 6.

na margem esquerda da Estrada do Anastácio, que promoveram, junto com o Parque São Domingos, a efetiva ocupação de uma parcela deste "vazio", esta situação de abandono da gleba remanescente se arrastou até o final da década de 1970. Esta área foi de fato urbanizada a partir de 1979, quando um novo bairro residencial desenvolvido pela Cia. City de Desenvolvimento – o City América – foi implantado no local, ocupando a grande gleba vazia anteriormente destinada às áreas de pasto da Cia. Armour, como é possível ver nas figuras 8 e 9 a seguir.

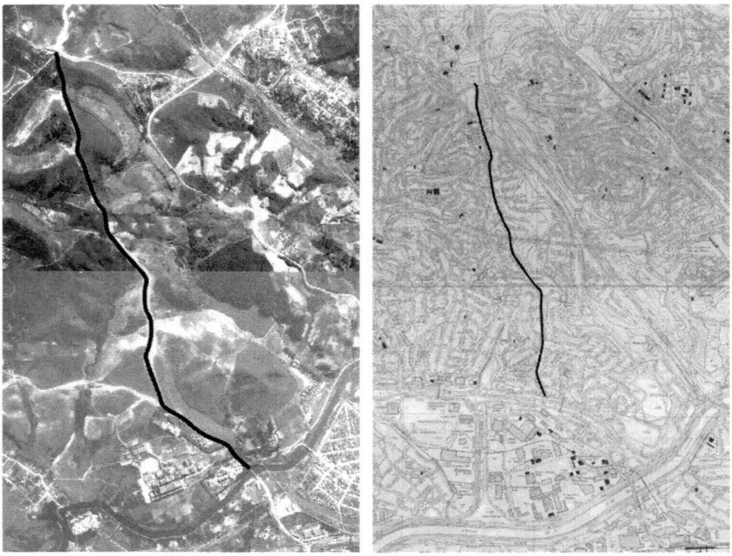

Figuras 8 e 9 – Detalhe da Estrada do Anastácio em 1954 no levantamento aerofotogramétrico realizado pela Prefeitura Municipal de São Paulo e em 1981 no mapeamento realizado pela Emplasa. Fonte: Portal Geosampa e Portal Datageo, 2020. Elaborado pela autora.

Foi a partir daí que a Estrada do Anastácio teve suas margens consolidadas pela ocupação dos bairros residenciais de classe média (Figura 10), reafirmando desta forma as relações de conexão intrabairros e retomando as práticas sociais ali existentes desde os tempos coloniais, seja através do convívio entre seus moradores nas áreas verdes ao longo de toda sua extensão ou nos novos usos lindeiros – comerciais, de serviços e equipamentos públicos – que passaram a se instalar no local, deixando para trás o cenário vazio e de abandono outrora questionado por seus primeiros moradores e também por aqueles que moravam em seu entorno imediato.

Sendo assim, esta região passou a completar o miolo do eixo já densamente ocupado por bairros residenciais operários e de classe média, que surgiram nos arredores das estações de trem da Lapa e de Pirituba, evidenciando a relação entre a urbanização e a infraestrutura de transporte na região, seja pela concentração das rodovias ou pela oferta de transporte público sobre trilhos ou pneus.

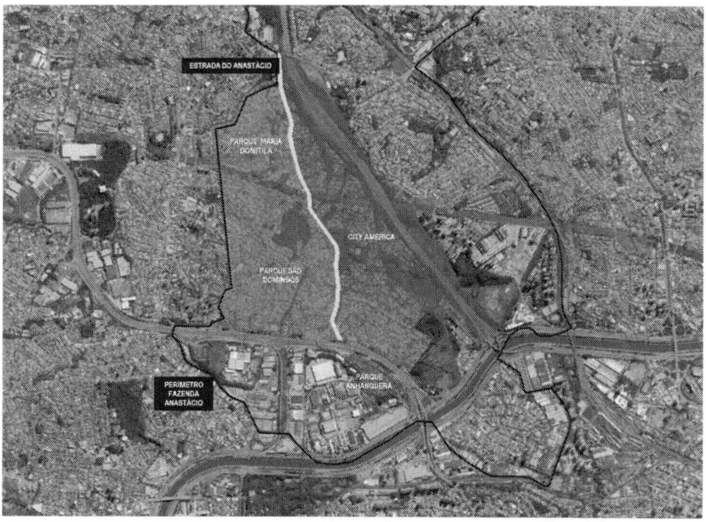

Figura 10 – Situação atual da Avenida do Anastácio, com a delimitação dos bairros em seu entorno imediato. Fonte: Mapa-base Google Earth, 2020. Elaborado pela autora.

A reconstituição desta história permitiu evidenciar como o processo de transformação urbana iniciado no núcleo central da cidade ocorreu de forma concomitante, porém em ritmo menos acelerado nos territórios além-rios da cidade e que eles possuíam dinâmicas econômicas e de funcionamento próprios, mas atrelados ao contexto da cidade desde os tempos coloniais.

Neste sentido, foi possível perceber como a Estrada do Anastácio manteve seu protagonismo no território desde o século XIX, sendo o caminho articulador e estruturador não só de ligações regionais, mas também intraurbanas, como suporte de atividades diversas em suas margens, incluindo principalmente a circulação e o encontro de pessoas e de mercadorias, ao mesmo tempo em que reúne bairros residenciais diversos em seu entorno e concentra atividades de interação social ao longo de toda sua extensão, sendo amplamente utilizada pelos moradores como ponto de encontro e também para a prática de atividades físicas cotidianamente.

Referências bibliográficas

ALMEIDA, Deborah S. de. *Companhia City além-rios: Os bairros-jardins na Zona Norte de São Paulo e a trajetória empresarial (1950-2000).* Dissertação (Mestrado), FAUUSP, São Paulo, 2020.

ANTUNES, Fátima. "O Casarão do Anastácio". *Revista Emcartaz,* São Paulo, n. 67, mai. 2013, p. 68-69.

ARQUIVO GERAL DA PREFEITURA DE SÃO PAULO – SETOR DE APROVAÇÃO DE PROJETOS DE PARCELAMENTO DO SOLO (São Paulo). *Processo administrativo de aprovação de loteamento do bairro Parque Anhanguera – nº 0.109.854/50.* São Paulo: Ângelo e Pedro Sala, 1950.

ARQUIVO GERAL DA PREFEITURA DE SÃO PAULO – SETOR DE APROVAÇÃO DE PROJETOS DE PARCELAMENTO DO SOLO (São Paulo). *Processo administrativo de aprovação de loteamento do bairro Parque São Domingos – nº 0.037.392/51.* São Paulo: Novo Mundo Investimentos Ltda., 1951.

ARQUIVO PÚBLICO DO ESTADO – MEMÓRIA PAULISTA (São Paulo). *Carta topográfica do município da Capital.* São Paulo: Commissão Geographica e Geológica do Estado de São Paulo para a Secretaria de Segurança Pública, 1908. Escala 1:100.000.

ARQUIVO PÚBLICO DO ESTADO – MEMÓRIA PAULISTA (São Paulo). *Planta da Cidade de São Paulo e Municípios Circunvizinhos.* São Paulo: The São Paulo Tramway Light & Power Co. Ltd., 1943. Escala 1: 50.000.

ARQUIVO PÚBLICO DO ESTADO – MEMÓRIA PAULISTA (São Paulo). *São Paulo - Chácaras, Sítios e Fazendas ao redor do Centro desaparecidos com o crescer da cidade.* São Paulo: Eng. Gastão Cesar Bierrenbach de Lima e João Baptista de Campos Aguirra, 1954. Escala 1:20.000.

AZEVEDO, Aroldo de. *A cidade de São Paulo: Estudos de geografia urbana. V. III: Aspectos da Metrópole Paulista.* São Paulo: Companhia Editora Nacional, 1958.

BARRO, Máximo. *Nossa Senhora do Ó.* Volume 13 da Série Histórica dos Bairros de São Paulo. São Paulo. PMSP – DPH, 1977.

BARTALINI, Vladimir. "Brejos, vielas, escadas: um bairro-jardim e suas águas". *PÓS – Revista do Programa de Pós-Graduação em Arquitetura e Urbanismo da FAU USP*, São Paulo, n. 31, v. 19, jun. 2012, p.26-43.

BEGLIOMINI, Helio. "Biografia de Luiz Pereira Barreto". *Biografias de Acadêmicos da Academia de Medicina de São Paulo*, São Paulo, 2020. Disponível em: https://www.academiamedicinasaopaulo.org.br/biografias/1/BIOGRAFIA-LUIZ-PEREIRA-BARRETO.pdf. Acesso em: 25/05/2020.

DELL'OSO, Angelina. "A mulher no Museu Paulista". *Correio Paulistano*, São Paulo, 07/07/1957, p. 8-9.

FICO, K. "Uma boa acção da Light". *Vida Moderna - Bellas Artes*, São Paulo, ed. 457, 09/08/1923, p. 11.

FREITAS, Affonso A. de. *Diccionario Historico, Topographico, Ethnographico Illustrado do Município de São Paulo*. São Paulo: Graphica Paulista, 1929.

FREITAS, Affonso A. de. "O Anastácio". *Revista do Arquivo Municipal de São Paulo*, São Paulo, ano 1, v. XI, 1935, p. 83-88.

GOOGLE EARTH (Brasil). *Foto Aérea da cidade de São Paulo*. São Paulo: Google, 2020.

LANGENBUCH, Juergen R. *A Estruturação da Grande São Paulo: Estudo de Geografia Urbana*. Tese (Doutorado) - FCL-UNICAMP, Rio Claro, 1968.

MIRANDA, Francisco A. de. "Correspondência". *A Phenix*, São Paulo, ed. 131, 22/05/1839, p. 4.

MONBEIG, Pierre. "O crescimento da cidade de São Paulo". In: SZMRECSÁNYI, Tamás (Org.). *História Econômica da Cidade de São Paulo*. São Paulo: Globo, 2004.

O CASO DO latifúndio da Cia. Armour. *Voz Operária*, Rio de Janeiro, ed. 457, 08/03/1958, p. 6.

O SOLAR da Marqueza de Santos. *A Gazeta*, São Paulo, ed. 7.318, 13/06/1930, p. 4.

PICCINATO Jr., Dirceu. "O caminho do Anhanguera e suas possibilidades". *Resenhas Online*, São Paulo, n. 164.01, Vitruvius, ago. 2015. Disponível em: https://www.vitruvius.com.br/revistas/read/resenhasonline/14.164/5629. Acesso em: 27/03/2020.

PONCIANO, Levino. *Bairros paulistanos de A a Z: pequeno dicionário histórico e amoroso*. São Paulo: Ed. Senac, 2017.

PORTAL DATAGEO – EMPLASA (São Paulo). *Mapa Planialtimétrico da Região Metropolitana de São Paulo – 1980/1981, com atualizações.* São Paulo: Empresa Paulista de Planejamento Metropolitano S.A., 1980. Escala 1:10.000. Disponível em: http://datageo.ambiente.sp.gov.br/app/#. Acesso em: 21/03/2020.

PORTAL GEOSAMPA (São Paulo). *Levantamento aerofotogramétrico da Cidade de São Paulo em 1954.* São Paulo: Prefeitura Municipal de São Paulo, 1954. Escala 1:2.000. Disponível em: http://geosampa.prefeitura.sp.gov.br/PaginasPublicas/_SBC.aspx. Acesso em: 21/03/2020.

PORTAL GEOSAMPA (São Paulo). *Mapa topográfico do município de São Paulo.* São Paulo: Sara Brasil, 1930. Escala 1:5.000. Disponível em: http://geosampa.prefeitura.sp.gov.br/PaginasPublicas/_SBC.aspx. Acesso em: 21/03/ 2020.

ROCHA, João O. da. "A origem de Pirituba". *Portal Piritubanet,* São Paulo, 2020. Disponível em: https://www.pirituba.net/pirituba/. Acesso em: 04/04/2020.

SANT'ANNA, Nuto. "Cavalhadas". *Correio Paulistano*, São Paulo, 31/07/1940, p. 5.

SANTOS, Wanderley dos. *Lapa.* Série Histórica dos Bairros de São Paulo, v. 18. São Paulo: DPH/PMSP, 1980.

SÃO PAULO, Câmara Municipal de. Decreto nº 15.177, de 27 de julho de 1978. Dispõe sobre oficialização e denominação de logradouros públicos. *Diário Oficial do Município de São Paulo*, ed. 141, 28/07/1978, p. 4.

SÃO PAULO, Prefeitura Municipal de. "Sessão ordinária de 18 de novembro de 1859: Pareceres – Dispõe sobre a reserva de áreas para a oficialização de logradouros públicos". *Atas da Câmara da cidade de São Paulo*, V. XLV, 1859, p. 190-194.

Continua no 2

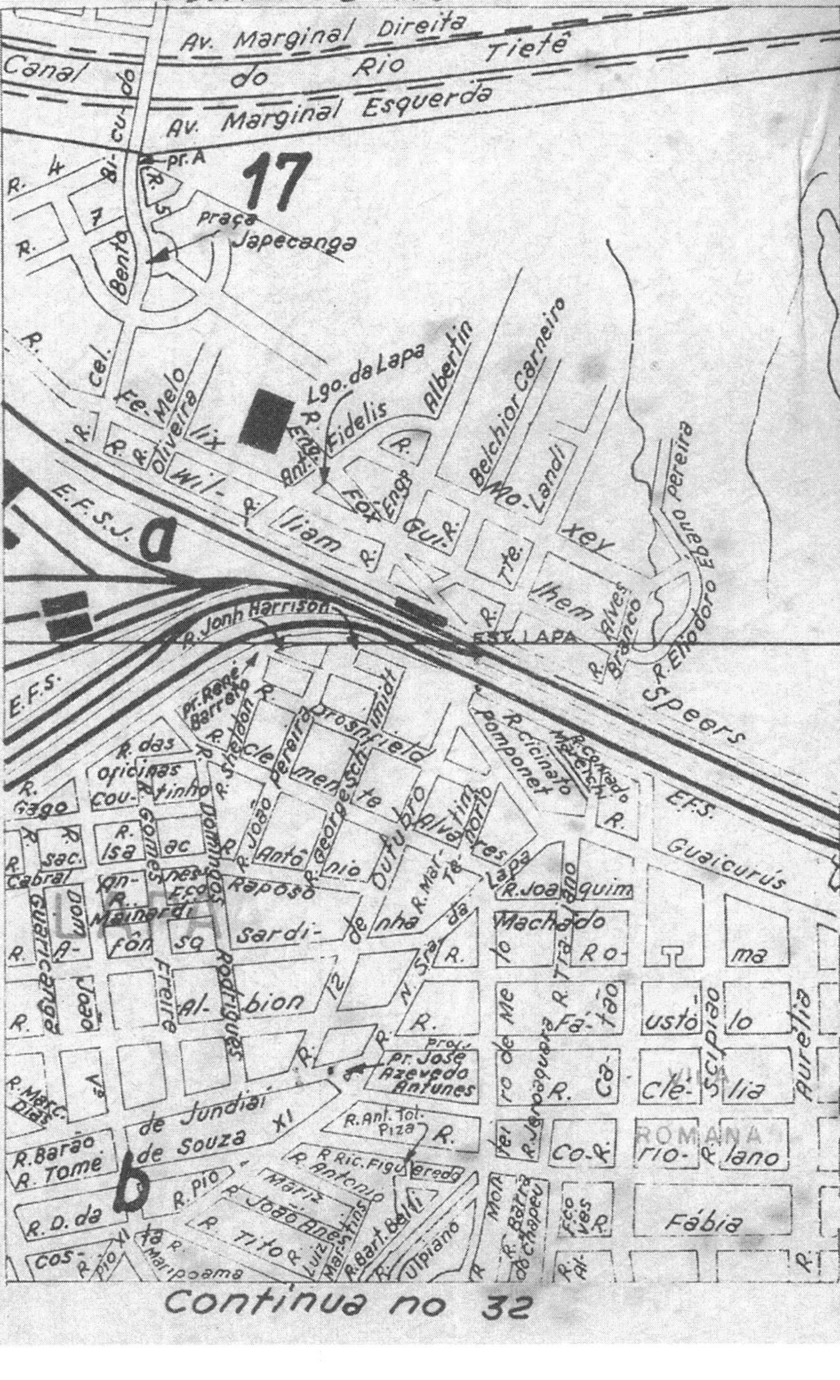

Continua no 16

Continua no 32

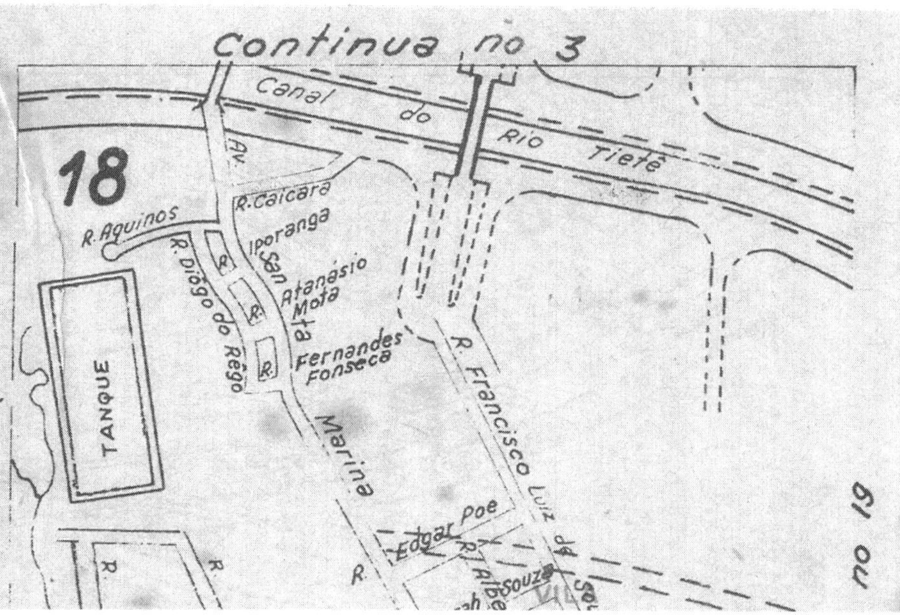
Continua no 3
Canal do Rio Tietê
18
Av.
R. Caiçara
R. Aquinos
Iporanga
R. Diogo do Rêgo
Santa
Atanásio Mota
Fernandes Fonseca
TANQUE
Marina
R. Francisco Luiz de Souza
Edgar Poe
no 19

Capítulo 9

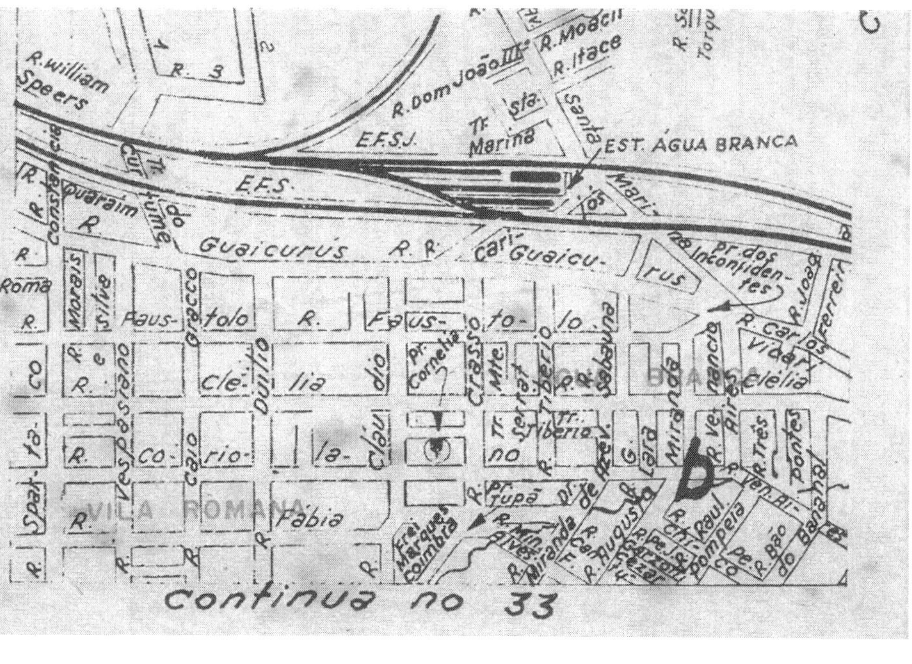
R. William Speers
R. 3
R. Dom João III
R. Moacir
R. Itace
E.F.S.J.
Tr. Marina
EST. ÁGUA BRANCA
E.F.S.
R. Guaraim
Guaicurus
pr. dos Inconfidentes
Fausto
Clélia
Cláudio
Vespasiano
Caio Graco
Duílio
Crasso
Tibério
R. Carlos Vidal
Lara
Miranda
Raul Pompeia
R. Três Pontes
Spartaco
Fábia
R. Tupã
VILA ROMANA
Frei Marques Coimbra
Continua no 33

Os sentidos da rua em João Antonio: três malandros na noite de São Paulo

Ana Claudia Veiga de Castro[1]

Tal como as artes divinatórias, a narração desvela um mundo esquecido em pegadas que encerram o segredo do futuro.

Ricardo Piglia, *Formas breves*, 2004

A rua é o espaço por excelência em que se experimenta a ambivalência entre a ordem e a desordem. Lugar de todos, mas nem por isso compreendido como público [...] Espaço de afetos e conflitos, favores e violência.

Luiz Eduardo Soares, *O Brasil e seu outro*, 2019

---

1 Ana Claudia Veiga de Castro é professora do Departamento de História da Arquitetura e Estética do Projeto na Faculdade de Arquitetura e Urbanismo da Universidade de São Paulo (FAUUSP). Esse artigo desenvolve ideias esboçadas nos textos "Carolina e João na cidade: o lugar dos pobres em São Paulo (1950-1970)", apresentado no XV Seminário de História da Cidade e do Urbanismo (UFRJ, Rio de Janeiro, 2018) e "Narrativas de São Paulo: Carolina de Jesus e João Antonio entre a casa e a rua (1950-1960)", apresentado no Colóquio Histórias de São Paulo: construções e desconstruções (Unifesp, Guarulhos, 2018), parte da pesquisa "As cidades e as ideias: a América Latina como problema para a história da cidade e do urbanismo (1940-1970)", Auxílio Regular Fapesp 2017-2019.

Se a literatura é capaz de plasmar a vida social, os contos de João Antonio cumprem com maestria a tarefa de responder à própria sociedade da qual são frutos. Não no sentido dos escritores realistas do século XIX, mas na sua própria forma, como já disse Antonio Candido: por "[...] sua capacidade de criar linguagem a partir do que se fala no dia a dia", pois que "[...] escritos numa prosa dura, reduzida às frases mínimas, rejeitando qualquer 'elegância', é adequada a representar a força da vida" (CANDIDO, 2004, p. 13-14). Um desses contos, "Malagueta, Perus e Bacanaço", publicado no livro de estreia do escritor em 1963, acompanha três malandros, um velho já cambaleante, o jovem aprendiz e o rufião em plena forma, que juntos durante uma noite, percorrem as ruas da cidade até o amanhecer.[2]

Da Lapa – onde os três se encontram – seguem pela Água Branca, Barra Funda, Paissandú, chegando *na cidade*. Cruzam o vale, recorrem as ruas estreitas do centro velho e de lá sobem até Pinheiros, para dali, dia claro, retornarem exaustos ao ponto inicial. O trajeto se desenha a cada parada, percorrendo-se ruas e bares a se trombar outros habitantes da noite. Tentando aplicar golpes cada vez mais elaborados, associam-se na sinuca para enganar os "trouxas", sendo eles mesmos enganados pelos malandros mais malandros da noite. Nesse percurso por uma cidade que escurece, a casa (ou o mundo doméstico) é o espaço de sombra, quase nunca nomeada, lembrada apenas nos momentos em que as coisas se enrolam. Os três "viradores" estão na rua, vivem a rua, são iluminados por ela, encontrando todo o tempo "safados por todos os cantos", pobres diabos, como eles:

2 O conto dá título ao livro publicado em 1963. A versão aqui utilizada é a do livro reeditado pela CosacNaify em 2004. Nas citações, assinalo apenas as páginas desta edição entre parêntesis, evitando repetições de notas de rodapé.

> Magros, encardidos amarelos, sonolentos, vagabundos, erradios, viradores. Tanto sono, muita grana, grana pouca ou nenhuma naquela roda de sinuca. A roda fica mais triste sem o jogo. Magros, magros. Pescoço de galinha (p. 145).

Iniciam a noite numa sinuca da Lapa passando o tempo, enquanto "otários não surgiam, jogo bom não aparecia e a noite não chegava" (p. 145). Sem muita vontade, os três brincam de acertar as bolas no feltro verde.

Perus, o mais jovem – que tem esse apelido justamente por viver no subúrbio de mesmo nome, com a tia e "seu amásio" – faz de tudo para não estar em casa, "[...] porque o homem e ele se atracam muitas vezes. Grudam-se, se socam, rebolam como bichos, que a coisa ali por bem não vai" (p. 155). Passa as noites de bar em bar, tentando escapar do destino de auxiliar de qualquer coisa que lhe cabe na vida quase adulta.

O velho Malagueta, ex-malandro, esmoleiro, bom de jogo, no fundo almeja estar em casa com a sua nega, mas o hábito ou a falta de grana o impele a continuar tomando mais uma, virando outra noite.

Bacanaço, malandro fino, "taco melhor, jogador maduro, ladino perigoso da caixeta, do baralho e da sinuca, moreno vistoso e mandão, malandro de mulheres" (p. 148), é o chefe da trupe: observa, planeja, decide.

Este texto percorre a cidade de São Paulo por esse conto de João Antonio, para explorar os sentidos da rua na metrópole que se industrializa. Sem deixar de lado a larga fortuna crítica dedicada ao escritor, que pelo uso da linguagem urbana falada chegou a ser comparado a Guimarães Rosa, e que pela escolha de personagens "nos inicia [n]a esfera dos excluídos, que procuram contornar a miséria usando esse sucedâneo patético do trabalho que são as artes da malandragem" (CANDIDO, 2004, p. 17), busca-se nesta leitura iluminar algumas dinâmicas sociais e urbanas de São Paulo naqueles anos da segunda metade do século XX, que se revelam nos usos desse espaço particular da cidade – a rua – que liga ao mesmo tempo que separa bairros, casas, gentes.

Antes, convém lembrar que a década de 1960 figura como uma espécie de ponto de inflexão nas imagens e representações da São Paulo moderna. A metrópole pujante e industriosa dos cartões postais da década anterior – cidade que completara quatro séculos em 1954 sob uma chuva de prata a inaugurar um grande conjunto modernista construído nos brejos do Ibirapuera – passaria a ser reconhecida a partir dos anos 1970 como uma cidade em que a periferia assumiu o protagonismo – com a paisagem semi-rural das suas margens sendo recoberta por casas autoconstruídas, empurrando as fronteiras da metrópole para cada vez mais longe.[3]

3 Essas imagens são visíveis na bibliografia especializada, que tendeu a valorizar da década de 1950 a industrialização, a verticalização, o adensamento e a centralidade da metrópole (ainda que o espraiamento da mancha urbana também estivesse indicado como uma tendência); enquanto que os anos 1970 viram nascer, na cidade e nas análises, a "periferia" como fenômeno urbano, com seus processos de crescimento já parcialmente descolados da industrialização e provocando uma expansão em escala nunca vista (dinâmica descrita por uma importante literatura de cunho sociológico atuante até hoje). Não se trata aqui de discutir a veracidade de tais tendências observadas pela bibliografia, mas de chamar a atenção para as imagens síntese que delas se depreenderam, marcando desde então nossa compreensão do que é São Paulo. Este artigo, tomando como matéria a literatura de João Antonio, busca tensionar essas imagens e por consequência, discute essa marcação temporal (a década) como algo artificial, na medida mesma em que as representações contribuem para fixar sentidos e explicações de fenômenos que podem ser melhor apreendidos numa duração mais alargada.

Vivenciada entre essas duas imagens, opostas em muitos sentidos, a cidade de João Antonio, observada e vivida pelos seus malandros ao rés-do-chão, pode ser tomada como uma plataforma privilegiada para discutir e evidenciar as ambivalências do processo de modernização, por meio de percursos, personagens e tensões que fizeram e fazem a própria cidade existir.[4]

A cidade, para o autor, também é uma personagem da noite (CANDIDO, 2014), com suas ruas que abrigam malandros e viradores, além de uma enorme gama de "trouxa de subúrbio, motoristas, operários, mascates, homens de sacaria, gente da estrada de ferro" (p. 146). São esses sujeitos pobres e remediados que se mesclam àquela "canalha" que dá título ao conto e desvelam em seu percurso pela noite uma São Paulo cujo desenvolvimento se apoiava em alicerces múltiplos, muito além da industrialização, dos bairros planejados e das periferias.

Seja integrada aos empregos formais, seja vivendo de empregos ocasionais e intermitentes, a população que transitava entre a baixa classe média e os setores populares – até então fixada em casinhas humildes nos bairros centrais ou coabitando essas mesmas casas, ocupando também quartos de pensão, cortiços, puxadinhos e porões –, passara a sofrer, pelo menos desde os anos 1940, com o aumento populacional, a Lei do Inquilinato e a diminuição da oferta de residências de aluguel, uma pressão de deslocamento cada vez mais intensa (BONDUKI, 1998). A isso se somavam as obras públicas – alargamento e abertura de vias, construção de equipamentos públicos, retificação das margens de

4 Uma cidade de urbanização complexa e multifacetada, como se nota nos vários artigos publicados neste livro, dedicados em sua maioria a discutir esse processo na primeira metade do século XX, mas cujos resultados incidem no período aqui em foco.

rios – que ao desapropriarem largas porções do território também contribuíam para que partes significativas dessa população tivessem que encontrar novos espaços para viver (SILVA, 2004).

Diante desse quadro, dois fenômenos concomitantes se intensificam, modificando a paisagem urbana: o surgimento de loteamentos, legais ou ilegais, nas franjas da cidade e a ocupação de interstícios ainda não urbanizados nas áreas centrais. Foi sobretudo nesses últimos espaços que surgiram as primeiras favelas – nas várzeas não drenadas e não aterradas dos rios, nos grotões e barrancos desocupados –, nada mais que casebres e barracos de papelão, madeira e zinco que mal eram levantados já precisavam novamente se deslocar.[5] Num jornal da época, lia-se:

> Alguns expulsos dos seus lares pela lei do inquilinato. Outros vindos de terras distantes, de longínquos pontos do Brasil em busca de uma vida melhor. Outros chegados de outros bairros, da Lapa, do Ipiranga, da Mooca, da Vila Zelina, num movimento centrípeto em relação ao local de trabalho.[6]

5 A pesquisa de Julia Flock – na trilha de Suzana Taschner, que afirmou que "em 1957 apurava-se na capital de São Paulo um total de 141 núcleos com 8.488 barracos e cerca de 50.000 favelados" (TASCHNER, 2001, p. 9) –, vem mapeando e sistematizando informações sobre favelas que aparecem e desaparecem nos interstícios do tecido consolidado da cidade a partir da década de 1940, cujos habitantes são, muitos deles, trabalhadores da indústria (FLOCK, 2020). Já desde a investigação pioneira de Carlos Lemos e Maria Ruth Amaral de Sampaio sobre casas autoconstruídas nas periferias de São Paulo, feita a partir de 1965 (Relatório de pesquisa Habitação popular paulistana (1972)), passando pelos filmes de Ermínia Maricato na década seguinte, *Loteamento Clandestino* (1974) e *Fim de Semana* (1979), essa periferia recentemente ocupada foi sendo identificada como o local dos trabalhadores da indústria (Cf. ARAVECCHIA-BOTAS e CASTRO, 2020).

6 *Correio Paulistano*, 15/03/1946.

Mas isso não significa que pensões e quartinhos de aluguel deixaram de existir. Ao contrário, multiplicavam-se mais e mais nos mesmos bairros centrais, em fundos de lotes, sobrelojas e antigas casas subdivididas (FELDMAN e CASTRO, 2017), abrigando trabalhadores e viradores – *da Lapa, do Ipiranga, da Mooca, da Vila Zelina* e que tais –, sujeitos que buscavam se inserir nos padrões burgueses que lhes eram constantemente negados.

No episódio narrado por João Antonio, Malagueta, Perus, Bacanaço, mas também Robertinho, Silverinha, Bacalau e tantos outros invocam esses movimentos, espaciais e sociais, reconstituindo de certo modo a trama social brasileira – como um Joaquim Manuel de Macedo havia feito nas *Memórias de um Sargento de Milícias* e o próprio Antonio Candido (1972) havia mostrado. Nesta outra trama frouxa, na qual o trabalho e as classes dirigentes são também suprimidos (e ainda a casa, ou o mundo privado, e com ele, certas implicações da inserção burguesa), nota-se uma vez mais a potência da literatura em iluminar esse "[...] setor intermédio e anômico da sociedade, cujas características entretanto serão decisivas para a ideologia dela" (SCHWARCZ, 1997, p. 132).[7] Um extrato que ao fim e ao cabo parece continuar a dar os sentidos mais profundos da nossa so-

7 A frase de Roberto Schwarz (1997) é emprestada de seu ensaio sobre a análise de Antonio Candido do romance *Memórias de um Sargento de Milícias*: "Dialética da malandragem", no qual Candido realiza com maestria a síntese ou a articulação entre a crítica sociológica e a análise formal. Ao fazer isso, atinou que o deslizamento entre a ordem e a desordem que organiza o romance poderia ser visto como um nexo que atravessa a sociabilidade do período – e que permanece como traço da sociedade brasileira – a partir da imposição da lógica do favor, não por uma "tendência à uma vida malandra", mas justamente pelo funcionamento peculiar da associação entre escravismo e liberalismo, tema explorado pelo próprio Schwarz nas suas análises dos romances de Machado de Assis, e também tomado como índice do funcionamento da própria sociedade.

ciedade, iluminando – o que nos interessa mais de perto – as dinâmicas urbanas desse processo chamado de modernização.

*

O primeiro golpe que surge no conto, aplicado em Sorocabana – um "trouxa, coió-sem-sorte, [que] andava esbagaçando um salário-prêmio recebido pelos vinte anos de trabalho efetivo na lida brava da estrada de ferro. Sim. Casado, três filhos, um homem de vida brava" (p. 147) –, serve para introduzir o leitor nas peripécias da noite. Mas também na ética da malandragem. Aplicado por Bacalau, o episódio é rememorado por Bacanaço de modo a organizar o pensamento e planejar as ações.[8] Na Lapa, "lusco-fusco. A rua parece inchar":

> Gente. Gente mais gente. Gente se apertava.
> A rua suja pequena. Para os lados do mercado e à beira dos trilhos do trem – porteira fechada, profusão de barulhos, confusão, gente. Bondes rangiam nos trilhos, catando ou depositando gente empurrada e empurrando-se no ponto inicial. [...]
> Pressa, que gente deixou os trabalhos, homens de gravata ou homens das fábricas. Bicicleta, motoneta, caminhão apertando-se na rua. Para a cidade ou para as vilas, gente que vem e que vai. [...]
> Há espaços em que o grito da cega esmoleira domina. Aquela, no entanto se defende com inteligência, como fazem os meninos jornaleiros, os engraxates, os mascates. Com inteligência. Não

8 Aplicando um golpe sem dó em Sorocabana, o malandro Bacalau resolve gastar a "féria" num restaurante de Perdizes sem distribuir nada dos ganhos aos colegas. Acaba sendo dedurado por alguém à polícia e vai em cana, resultado da sua ganância (p. 147).

> fazem como coiós apertando-se nas ruas por causa de dinheiro (p. 150-1).

O elogio do biscate e da esmola é contraposto à condenação do trabalho regular, que não leva a nada a não ser à disputa pelo espaço das ruas, cheia de "gente feia, otários" circulando e se apertando em busca da pura sobrevivência. Dominado pelos ruídos dos homens e das coisas, o espaço é preenchido também pelo grito da cega. As poucas mulheres que cruzam o conto são parte desse submundo masculino: além da cega esmoleira, uma ou outra prostituta que não dá bola a esses estropiados. Os malandros se vêem apartados daqueles

> Trouxas. Não era inteligência se apertar naquela afobação da rua. Mais um pouco, acendendo-se a fachada do cinema, viria mais gente dos subúrbios distantes. A Lapa ferveria. Trouxas. Do Moinho Velho, do Piqueri, de Cruz das Almas, de Vila Anastácio, de... do diabo. Autos berrariam mais, misturação cresceria, gente feia, otários. Corriam e se afobavam e se fanavam como coiós atrás de dinheiro. Trouxas. Por isso tropicavam nas ruas, peitavam-se como baratas tontas (p. 159).

É esse espaço apresentado nas primeiras páginas do conto – as ruas da cidade – que os três decidem explorar durante aquela noite: "Virariam São Paulo de pernas para o ar! [...] Esta Lapa não dá pé!" (p. 159).

Bairro industrial que se formara no início do século XX com a passagem da velha São Paulo Railway (São Paulo-Jundiaí) e a instalação de suas oficinas, abrigando também a linha da Sorocabana, a Lapa era historicamente o ponto de ligação da cidade com o subúrbio de Pirituba, do outro lado do Tietê, e dali com seus congêneres – Piqueri, Cruz das Almas e outras vilas que iam surgindo naqueles anos. Funcionava como um polo para a região, recebendo uma população misturada de trabalhadores da indústria e dos seus escritórios, abrigando ainda pequenos comerciantes e biscateiros que conseguiam empregos temporários nas bordas daquelas atividades ou os que viviam de expediente e golpes aplicados nas gentes que por ali transitavam. Seu centro havia se tornado a região em volta do mercado, um edifício modernista inaugurado em 1954 num quarteirão triangular entre o Largo e a entrada da estação, onde antes havia uma grande feira-livre. Durante a noite, o cinema atraía essa população das bordas, sem fôlego para chegar até a Cinelândia.

Dividida pela linha do trem em Alto da Lapa e Lapa de Baixo – suas fronteiras se alargavam para abrigar um bairro-jardim da Cia. City, a Bela Aliança, e um pequeno trecho loteado por algum investidor particular com esmero, a Vila Romana, coalhada de casinhas operárias em meio a galpões e oficinas –, a Lapa se ligava à Água Branca e à Barra Funda, toponímias que indicam uma região constituída nas margens do rio, em terras inicialmente alagadiças e pouco valorizadas.[9]

9 Sobre a região da Lapa e sua ligação com o distrito de Pirituba nas terras das antigas fazendas Anastácio e Capuava, de onde parte uma intensa urbanização de terras além-rio, ver a dissertação de mestrado de Deborah Sandes de Almeida (2020) e seu texto neste livro. Também Monique Borin, que explorou a constituição do bairro da Barra Funda, apresenta em sua dissertação uma visada alargada para toda a região, mostrando interesses e loteamentos diversos na margem direita do rio (BORIN, 2014). Ver ainda o trabalho clássico da geógrafa Odete Seabra, que discute em ponto maior a ocupação das várzeas num processo de valorização das terras urbanas em relação direta às grandes empresas de infraestrutura atuantes na cidade (SEABRA, 2019).

Partindo dali os três tomam o sentido da cidade. Na Água Branca, onde "corria no Joana D'Arc o triste jogo da vida", cruzam Lima, morador de um quartinho logo perto, que "não era um malandro, nem era um velho coió", mas um tira aposentado "que ainda sustentava influências" (p. 162), e nele vislumbram o primeiro golpe. Bacanaço fica de fora do jogo, só observando, enquanto a parceria se firma entre Malagueta se defendendo e Perus se atirando nas bolas, "o entendimento se afinando, certo como um relógio". Jogo vai, jogo vem, Lima "arrotava conselhos", contando histórias como quem entende os riscos daquela vida. "Citava e declinava e falava de malandros fracassados, outrora famosos, estropiados por fim no jogo do vício. [...] – Habitante daqui é futuro residente da Casa de Detenção", chega a dizer à trupe (p. 163).

"Bacanaço sorria. Funcionavam direitinho. [...] nascidos para trapacear" (p. 165). Jogo longo, conseguem afinal vencer o policial – mesmo com uma desconfiança no ar: "Não é nada não. Tenho é sorte" (p.167). O sucesso do golpe lhes dá ganas de continuar. Param antes num boteco, "um, duma fileira" deles, "pequenino, imundo, mais escuro e descorado, àquela hora, à zoeira das moscas", onde Perus – como um bom guri – pede café com leite. "Já se ganhara bem na Água Branca. Tranquilidade que a noite era deles. [...] Bateram pernas então, desde o Alto da Pompeia até o começo das Perdizes" (p. 172). De lá, tomaram "as alamedas que descem para a Barra Funda. Vasculharam" (p. 173). Outro clima na cidade, nesses "outros lados por onde passaram, apequenados e tristes" (p.173), pois que por aquelas bandas era só:

> Vai-e-vem gostoso dos chinelos bons de pessoas [que] balançavam-se nas calçadas, descansando. Com ruas limpas e iluminadas e carros de preço e namorados namorando-se, roupas todo-dia

> domingueiras – aquela gente bem dormida, bem-vestida e tranquila dos lados bons das residências da Água Branca e dos começos das Perdizes [...]. Quando em quando, saltitava o bulício dos meninos com patins, bicicletas, brinquedos caros e coloridos.
> Aqueles viviam. (p. 173).

A mudança é notável. Das ruas cheias do vai-e-vem apressado em torno da estação e do mercado, o tempo se distende nas calçadas dos sobrados geminados onde, imagina-se, vivam as famílias de trabalhadores bem inseridos nas tramas do desenvolvimento, e se prolonga nos passeios das casas com recuos e jardim das famílias de profissionais liberais ou de empregados de escritório, setores que desde a Lei do Inquilinato passaram a adquirir suas propriedades em bairros aprazíveis. A palavra escolhida por João Antonio reforça a diferença: das "ruas", os três malandros passam a percorrer "alamedas", termo que surge dos álamos que ladeavam as vias arborizadas e que denota para o leitor a mudança de ritmo, da esfera do tráfego para a esfera contemplativa, um mundo *aprazível* àqueles que podiam vivê-lo, *violento* aos que se sentiam de fora.

> O movimento e o rumor os machucavam, os tocavam dali. Não pertenciam àquela gente banhada e distraída, ali se embaraçavam. Eram três vagabundos, viradores, sem eira nem beira. Sofredores. (p. 174).

A consciência da diferença os une nos seus infortúnios e nas suas carências. Não importava quem era o chefe, quem era o aprendiz, pois suas vidas eram similares na precariedade e seus filhos não seriam como os filhos daqueles que tinham "a vida ganha". Olhando aquela gente, sabiam que "seus meninos não precisariam engraxar sapatos nas praças e nas esquinas, lavar carro, vender flores, vender amendoim, vender jornal, pente, o diabo... depender da graça do povo na rua passando" (p. 174). Quando crescessem e se tornassem homens, "não surrupiariam carteiras nas conduções cheias, nem fugiriam dos quartéis, não suariam o joguinho nas bocas do inferno, nem precisariam caftinar se unindo a prostitutas que os cuidassem e lhes dessem algum dinheiro" (p. 174). É que os meninos daquela gente não seriam obrigados a tomar o espaço da rua como espaço de trabalho – engraxate, ambulante, florista, flanelinha – tendo claras as fronteiras entre a ordem e a desordem. Mas isso, apenas aos filhos dos que viviam em alamedas. O destino, àqueles que não queriam ser trouxas – porque sabiam que o trabalho aos pobres não reserva muita coisa –, estava traçado: a malandragem.[10] E ela não podia ser exercida naquela parte da cidade. Apenas nas suas fímbrias, nos espaços residuais, na noite. "Um sentimento comum unia os três, os empurrava. Não eram dali. Deviam andar. Tocassem [...]. Havia um rumo – à cidade, catar jogo caro. Barra Funda não deu jogo" (p. 174).

A recusa à vida honesta, que tinha a ver com a percepção de inadequação, devia-se também ao fato de que para os três o mundo privado, anunciado das calçadas das casas e sobrados dos bairros, era apenas sazonal. Malagueta tinha uma preta que

10 Se na colônia a desqualificação social do trabalho teria imposto aos homens livres o caminho da vadiagem, como explica Lincoln Secco (2020) citando Vera Ferlini, "sem possibilidade de ascender na escala social e pressionado a ombrear-se aos escravos, restava ao homem livre a opção de ser vadio"; na república, as promessas do mundo moderno não parecem oferecer-lhes algo muito distinto.

o aceitava em seu barraco do outro lado do rio, na favela do Piqueri: "dava-lhe boia, comiam e bebiam os dois, davam-se" (p. 176). A mulher era vendedora "de pipocas, de amendoim e de algodão de açúcar nas noites à luz do cinema do Moinho Velho" (p. 176). O velho sonhava em voltar para casa – o barraco da sua nega – com os contos amealhados na malandragem, "já meio cambaio pela cachaça", para com "uma alegria enorme [...] encher o coração da preta: — Nega, hoje você não se vira." (p. 175). Sem casa, sem família, tendo recusado o papel de trabalhador honesto e chefe de família, Malagueta oscilava sobre as fronteiras possíveis de um mundo doméstico nunca plenamente vivido.

Bacanaço também sonha, e logo pensa em Marli, nome de guerra da menina que ele andava explorando, que fazia a vida num puteiro da rua das Palmeiras e pagava-lhe as "vaidades do vestir e do calçar". Surrava a pobre quando esta lhe trazia menos dinheiro, ou para não deixá-la mal-acostumada. Seu mundo doméstico se resumia a um quartinho de pensão na Lapa, mas Bacanaço mirava longe, imaginando-se um dia com Dorotéa, "prostituta de fama, um pedação de mulher com que já ensaiara namoro de olhos vivos, lá na avenida Duque de Caxias". Era ela seu sonho de consumo: "uma égua de raça, que corria na boca e na pretensão de grandes malandros. — Um mulherão na cama. E um rendimento graúdo" (p. 203-4). A imagem figurada pelo malandro, apoiada pelos ganhos da prostituta, era de grandeza: "um carro, quatro mil por mês por baixo" (p. 204). O cotidiano, para Bacanaço, aparecia como o "oposto rotineiro de uma vida privada que resguarda a intimidade".[11] O valor das moças se refletia, ou era contido, pelos endereços – Rua das Palmeiras, a po-

11 Tomo de empréstimo a formulação de Lincoln Secco (2020) para a colônia, invertendo-a para pensar o "Brasil moderno".

bre Marli; Avenida Duque de Caxias, a desejada Dorotéa. Mas a velha estrada para Campinas, que saía do Largo de Santa Cecília para os lados da Barra Funda, e a avenida desenhada no loteamento de Glette e Nothmann, rota do primeiro bonde da cidade, eram na verdade muito próximas – assim como a própria ocupação de ambas –, encontrando-se ali pela altura do Largo do Arouche, aproximando usos e atividades.[12]

As diferenças no ritmo da narrativa definem espaços distintos na cidade de João Antonio. A familiaridade com alguns, o incômodo em relação a outros, indicam, menos que uma homogeneidade efetiva em cada um dos bairros, a percepção das diferenças que se impõem àqueles homens. É a leitura urbana daqueles sujeitos pobres e remediados, entre disputas e solidariedades, que diferencia os espaços, construindo uma "cidade [que] expunha seus homens e mulheres da madrugada" (p. 178). Assim, reencontram os seus quando finalmente chegam no centro da cidade. "Uma, duas, três mil luzes na avenida São João!" (p. 177):

> Rufiões de olhos sombreados, vadios erradios, inveterados, caras de amargura, rugas, problemas... passavam tipos discutindo mulher e futebol e turfe, gente dos salões de dança, a mulher lindíssima de vestido de roda, passos pequenos, berra erotismo na avenida [...] malandros pé de chinelo promiscuídos com finos malandros de turfe, ou gente bem-ajambrada que caftinava alto e parecia deputado, senador... vá ver – não passa de um jogador... o camelô que marreta na sua viração mesquinha

12 Sobre a ocupação dos Campos Elísios, margeado pela avenida Duque de Caxias, e sua (nem tanta) diferenciação das ocupações da região, ver Marins, 2011.

> de vender pente que não se quebra [...] os invertidos proliferavam, dois passaram agora, como casal em namoro aberto (p. 178-179).

Na intensidade de ruas que abrigam tudo e todos e permitem a cada um ser o que quiser, os três podem pensar que "ali tudo ia bem"; ao menos "por fora" (p.179). Afinal, as aparências enganam na grande cidade (SENNET, 1995, p. 69).[13] No boteco da esquina da Ipiranga, "fecha-nunca, boca do inferno, olho aceso por toda a madrugada. Lá em cima seu luminoso apagava e acendia um caipira cachimbando" (p.179) – e evoca uma imagem inusitada para uma metrópole industriosa, anunciando a sobreposição temporal de que são feitas todas as cidades (LEPETIT, 2001).

Sobrevivendo das sobras, seguem por bares e becos, trocam olhares com as mulheres da noite, tentam arranjar-se de algum jeito. "Luz elétrica joga calma em tudo", embora "os três [soubessem] que depois dos luminosos a cidade lhes daria restos e lixos. Só" (p. 178). Percorrem São João, Ipiranga.

> Entraram pela Amador Bueno.
> A rua estreita, escura. De um lado e de outro, falhas no calçamento [...] Mulheres da hora [...] na

13 Richard Sennet trata da crescente indiferenciação entre as pessoas nas cidades desde a ascensão da burguesia, notando o aparecimento do que ele chama de "muitas pessoas inclassificáveis", diante do "afrouxamento das posições sociais tradicionais". Assim, ele dirá: "Estava faltando uma nova linguagem para 'nós' e 'eles', para quem é do grupo e quem não é, para 'acima' e para 'abaixo' na escala social". (Sennet, 1995, p.67 e ss). Evidentemente, há que se supor muitas mediações daquele contexto centro-europeu do fim do Antigo Regime para o nosso contexto, mas a ideia de uma cidade que permite a qualquer um ser o que quiser também se coloca nessa paisagem, remetendo a esse tema clássico da vida na metrópole moderna.

> tarefa de chamar homens [...]. As roupas apertando as carnes, que com exagero os decotes mostravam [...] piscavam os olhos como menina fazendo arte. Quando em quando um casal se formava, ela caminhava à frente, rumo ao edifício, a chave na mão, o homem atrás. [...] A Amador Bueno era triste (p. 182-183).

Atravessam as duas pequenas quadras da rua, param no Americano, "famoso ponto de aponto" (p. 183): uma vez mais malandros, polícias, batedores de carteira e negociantes se encontram,

> [...] desde a malandragem das beiradas das estações até os comerciantes da 25 de Março. Tiras decaídos, tiras atuantes, gente da Força Pública compareciam contemporizados à malandragem. Engraxate, manicure, barbeiro ao fundo (p. 183).

O Americano era o retrato da Santa Ifigênia. A velha freguesia, que concentrava uma população pobre e preta desde a transferência da Igreja do Rosário dos Pretos de seu antigo largo, na colina histórica, para o Paissandu, no início do século XX (MACHADO, 2004), tornara-se vizinha à novíssima Cinelândia, atraindo gente de todos os lados da cidade para as estreias de cinema que aconteciam a cada semana em salas que comportavam mais de mil pessoas em cada uma delas. A vida noturna se completava pela presença de bares, restaurantes, boates e hotéis, estendendo-se em direção à Praça da República e, na direção oposta, à boca do lixo, já pros lados da Luz, beirando os trilhos do trem. Com seus 48 andares, o Mirante do Vale – W. Zarzur, o edifício mais alto do Brasil – impunha-se na paisagem que via surgir novos arranha-céus por todos os lados, empurrando porteiros, faxineiros, ascensoristas, balconistas, ambulantes, polícias e batedores de carteira, *trouxas, coiós e malandros*, para terminarem o dia nas sinucas e nos inferninhos que teimavam em continuar existindo.[14] João Antonio reinvoca a sobreposição de tempos e espaços, fazendo o leitor compreender que nas cidades "o passado sedimentado nas formas está sempre colocado no presente das práticas" (LEPETIT, 2001, p. 145).

Na frente da Igreja, numa sinuca, os três malandros cruzam Silverinha, tira ladino que resolve aporrinhar Perus e tomar-lhe uma grana. Mas malandro esperto "sempre contorna esbregue com os homens da lei". O caso é que Perus é novato nas artes da viração e, no confronto, suando como um cão diante daquele preto que "todo lustrava – pele, sapato, camisa de seda, gravata, terno branco de linho cento e vinte, unhas, dente de ouro..." (p. 189) –, não consegue se safar. "Pisando o menino, azucrinando, tentando surrupiar o menino... Os tais da lei." (p. 190). O abuso do policial repõe a confusão entre público e privado, lei e contravenção, ordem e desordem que parecem imperar nas ruas da cidade. "—Moleque, você já pagou imposto?" (p. 187). O caso só se resolve com a intervenção de Bacanaço, que não age como um malandro, cortando o outro a navalha – "— O menino é gente minha – sorriu, maneiro,

14 O processo de verticalização das áreas centrais que teve início nos anos 1940, na década de 1960 tem novo impulso, com a construção de numerosos edifícios na região denominada de centro novo, ao redor da praça da República. Ver a respeito Somekh (1997) e Silva (2013). Essa transformação, entretanto, não subverte completamente a lógica daqueles espaços centrais, na medida em que sobrelojas e subsolos muitas vezes vão passar a abrigar os usos menos nobres, ao lado de algumas velhas construções que sobrevivem em becos e travessas, como a própria Amador Bueno, a "rua do meio" entre a Ipiranga e a Rio Branco, rebatizada em 1978 de rua do Boticário e conhecida por ter abrigado um bordel de luxo no início do século XX.

mais pedia que falava. — Podemos conversar, chefe?" (p. 191) –, e diante do policial, "como colegas" de profissão, sentados no tamborete do balcão no bar, resolvem a parada:

> O malandro e o tira eram bem semelhantes - dois bem-ajambrados, ambos os sapatos brilhavam, mesmo rebolado macio na fala e quem visse e não soubesse, saber não saberia quem ali era polícia, quem ali era malandro. Neles tudo sintonizava (p. 192).

A indistinção entre polícia e malandro, na forma de vestir, de falar, de se portar é a indistinção que permeia alguns espaços da cidade, onde lei e contravenção podem conviver. Mas a despeito da permeabilidade entre os dois mundos, é o tira quem se sai melhor, recolocando o malandro no seu lugar subalterno. "Tomaram o viaduto Santa Ifigênia maquinalmente, numa batida frouxa e dolorida" (p. 193). O narrador, que mimetiza a fala dos malandros ao "circula[r] como mais um dos personagens", estabelece com eles uma espécie de cumplicidade (PIGLIA, 2019, p. 45) revelada na descrição daquele velho centro:[15]

> O velho viaduto Santa Ifigênia solene na sua velhice de construção antiga e mais velho, àquela hora da calma. O viaduto velho, os prédios novos, muitos,

15 A propósito da narrativa de Manuel Puig (contemporâneo de João Antonio), autor de obras como *Boquitas pintadas* (1969), Ricardo Piglia afirma que nela "não há distância irônica entre o escritor e a fala dos personagens (como em Bioy Casares e Cortázar, que fazem graça menosprezando o uso da linguagem pelas classes subalternas). [...] Puig evita a sátira aristocrática aos modos de falar que estabelece uma cumplicidade fácil com o leitor; ao contrário, ele estabelece cumplicidade com seus personagens." (PIGLIA, 2019, p.45). Como faz também o nosso autor.

> enormes, se atirando em vertical, dormidos agora. Visto de cima, o vale do Anhangabaú era um silêncio grande de duas tiras pretas de asfalto (p. 193).

Na contemplação dos espaços mortos da noite, a percepção das suas insignificâncias: "as três cabeças seguiram baixas. Eram três vagabundos e nada podiam. Seguissem, ofendidos. [...] Angústia parada nos passos lerdos. Marchavam [...] cansados." (p. 193-195). Pelas ruas estreitas da colina cruzam ainda uns "poucos vagabundos deitados nos cantos dos portões cobertos mal, eram amontoados escuros de panos e folhas de jornal" (p. 195) e, novamente em busca de jogo, entram no velho salão do Martinelli, "com seus grandes espelhos laterais do tamanho de um homem"; seguem pela Líbero Badaró – entra e sai de bares, bibocas, bilhares –; cruzam de volta o vale para os lados do Teatro Municipal; avistam "os luminosos, em profusão, [que] jogavam cores, faziam truques, acendiam a apagavam uma repetida festa muda" (p. 197). A cidade também não dera jogo. Decidem subir para Pinheiros: "catariam uma condução, carro, bonde, qualquer coisa" (p.198).

No bairro que dormia, "nenhum boteco aberto". Só se ouvia o latido dos cães, "um galo cantou. Tinham pressa, mas iam lentos [...]. Bar fechado, bar fechado, e aquele mais adiante também" (p. 199). A narrativa descendente, o desânimo, a madrugada, uma certa melancolia, fazem Perus imaginar seu futuro, e logo

> [...] lhe chegava a ideia velha, solução pretendida, única saída nos momentos de fome. [...] Aturaria a tia, o amásio bêbado, a vidinha estúpida e sem jogo, a enorme fábrica de cimento de um lado, o casario mesquinho do outro. E iria se fanar com uma ocupação na fábrica. [...] Malandragem não dera pé (p. 200-201).

A potência de um centro iluminado pela vida noturna, ainda que usufruído pelas bordas, contraposto a uma periferia monótona, cinza, dura – *a enorme fábrica de cimento de um lado, o casario mesquinho do outro* – parece ser ativada na lembrança pelo repouso do bairro de Pinheiros na madrugada, reforçando o argumento que para os pobres trabalhar significa se enquadrar. Viver materialmente nas margens para socialmente se integrar no jogo da vida. Na voz dos malandros: tornar-se "trouxa".

Ora, se é essa a representação de São Paulo que se constrói daí em diante, uma cidade dividida entre um centro e uma periferia, entre elites integradas e populares cada vez mais apartados social e espacialmente, o conto de João Antonio permite pensar como aqueles pobres diabos – ainda que vistos sempre e ainda hoje como marginais – estavam o tempo todo na cidade, nas suas bordas mas também em seus centros, preenchendo "vazios", ocupando beiras, fundos, sobrelojas e, sobretudo, as ruas, convivendo cotidianamente com os integrados.[16] Sujeitos que nas palavras de um Oliveira Vianna tinham sido muito antes chamados de

> [...] mulatos e mulatas, mestiços repululantes, desclassificados, agregados, forros carijós, vadios incorrigíveis, vagabundos, valentões de estrada, sicários assalariáveis, empreiteiros de arruaças, chusma, salteadores, pimpões, o caboclo valente, o cabra subversivo, o cangaceiro temível, o troglodita,

16 Toda a discussão que tem início pelo menos desde a década de 1980 sobre o abandono do centro pelas elites e seu esvaziamento, lido na chave da degradação, e que em seguida passa a empregar palavras como revitalização – que nada mais seria que "dar novamente vida" – tem a ver com esse apagamento da presença popular e o questionamento de seu direito em permanecer ali. Ver a respeito, entre outros, Kara-José, 2007.

> o caçador bandoleiro, o rixento, o brigão, o valente dos engenhos e o mameluco (SECCO, 2020, s/p);

numa "fluidez e indeterminação do vocabulário [que] escondia, além do racismo, a impotência conceitual" (Secco, 2020, s/p.), diante de uma vontade de organizar moral, social e materialmente os espaços da nação.[17] Aqueles eram os sujeitos pobres que agora viviam nas cidades, nos seus centros ou nos subúrbios cada vez mais chamados de periferias, percorrendo as ruas e aceitando os trabalhos necessários para a metrópole florescer. Repõe-se com isso o problema da classificação em modelos rígidos – classe trabalhadora, classe média, elite – numa sociedade formada pelas bordas desclassificadas, na presença constante e potente dessa "canalha". Antes no campo e depois nas cidades, esses homens (e mulheres) "sem ocupação fixa e meio regular de vida", que foram vistos como "desajustados", "desocupados, de vida incerta e aleatória", eram quem constituía, na estreiteza do mercado de trabalho, uma parcela importante dos habitantes da cidade (SECCO, 2020).

"Quase quatro horas da manhã", com pensamentos negativos depois do golpe sofrido na cidade, os três finalmente "terminaram a Teodoro Sampaio, com mais um pouco [...] estariam no centro do bairro, alcançariam o Largo de Pinheiros". A ideia de um "centro" para o "bairro", como na Lapa, repete-se na narrativa, evidenciando uma cidade que se desenvolvera a partir de múltiplos núcleos, combinando forças centrífugas e centrípetas.[18] Na Pastelaria Chinesa, um sopro de ânimo, vindo daquele

17 Secco refere-se ao clássico *Populações meridionais do Brasil*, publicado por Oliveira Vianna em 1918, no qual o intelectual apresenta suas teses eugênicas para a constituição da nação e se vale desses termos ao longo do livro para nomear parte da população.

18 Como se nota nos vários artigos deste livro, que justamente apontam para estes núcleos de urbanização para além do centro da cidade.

> [...] fecha-nunca de rumor e movimento, que se plantava defronte aos pontos iniciais dos bondes e ônibus, que dali seguiam para todos os cantos da cidade. A Chinesa fervia, dia e noite sem parar, que ônibus expressos vindos de longe, ou caminhões de romeiros de São Bom Jesus de Pirapora e de Aparecida do Norte ali faziam escala para reabastecimento, paradas, baldeações... Ali se promiscuiam tipos vadios, viradores, viajantes, esmoleiros, operários, negociantes, romeiros, condutores, surrupiadores de carteira, estudantes, mulheres da vida, bêbados, tipos sonolentos e vindos da gafieira famosa do bairro, o Tangará; apostadores chegados do hipódromo de Cidade Jardim... (p. 204).

Como com O Americano em Santa Ifigênia, A Chinesa aparece como a condensação do próprio largo, que formado em tempos remotos se tornara "um ponto central, dia e noite. Movimentos vibravam, vozerio, retinir de xícaras, buzinas" (p. 205), dando a ver ali vadios, viradores, viajantes, conformando outro desses polos que estruturaram e organizaram as distintas partes da cidade. Nesse caso, sem ter se tornado uma região industrial, dava a ver sobretudo os "negócios". A palavra serve para abrigar tudo e mais um pouco, sintetizando múltiplas estratégias de sobrevivência:

> Corriam ali muitas modalidades de negócio miúdo e graúdo. Tabacaria, prateleira de frutas, engraxates, banca de jornais e livros e revistas e folhetos de modinhas e histórias de Lampeão, de Dioguinho e revistas japonesas, restaurante popular ao fundo, davam assuntos e oportunidades. (p. 205).

Na amálgama heterogênea que rompe classificações estritas se irmanam viradores, operários, negociantes. Mas chama atenção um grupo em especial: os japoneses. Movendo-se em redes próprias de solidariedade e sobrevivência, "calados, cordiais, laboriosos, em trânsito para o mercado de Pinheiros ou para a vida do comércio nas lojas, nos armazéns, nos botequins", os japoneses pareciam ser "os donos do bairro", ocupando as ruas "com suas caras redondas e seus modos de falar sorrindo e meneando a cabeça" (p. 205). Da velha rua Conde de Sarzedas – "onde começa[-va] e acaba[va] o Japão de São Paulo" (ALMEIDA, 1962, p. 23), retratados com certa graça em 1929 na reportagem de Guilherme de Almeida –, os japoneses partiram para vários pontos da cidade, adquirindo nas representações da metrópole o lugar do trabalhador honesto, apartado à balbúrdia geral. Como um virtuose da enumeração, João Antonio logra diluir a carga negativa que recai por oposição àquelas outras gentes, menos industriosas, pelo simples fato de supor que tudo afinal se trate apenas de "negócios":

> E aproveitadores proliferavam na confusão, desde o homem triste que vendia maçã de brinquedo até o virador loquaz que aplicava engodos, contos aos caipiras, aos pacatos, aos basbaques, vendendo-lhes terrenos imaginários ou penduricalhos milagrosos, adornos reluzentes ou falsas peças de tecidos famosos com auréola inglesa. Chegado de outros cantos da cidade, dos interiores de São Paulo e do norte do Paraná, o dinheiro ali corria (p. 205-206).

É nesse espaço quase mágico que a noite (e o conto) caminha para o fim. Dia amanhecendo, "luzes se apagavam nas ruas. Uma palpitação diferente, um movimento que acorda ia-se arrumando em Pinheiros" (p.207). Exaustos os três e o leitor depois de percorrerem ruas, ruelas, rampas, ladeiras, alamedas, becos e avenidas, vemos Perus olhar para o céu. "Aquele sentir, àquela hora, o dia querendo nascer, era de um esquisito que arrepiava. E até julgava, pela força estranha, que aquele sentimento não era coisa máscula, de homem" (p. 207). O menino reprime o sentimento indizível, entra em outro salão de jogo se achegando à janela para não perder "amorosamente" o nascer do dia. "Já era um dia. O instante bulia nos pelos do braço, doía na alma, passava uma doçura naquele menino, àquela janela, grudado" (p. 208). Isso não é sentimento de homem, pois no fundo naquelas vidas não há espaço para sentimento, sentimentalismos, amor ou qualquer esperança.

O conto termina com os três voltando ao jogo, devorados finalmente por Robertinho, um malandro maior que eles. Na Lapa, no velho Celestino, onde haviam se encontrado no dia anterior, "falou-se que naquela manhã por ali passaram três malandros, murchos, sonados, pedindo três cafés fiados" (p. 219).

*

Seguindo a sugestão de Bruno Zeni ao analisar a obra de João Antonio, pode-se pensar que essa literatura desestabiliza e questiona o tema da oposição entre civilização e barbárie (ZENI, 2012, p. 23), seja por meio dos personagens, seja por meio da sensação geral que fica da sua leitura da cidade. Os personagens habitam um mundo ao mesmo tempo aquém e além da civilização, no qual o pobre urbano, os populares, diante da chamada modernização, serão cada vez mais enquadrados como marginais.[19] Numa tradição de leituras que tenderia a expulsar a contribuição desses sujeitos à construção do país (SECCO, 2020),

19 Para uma discussão do surgimento do termo na sociologia urbana e sobre os sentidos que ele tomará nas cidades latino-americanas, ver Castro e Aravecchia-Botas, 2015.

esse ensaio busca reinseri-los, neste caso, na construção de São Paulo, como sujeitos cuja vida instável relembra as ambivalências próprias da modernização. Tocando modos múltiplos do viver na cidade, João Antonio ilumina desde uma perspectiva deslocada aqueles que "não participam do lado eufórico da vida social" - como já disse uma crítica a respeito de outro autor contemporâneo (HOSIASSON, 2007, p. 285) –, mas que são fundamentais na sua própria constituição.

O conto "Malagueta, Perus e Bacanaço", em certo sentido, enuncia o embate de personagens que não querem, e no fundo não conseguem, se enquadrar. E talvez por isso seja a rua, e não a casa, o seu lugar. Num ensaio recente de interpretação do Brasil, Luiz Eduardo Soares atinava com a ambivalência inerente do espaço das ruas, e dava outra volta no parafuso: da sociabilidade brasileira oitocentista decifrada por Antonio Candido no texto que também inspira esta leitura da cidade conduzida pelo conto de João Antonio, chegava na interpretação dos rolezinhos do século XXI, reconhecendo nas ruas da cidade contemporânea o "permanente movimento pendular entre lícito e ilícito, moral e imoral, respeito e intolerância, suavidade amorosa e brutalidade, espírito de justiça e arbitrariedade, empatia compassiva e preconceito" (SOARES, 2019, p. 50) que seguiria marcando nossa sociabilidade.

Elegendo a rua como espaço privilegiado da narrativa, João Antonio percorre a cidade entrando e saindo dos lugares, sem jamais fixar os personagens em nenhum deles, sempre estranhos e estranhados, como se houvesse uma força de expulsão que não lhes permitissem se enraizar. A cidade exerce essa força sobre os que nela transitam, que é sentida todo o tempo no conto, provocando reações, implicando ações. Esse *topos* da literatura moderna – o homem na multidão – se afasta entretanto das sugestões recorrentes de anomia, contraposto pelo companheirismo (ou a parceria) que se estabelece entre os três.[20] Torna-se assim mais complexa a vida desses sujeitos pobres na cidade, mais difícil de enquadrá-la em esquemas pré-determinados e determinantes. A opção pela noite também contribui para esse implicar-se, pois é quando o (anti)trabalho da malandragem é exercido com vontade, única possibilidade diante das dificuldades de inserção.

Mas essa perspectiva deslocada talvez tenha a ver, ainda, com o próprio lugar do autor no mundo. Nascido em uma família de pequenos comerciantes suburbanos, João Antonio Pereira Filho trabalhou em alguns empregos mal remunerados antes de lançar em 1963, aos 26 anos de idade, o livro *Malagueta, Perus e Bacanaço,* sucesso imediato de público e crítica. Recebe pela obra dois prêmios Jabuti (revelação de autor e melhor livro de contos), algo até então inédito. O sucesso literário o conduz à atividade jornalística, levando-o a alternar residência entre Rio de Janeiro e São Paulo, como parte da equipe da *Revista Realidade*, e depois, colaborando no *Jornal do Brasil, Pasquim, O Globo*, entre outros.[21] Mas esse mesmo sucesso – ou o enquadramento

---

20 De Edgar Allan Poe, *O homem na multidão* (1840) a João do Rio, *A alma encantadora das ruas* (1908), passando pelo *flanêur* de Baudelaire (*O pintor da vida moderna*, 1863) ou pelo *sujeito blasé* de Simmel ("As grandes cidades e a vida do espírito", 1905), o deambular pelas ruas da metrópole tornou-se corrente na literatura moderna, servindo também de ponto de partida para muitas interpretações e discussões. Em João Antonio contudo seus personagens têm nome, endereço, e não apenas observam a cidade ou a multidão, são parte constitutiva dela – eu arriscaria dizer, uma parte fundamental.

21 O autor é visto como um dos introdutores do *New Journalism* no Brasil, rompendo os limites da suposta neutralidade do jornalismo. Uma

numa vida classe média – não lhe convém. No final da década de 1970 muda radicalmente de vida: larga o emprego, vende o carro, separa-se da mulher (com quem teve um único filho) e decide se dedicar totalmente à literatura, passando a viver de bicos e frequentando a malandragem carioca. Suas obras seguintes esmiúçam aquele outro território da malandragem, o Rio, numa prática literária qual "*práxis* social, inserida na realidade sobre a qual discorre" (O'DONNEL, 2008, p. 25). Julia O'Donnel se refere a João do Rio, outro mestre da narrativa da rua:

> No ziguezague entre ficção e realidade, ou, se preferirmos, da dialética entre literatura e sociedade, as crônicas-reportagens exercem um papel mediador, situando-se entre o puramente simbólico e o puramente vivido. Sob esse ponto de vista pode-se afirmar que, sem dúvida, a literatura "é boa para pensar" (O'DONNEL, 2008, p. 25).

Sua formulação serve aqui para pensar o conto de João Antonio e, junto com ele, "pensar" a cidade. Pois para o autor, a experiência da literatura era uma experiência de vida, um "corpo a corpo com a vida", como ele mesmo definiu:

> O elemento que mais me leva a acreditar em Malagueta, Perus e Bacanaço como coisa viva se

---

de suas mais importantes reportagens daria origem posteriormente a uma biografia de Lima Barreto: internando-se no hospício da Muda no Rio, pode encontrar um material inédito do escritor e fazer uma longa entrevista com um sujeito que havia conhecido Lima Barreto. Dessa experiência, além da matéria "Casa de loucos" publicada na revista *Realidade*, surge também o livro *Calvário e porres do pingente Afonso Henriques de Lima Barreto* (1977).

> arruma exatamente no fato de que vi meus jogadores de sinuca, viradores, vadios, vagabundos, merdunchos, do ponto de vista deles mesmos. E não do escritor. No meu caso particular, até por questões de vida, não poderia enfrentá-los sob nenhuma outra ótica. Eu vivi a aventura de Malagueta, Perus e Bacanaço um pote de vezes. [...] Sair da Lapa, catar a Barra Funda, desguiar para o centro da cidade, pegar os lados de Pinheiros, procurando jogo e acabar na Lapa, era a aventura diária de quem estava naquele fogo (ANTONIO, 1976 *apud* SOUZA, 2017, s/p).

Pensando cidade e sociedade, como um exercício de aproximação à história da cidade, essa(s) experiência(s) é(são) aqui retomada(s) por meio de uma leitura rente ao texto, buscando evidenciar não as oposições entre mundos e sujeitos, que marcam as leituras urbanas que partem de uma compreensão dual da cidade, mas sobretudo lançando luz nos espaços intermediários, dobradiças e engrenagens que permitem à própria cidade (e sociedade) funcionar. O olhar lançado às ruas por onde caminham aqueles personagens parece flagrar "a intersecção estratégica entre a cultura e o indivíduo, o macro e o micro, apresentando [com a literatura] práticas políticas, sociais, religiosas, desenvolvimentos portentosos e conflitos memoráveis, num cenário íntimo" (GAY, 2010, p. 16), quase rebaixado, em nosso caso, recolocando diante de nós a cidade de São Paulo, a metrópole que se industrializava e se transformava, na sua dimensão cotidiana e plural.

Referências bibliográficas

ALMEIDA, Deborah S. de. *Companhia City além-rios: os bairros-jardins na Zona Norte de São Paulo e a trajetória empresarial (1950-2000).* Dissertação (Mestrado). FAUUSP, São Paulo, 2020.

ALMEIDA, Guilherme de. *Cosmópolis. São Paulo/29. Oito reportagens.* São Paulo: Cia. Editora Nacional, 1962.

ANTONIO, João. *Malagueta, Perus e Bacanaço* (1963). São Paulo: CosacNaify, 2004.

ARAVECCHIA-BOTAS, Nilce e CASTRO, Ana C. V. de. "*Fin de semana* y *Loteamiento clandestino*: aproximaciones al universo popular de la vivienda en São Paulo (1970-1990)". *ENSAYO Arquitectura PUCP, Estudios de arquitectura, urbanismo y territorio.* Lima, n. 2, nov. 2020, p. 13-37. Disponível em: https://issuu.com/arquitectura-pucp-publicaciones/docs/2020.11.27___ensayo_2_completa. Acesso em 01/10/2021.

BONDUKI, Nabil. *Origens da habitação social: arquitetura moderna, Lei do Inquilinato e difusão da casa própria.* São Paulo: Liberdade, 1998.

BORIN, Monique F. *A Barra Funda e o fazer da cidade: experiências da urbanização em São Paulo (1890-1920).* Dissertação (mestrado). FFLCH USP, São Paulo, 2014.

CANDIDO, Antonio. "Dialética da malandragem". *Revista do Instituto de Estudos Brasileiros* (USP), São Paulo, n. 8, 1970, p. 67-89; republicado em: *O discurso e a cidade.* São Paulo: Duas Cidades, 1993, p. 19-55.

CANDIDO, Antonio. Na noite enxovalhada [1996]. In: ANTONIO, João. *Malagueta, Perus e Bacanaço.* São Paulo: CosacNaify, 2004, p. 11-26.

CASTRO, Ana C. V. de e ARAVECCHIA-BOTAS, Nilce C. Visões e representações da marginalidade no território: de Lima à metrópole latino-americana (1950-1970). In: *Anais do Simpósio Internacional "Pensar e Repensar a América Latina"*, ECA USP, São Paulo, 2015, p. 73-87.

FELDMAN, Sarah e CASTRO, Ana C. V. de. *Vila Itororó: uma história em três tempos*. São Paulo: Instituto Pedra/ SMC PMSP, 2017.

FLOCK, Julia. *Memórias do apagamento: as primeiras favelas paulistanas na modernização da cidade (1940-1960)*. Relatório intermediário de Iniciação Científica. FAUUSP/ Fapesp, São Paulo, 2020-2021.

GAY, Peter. *Represálias selvagens: realidade e ficção na literatura de Charles Dickens, Gustave Flaubert e Thomas Mann*. São Paulo: Companhia das Letras, 2010.

HOSIASSON, Laura. "A discreta obsessão de Ribeyro". In: RIBEYRO, Julio Ramon. *Só para fumantes*. São Paulo: Cosac-Naify, 2007, p. 283-295.

KARA-JOSÉ, Beatriz. *Políticas culturais e negócios urbanos: a instrumentalização da cultura na revalorização do centro de São Paulo* (1975-2000). São Paulo: Annablume, 2007.

LEPETIT, Bernard. *Por uma nova História Urbana*. (Org. e apresentação Heliana Salgueiro). São Paulo: Edusp, 2001.

MACHADO, Maria Helena. "Sendo cativo nas ruas: a escravidão urbana na cidade de São Paulo". In: PORTA, Paula (Org.). *História da Cidade de São Paulo*. 3 v. São Paulo: Paz e Terra, 2004, p. 59-99.

MARINS, Paulo C. G. "Um lugar para as elites: os Campos Elísios de Glette e Nothmann no imaginário urbano de São Paulo". In: LANNA, Ana L. D. *et al.* (Orgs.). *São Paulo, os estrangeiros e a construção das cidades*. São Paulo: Alameda, 2011, p. 209-244.

O'DONNEL, Julia. *De olho na rua: a cidade de João do Rio*. Rio de Janeiro: Zahar, 2008.

PIGLIA, Ricardo. *Os anos felizes. Os diários de Emilio Renzi*. São Paulo: Todavia, 2019.

SCHWARZ, Roberto. "Pressupostos, salvo engano, da dialética da malandragem". In: *Que horas são?* São Paulo: Companhia das Letras, 1997, p. 129-156.

SEABRA, Odete. *Os meandros dos rios nos meandros do poder*. São Paulo: Alameda, 2019.

SECCO, Lincoln. "O sentido da informalidade: um breve balanço de uma linhagem da historiografia brasileira". *A terra é redonda*. Disponível em: https://aterraeredonda.com.br/o-sentido-da-informalidade/. Acesso em 16/06/2020.

SENNET, Richard. *O declínio do homem público: as tiranias da intimidade*. São Paulo: Companhia das Letras, 1995.

SILVA, Joana M. de C. e. *O arquiteto e a produção da cidade: a experiência de Jacques Pillon*. São Paulo: Annablume, 2013.

SILVA, Luís O. "Verticalização, expansionismo e grandes obras viárias: a modernização limitada". In: CAMPOS, Candido M.; GAMA, Lucia H.; SACHETTA, Vladimir (Orgs.). *São Paulo metrópole em trânsito: percursos urbanos e culturais*. São Paulo: Ed. Senac, 2004, p. 100-111.

SOARES, Luiz Eduardo. *O Brasil e seu duplo*. São Paulo: Todavia, 2019.

SOMEKH, Nadia. *A cidade vertical e o urbanismo modernizador*. São Paulo: Nobel, 1997.

SOUZA, Mariana. "Poética da precariedade e elogio à errância em João Antonio: o exemplo de Calvário e porres do pingente Afonso Henriques de Lima Barreto". *Anais do VIII Seminário dos Alunos dos Programas de Pós-Graduação do Instituto de Letras*, IL UFF, Niterói, 2017. Disponível em: http://www.anaisdosappil.uff.br/index.php/VIIISAPPIL-Lit/article/view/834. Acesso em 22/07/2020.

TASCHNER, Suzana P. "Favelas em São Paulo: censos, consensos e contra-sensos". *Cadernos Metrópole,* São Paulo, n. 5, 2001, p. 9-27.

ZENI, Bruno. *Sinuca de malandro: Narradores, protagonistas e figuras paternas em João Antônio.* Tese (Doutorado). FFLCH USP, São Paulo, 2012.

Alameda nas redes sociais:

Site: www.alamedaeditorial.com.br
Facebook.com/alamedaeditorial/
Twitter.com/editoraalameda
Instagram.com/editora_alameda/

Esta obra foi impressa em São Paulo no verão de 2022. No texto foi utilizada a fonte Minion Pro em corpo 10,5 e entrelinha de 15,5 pontos.